SUTILEZA E GROSSERIA DA EXCLUSÃO NAS MÍDIAS

Rosana de Lima Soares

SUTILEZA E GROSSERIA DA EXCLUSÃO NAS MÍDIAS

alameda

Grafia atualizada segundo o Acordo Ortográfico da Língua Portuguesa de 1990, que entrou em vigor no Brasil em 2009.

Edição: Haroldo Ceravolo Sereza / Joana Monteleone
Editora assistente: Danielly de Jesus Teles
Projeto gráfico, diagramação e capa: Danielly de Jesus Teles
Assistente acadêmica: Tamara Santos
Revisão: Alexandra Colontini
Imagem da capa: *montagens com fotografias de domínio público*

Este livro foi publicado com o apoio da Fapesp. Número do processo: 2017/23636-9

As opiniões, hipóteses e conclusões ou recomendações expressas neste material são de responsabilidade da autora e não necessariamente refletem a visão da Fapesp

CIP-BRASIL. CATALOGAÇÃO-NA-FONTE
SINDICATO NACIONAL DOS EDITORES DE LIVROS, RJ

S656S

Soares, Rosana de Lima
Sutileza e grosseria da exclusão nas mídias / Rosana de Lima Soares. - 1. ed. - São Paulo : Alameda, 2020.
358 p. ; 21 cm.
ISBN: 978-85-7939-597-0

1. Sociologia da comunicação. 2. Comunicação de massa - Aspectos sociais. 3. Análise crítica do discurso. I. Título.

19-54885 CDD: 302.23
CDU: 316.774

ALAMEDA CASA EDITORIAL
Rua 13 de Maio, 353 – Bela Vista
CEP 01327-000 – São Paulo, SP
Tel. (11) 3012-2403
www.alamedaeditorial.com.br

Para minha mãe e meu pai, que me ensinaram o amor e a escrita

Saber que não se escreve para o outro, saber que as coisas que vou escrever não me farão nunca amado por aquele que amo, saber que a escritura não compensa nada, não sublima nada, que ela está precisamente aí onde você não está – é o começo da escritura.

Roland Barthes, *Fragmentos de um discurso amoroso*

Sumário

11 Prefácio
Ultraje na civilização
Mayra Rodrigues Gomes

15 Introdução
Discursos midiáticos e estigmas sociais

51 I. Articulações narrativas nas mídias

52 1. Estigmas em jornais e revistas: primeiras leituras

74 2. Estigmas em telejornais diários: primeiras chamadas

93 3. Estigmas em filmes: primeiras imagens

137 II. Articulações discursivas nas mídias

138 1. Referencialidade e ficcionalidade em narrativas audiovisuais

160 2. Convergências e hibridismos em gêneros impuros

192 3. Estigmas sociais e subjetividades: (in)visibilidades encenadas

225 III. Novos realismos nas mídias
226 1. Políticas da representação e regimes de visibilidade em práticas culturais
259 2. Cultura audiovisual: visibilidades periféricas e reconhecimento social
280 3. Crítica de mídia e estigmas sociais: entre reconhecimento e resistência
301 À guisa de conclusão Para além dos estigmas
339 Referências bibliográficas
357 Agradecimentos

Prefácio
Ultraje na Civilização

Mayra Rodrigues Gomes[1]

Neste livro, versão da sua tese de livre-docência, Rosana de Lima Soares descreve o longo percurso de sua pesquisa, mas, ao mesmo tempo, o percurso de sua formação intelectual. O percurso de sua pesquisa, com interesse bem enunciado no título, foca os processos de exclusão nos quais a constituição de estigmas tem papel fundamental. Entendo que os estigmas se combinam com os estereótipos, ou seja, com as representações sociais de coisas e pessoas.

Ora, tais representações congregam uma série de significações, predicados que fazem parte do núcleo representacional. Estes últimos dependem, revelando-os, dos valores compartilhados por determinada cultura. Em função desses valores, enfatizarão aspectos positivos, aqueles que interessam para determinada comunidade, e aspectos negativos, aqueles considerados indesejáveis.

O estigma está do lado do indesejável, como marca que serve de argumento para a própria *indesiderabilidade*. A rigor, assim como qualquer representação social, ele nada tem a ver com uma verdade sobre a natureza das coisas. Ele é produto das tensões de poder, das equações sociais em seu caminho de preservação das dominações.

---

1 Professora titular da Escola de Comunicações e Artes da USP.

Como se sabe, houve extensa perseguição às mulheres, desde a Idade Média até a Idade Moderna, que, com seus saberes da terra e seus ritos ancestrais, com a posição de respeito usufruída em um grupo em virtude de seu papel benéfico como curandeiras, desafiavam a então ordem soberana. Na verdade, se foram objeto de tanta sanha, para além das misoginias de seus perseguidores, isso ocorreu porque estavam associadas à conservação de crenças contrárias à escalada de poder da Igreja Católica.

Da atribuição/crença de que essas mulheres eram "magas" e como tal participavam de uma conexão com o demônio, em oposição à desejável conexão com a Igreja, características físicas lhes foram atribuídas. Manchas pelo corpo, marcas de nascença, cicatrizes com formas bizarras, verrugas, todos esses traços viraram sinais de malignidade. Quando levadas a julgamento, tais marcas eram procuradas em seus corpos, não como condições da pele, mas como indícios/testemunhos da condição abjeta que justificaria até uma condenação à morte.

Claro que estou lidando com exemplo histórico de conhecimento geral em que fica nítida a arbitrariedade com que um estigma se inscreve no corpo. Ele aparece, embora seja de posterior atribuição, como pré-condição da representação social da magia.

Na realidade, as próprias religiões europeias que antecederam o cristianismo faziam uma leitura invertida desses sinais do corpo. Eles eram marcas de certa potência do ser, de competências extraordinárias, de um sexto sentido ou de uma pré-ciência do mundo. Resumindo, sempre em dependência de concepções da realidade, ou do interesse em confirmá-las, as interpretações se acomodam e se modulam.

Sempre pensamos nessas formas de preconceito como efeito da ignorância de nossos ancestrais: ledo engano. Por isso é tão importante a leitura que a autora faz, apontando a presença de processos de exclusão, que se realizam e se firmam pela atribuição de estigmas, em nossa contemporaneidade.

Em verdade, o estudo por ela desenvolvido é uma investigação necessária, pois, atravessando a produção de jornais e revistas, de telejornais diários e de filmes, apontando os nós em que as restrições sociais se firmam, vem iluminar modos insuspeitados de exclusão e contribuir para possíveis articulações mais equânimes.

Sem dúvida suas investigações foram minuciosas, trazendo resultados muito bem fundamentados, como todos poderão ver com a publicação deste livro. Contudo, há esse outro panorama que se tece ao longo da tese: as leituras, os temas e os autores que contribuíram para a formação da pesquisadora e que aqui comparecem com bastante pertinência e coerência no casamento de conceitos.

A extensa bibliografia que compõe seu trajeto encontra-se apresentada nas referências bibiográficas e dá testemunho dos oceanos atravessados. Porém, gostaria de dar uma ideia do valor que o itinerário encerra por meio de alguns temas que foram percorridos, sem, no entanto, seguir a sucessão adotada no livro.

Tudo começa com a exploração do conceito de estigma e suas atribuições, firmando-se com a descrição de quadros sociais e seus processos de exclusão, com referências clássicas como Michel Foucault e Norbert Elias.

As considerações sobre linguagem, sobretudo filosofia da linguagem, conduzem a tônica da abordagem das formas narrativas e da capacidade de formatar as ideias de mundo que os discursos comportam, como na perspectiva de Patrick Charaudeau.

No entorno das linguagens, muitos autores são invocados, trazendo consigo tantos outros, alguns mais voltados para uma reflexão sobre o campo da comunicação. Esse é o caso de Gilles Deleuze, cuja presença comporta o conceito de ressonância. É também o caso de Jean-François Lyotard e tantos outros pensadores emprestados da história e da antropologia.

Os estudos avançam em direção às representações sociais, ou identidades culturais, trazendo autores ligados aos estudos culturais. Claro que esse último passo implica uma necessária passagem pela psicanálise, por Freud em suas explicitações sobre identificação, e por

Lacan, que permanece sempre como pano de fundo de muitas das considerações dispostas pelo livro.

A autora recorda a presença forte do tema dos estigmas e das exclusões em nossas produções culturais. Em *Gattaca – A experiência genética*, filme de 1997, já se prenuncia um processo a ser temido, muito bem enunciado no filme de Steven Spielberg, *Minority report – A nova lei*, de 2002, a saber, a inscrição negativa que legitimaria controle e discriminação enquanto calcada numa falha ou deficiência em termos do incontornável testemunho do DNA.

Relato esses passos teóricos para mostrar o nível de dedicação, a extensão da formação, o aprofundamento, o cuidado minucioso que norteiam a pesquisadora. Cito trecho do livro/tese para mostrar a ponderação e raciocínios refinados com os quais a autora nos brinda na análise de seu corpus:

"Aos negros é assegurada a possibilidade, ainda que excepcional, de ascender socialmente por meio de esporte ou música. Ao fazê-lo, tais atores sociais apontam a possibilidade de certa mobilidade mas, ao mesmo tempo, fixam os lugares que lhes foram designados, deixando de buscar transformação nas estruturas sociais. Por um movimento engenhoso, sua visibilidade os torna, novamente, invisíveis, pois em tais propagandas não são os negros que se afirmam enquanto grupo, mas sua forma de inserção os embranquece, como se a superação da pobreza fosse também a superação da cor negra. Ao ascenderem socialmente, aproximam-se do grupo branco que reconhece seu status, além de serem exaltados por seus atributos físicos, força muscular e vigor" (SOARES, p. 226).

Se o tema aqui estudado é de suma importância para o conhecimento das dinâmicas que propiciam exclusões, para o entendimento da comunicação e da formulação de possíveis políticas públicas, os modos como a autora o percorre garantem a excelência dos resultados trazidos nesta meritória obra.

Introdução
Discursos Midiáticos e Estigmas Sociais

"Toda viagem tem algo de um ritual de passagem, de separação. O viajante é um estrangeiro que se move em terras desconhecidas, ultrapassa os limites de sua província, incessantemente a contradiz e a contrasta à diferença do Outro. Cada nova fronteira é um desafio, aprofundando o seu estranhamento. A rigor, esta é a palavra-chave. A questão não é tanto ser efetivamente estrangeiro, alguém à parte da sociedade; o crucial é a capacidade de se produzir um estranhamento em relação à aparência de realidade, aquilo que nos cerca, o imediatamente dado."

Renato Ortiz, *Trajetos e memórias*

O tema deste livro articula dois campos aparentemente distantes: os *discursos midiáticos*, em seus vários recobrimentos (jornais impressos, telejornais, revistas, internet, vídeo, televisão, filmes ficcionais e documentários) e os *estigmas sociais*, em suas interfaces com a psicanálise, a antropologia, a sociologia, a filosofia, as ciências da linguagem, os estudos culturais, as teorias do cinema e do audiovisual, a comunicação. Trata-se, portanto, de uma investigação que tem como objeto de estudo um aspecto específico presente nas mídias: a tematização e a figurativização de estigmas sociais em seus discursos, especialmente enquanto lugares de reforço e/ou transposição de processos de exclusão e inclusão. Entre os objetivos, pretendemos apresentar como se opera, nas mídias, a construção de estigmas sociais e suas configurações predominantes por meio da análise das narrativas nelas engendradas.

O mapeamento de produtos jornalísticos impressos (jornais e revistas) e produções audiovisuais (telejornais, filmes e documentários) foi objeto deste estudo, desdobrando-se agora nos resultados apresentados. Entre os objetivos do trabalho, buscamos demonstrar que o estabelecimento das fronteiras entre fato e relato tem ocupado, há algum tempo, o campo de estudos das mídias em seus formatos verbais, visuais e audiovisuais. Nas análises, propomos pensar esta questão a partir de um deslocamento: buscar as fronteiras entre o que chamamos de "referencialidade" e aquilo que, por outro lado, coloca-se como "ficcionalidade" no interior desses discursos, contribuindo para a reflexão sobre as práticas midiáticas contemporâneas.

Em torno dessa questão, três outras se colocam: 1) a crescente presença de narrativas de caráter realista nas mídias, manifestada especialmente pela estética construída em torno dos chamados *novos realismos*; 2) as transformações nas políticas da representação e nos regimes de visibilidade a elas associados, especialmente em relação a sujeitos periféricos; e 3) a urgência em se estabelecer, frente a esses desafios, uma perspectiva crítica nas análises de discursos midiáticos.

Por meio desse percurso, antecipamos as metas atingidas em duas direções: em termos conceituais, um conjunto ampliado de autores foi explorado, possibilitando uma maneira menos estática de pensar a articulação entre *mídias e estigmas sociais.*

Em lugar de apenas apontarmos as oscilações entre reforço ou transposição de estigmas, deparamo-nos com intrincadas relações entre eles, agregando à pesquisa categorias operatórias não excludentes. Em relação às obras analisadas, para além da separação entre narrativas referenciais e narrativas ficcionais compreendemos as limitações de tal classificação e o crescente borramento de fronteiras entre esses gêneros, tendência que pode ser percebida na seleção final do material empírico. Constituído por objetos que se articulam no *entremeio* dessas práticas, nele incluímos tanto produções impressas como audiovisuais, percebendo que esta divisão, antes mais rígida, atualmente se modifica em termos estéticos, políticos e éticos, reordenando suas fronteiras.

De modo mais específico, a partir da articulação proposta aprofundamos aspectos relacionados às redundâncias e às ressonâncias encontradas nas mídias. Ou seja: para além da hipótese inicial – apoiada na assunção de que as mídias, em suas variadas manifestações, operam como lugar de reforço dos estigmas –, chegamos a outra possibilidade – a de nelas demonstrar a transposição de estigmas sociais. Apontar nos discursos midiáticos os espaços de manutenção ou transformação de estigmas é tarefa que nos propusemos desenvolver e que se mostrou mais abrangente do que havíamos vislumbrado, sobretudo no que diz respeito à dissolução de uma postura dicotômica em sua abordagem.

Em termos de análise dos resultados, um tema específico tem se sobressaído cada vez mais nas pesquisas em comunicação, apoiado, sobretudo, pelos estudos culturais ou pós-coloniais e pela psicanálise: as complexas relações envolvendo a dinâmica social do convívio entre cada um e os outros, os conflitos daí decorrentes (inseparáveis da própria sociedade em que estão inseridos) e, de modo mais intenso, as possibilidades de construção da representação do outro. As chamadas "figuras de alteridade" (Prado, 2008) presentes nas mídias sinalizam, de maneira privilegiada, pontos de confluência e de articulação de estigmas. É sempre em relação a um outro, diferente de nós (e supostamente inferiorizado na dinâmica social), que os estigmas apontam suas especificidades, respondendo a uma questão que acompanha, insistentemente, os discursos midiáticos: como, afinal, (re)presentar o "outro" de modo equilibrado e, sobretudo, ético? Ou ainda, como estabelecer *políticas* para apresentá-lo? As intrincadas articulações entre os conceitos de identidade, representação, visibilidade e reconhecimento são aportes teóricos e metodológicos que desafiam essa problemática.

Consideramos interessante confirmar que em relação aos estigmas sociais podemos acompanhar alguns temas recorrentes – como se uma dinâmica regular (repetição e diferença) acompanhasse tais narrativas. Entre eles, questões de gênero, questões étnicas, questões rurais ou urbanas, ambientalismo, povos indígenas, tráfico de drogas e, sobretudo nas mídias audiovisuais, temas relacionados à violência, imigração, pobreza e exclusão social, retratando em suas imagens sujeitos em situação de risco ou vulnerabilidade. Ainda que tenhamos estabelecido alguns conceitos a fim de guiar a análise dos temas correlatos aos estigmas presentes nas mídias (para diferenciá-los de preconceitos e estereótipos), é também a partir de parâmetros anteriores que ensaiamos tais definições. Ou seja: um percurso dedutivo e indutivo se coloca, pois partimos de uma teoria para encontrar a demonstração de seus postulados, ao mesmo tempo em que olhamos objetos empíricos para deles extrair uma teoria.

A questão da aids, motivadora original da temática dos estigmas em nosso percurso de pesquisa, é assunto emblemático quando tratamos de estigmas sociais. Recentemente, entretanto, notamos haver um enfraquecimento de sua presença nas mídias em geral. Ainda que a aids permaneça como questão social relevante e estigmatizante, seu discurso articula-se a partir de um outro lugar: não mais o *campo social* (envolvendo os debates em torno de preconceitos e direitos), mas o campo médico-científico (corroborado pela ciência e suas incansáveis produções).

É no tratamento clínico, nas novas combinações de medicamentos e na *responsabilidade* de cada um em assumir tal posição – como sujeito imbuído de alcançar sua *cura*, tanto social como clínica – que a aids encontra seu lugar nas mídias. É também nesse novo lugar que vemos delinear-se outro contorno para a questão dos *estigmas* a ela associados. Ainda que o corpo (o sexo, o sangue, a morte) mantenha-se como ponto nodal desse traçado, seu discurso não mais se articula em torno de *grupos sociais* (e suas marcas aparentes) mas de *indivíduos* (e suas marcas invisíveis). É um corpo sobretudo imaginário – e não simplesmente biológico, como prevê a medicina – que vemos ser reafirmado no deslocamento discursivo percebido nas mídias. Nesse sentido, tal abordagem encontra-se com o tema específico deste livro, qual seja, o estabelecimento de políticas da representação e a demarcação de espaços de visibilidade/invisibilidade social.

Ao aproximarmo-nos, portanto, dos discursos das mídias, não é de forma apenas teórica que o fazemos, posto que já possuímos, *a priori*, uma figuração de possíveis estigmas sociais; do mesmo modo, os referenciais teóricos nos auxiliam na distinção entre temas aparentemente correlatos a esse campo e outros que com ele estabelecem fronteiras. No caso do jornalismo, ao considerá-lo como uma *narrativa* – ou seja, ao falar dos estigmas sociais relatados em seus discursos – estamos, ao mesmo tempo, *tecendo* a narrativa desses estigmas como vem sendo escrita nos jornais. Se tomarmos como pressuposto que o jornalismo se constitui, juntamente com outras mídias, como lugar de mediação entre produtores e receptores, podemos afirmar que as notícias veiculadas nos jornais cumprem também uma função pedagógica e formadora.

Essa função possui, por um lado, um caráter informativo e, por outro, um aspecto prescritivo, estabelecendo os limites entre aquilo que é considerado normal ou desviante em uma determinada cultura. Partindo, portanto, das definições de jornalismo como fato de língua, da notícia como forma cultural e dos discursos jornalísticos como dotados de uma estrutura sobretudo narrativa, buscamos apontar, na primeira parte do livro, algumas das configurações de estigmas sociais presentes em primeiras páginas de diários brasileiros, capas de revistas semanais e chamadas de telejornais diários. Desse modo, acreditamos ter investigado, no caso do jornalismo, os critérios de seleção de suas notícias[1] (verbais ou visuais) e seus possíveis efeitos de sentido em relação à reafirmação ou questionamento de estigmas socialmente cristalizados e (re)produzidos nas mídias.

Na segunda parte, em que nos dedicamos a produções audiovisuais em perspectiva discursiva (filmes brasileiros ficcionais ou documentais lançados ao longo de uma década), pudemos apontar, sob diversas abordagens, os efeitos de sentido por elas gerados e a forte presença da tematização de estigmas sociais em suas narrativas. Por processos contínuos de aproximação aos jornais, revistas, telejornais e filmes, efetuamos leituras descritivas e interpretativas até chegar a algumas considerações e desdobramentos sobre este conjunto homogêneo e heterogêneo.

Na terceira parte do livro, detivemo-nos no estudo de programas televisivos e filmes cinematográficos, mesclando de modo mais evidente suas formas temáticas ou figurativas. A abrangência dessa amostragem, motivada especialmente pelo aumento da produção nacional nos últimos anos, obrigou-nos a escolher, dentre as diversas obras, aquelas nas quais aprofundar as análises em relação aos estigmas sociais, tomando-as, como veremos, sob dois eixos principais: a divisão tradicional entre discursos ditos "referenciais" ou "ficcionais", e uma outra, de cunho metodológico, entre aqueles de "consolidação" ou de "transposição" de estigmas.

1 Para aprofundar a questão dos critérios de noticiabilidade e valores-notícia, ver *Leituras das notícias. Contributos para uma análise do discurso jornalístico*, de Cristina Ponte (2004).

Por meio dos resultados encontrados, percebemos a necessidade de aprofundar aspectos relacionados a programas televisivos (especialmente reportagens e *reality shows* e, eventualmente, telenovelas e séries) e documentários (especialmente aqueles caracterizados por hibridismos estilísticos e narrativos), notadamente naquilo que tais gêneros (ou formatos) nos propõem enquanto narrativas audiovisuais voltadas aos *acontecimentos* (*événements*), compondo o que hoje, mais amplamente, podemos denominar de *reality tv*, ou "telerrealidade".[2]

Nos desdobramentos, sempre provisórios, dessa etapa do trabalho, é em *perspectiva crítica* que tal desafio se coloca, entrelaçando quatro aspectos: a inserção das investigações no campo da crítica de mídia – pensada não de modo prescritivo, mas analítico; o reconhecimento da importância de uma cultura audiovisual contemporânea (especialmente no cinema e na televisão) que perpassa todos os discursos midiáticos; a premência de se compreender de que forma os chamados *novos realismos* se instauram nesses discursos, articulando outros modos de construção da representação e novos regimes de visibilidade; e, finalmente, a prevalência da temática dos estigmas sociais como eixo articulador dessas narrativas, tanto em termos de conteúdo, como em seus aspectos estéticos, políticos e éticos.[3]

---

2 Traduzida para a português a partir de sua forma francesa (*téléréalité*) e espanhola (*telerrealidad*), por vezes confundida com o gênero televisivo de *reality shows* mas que, para alguns autores (com os quais compartilhamos essa noção), estende-se a outros formatos televisivos que, independentemente de serem documentais ou ficcionais, têm como elemento constitutivo um certo modo de relação e apreensão da realidade factual e do mundo vivido (Jost, 2004; 2007; 2011).

3 A continuidade da pesquisa sobre estigmas sociais desdobra-se em dois projetos, demonstrando os resultados do trabalho: "Crítica de mídia e estigmas sociais: visibilidades juvenis em narrativas audiovisuais" (2016-2019) e "Crítica de mídia e cultura audiovisual: visibilidades periféricas e reconhecimento social" (2018-2021).

A tematização dos estigmas se faz de forma cotidiana nas mídias. Desde os casos de fácil identificação, como a maior parte dos tradicionais programas televisivos de auditório (dos quais o *Domingão do Faustão e o Programa Silvio Santos* estão entre os mais antigos),[4] passando pela crescente presença de *reality shows* de competição (dos pioneiros *No limite, Casa dos artistas, Acorrentados,* até o ainda existente *Big Brother Brasil*) e sua propagação em *realities* de talentos, transformação ou formação, chegando aos programas jornalísticos (telejornais, programas de entrevistas, programas de debates, grandes reportagens), as mídias estão repletas de exemplos de estigmas sociais. A investigação se volta, portanto, para os modos de construção de identidades e representações de estigmas sociais mas mídias a partir dos processos de identificação e de partilha do sensível nelas evocadas, articulando processos de visibilidade e reconhecimento de diferentes grupos sociais.

Destacamos desde já que não nos interessa tanto a forma conteudista desses discursos (entendendo *discurso* em sentido amplo, tanto verbal quanto visual ou audiovisual), mas, sobretudo, a forma expressiva *como* estão articulados seus elementos enunciativos e os possíveis desdobramentos a partir desta articulação. A hipótese que gostaríamos de contemplar diz respeito a tal ordenação: os discursos midiáticos, afinal, operam na construção de estigmas sociais? Nesses discursos, podemos perceber reforço ou, ao contrário, transposição de estigmas? As práticas midiáticas *velam* ou *re-velam* os estigmas sociais? De que modo os estigmas estão presentes ou ausentes nos discursos

---

4 A disciplina "Ciências da linguagem: mídias e mitologia do escandaloso" (ECA), ministrada em 2002 pela profa. dra. Jeanne Marie Machado de Freitas e pela psicanalista Nilvana Nanni de Castelli tratou desses programas de forma original ao relacioná-los com as origens e formas do *escândalo* em seus modos tradicionais de representação. O *Programa Silvio Santos* está no ar desde 1963 (em várias emissoras e diversas reformulações em termos de formatos e conteúdos e o *Domingão do Faustão* é veiculado desde 1989, passando também por inúmeras transformações.

midiáticos? Essas as principais perguntas que buscamos responder, analisando as mídias para delas extrair um panorama dos estigmas sociais em suas configurações narrativas e discursivas.

Apresentamos, num primeiro momento, os chamados *discursos jornalísticos* em formato impresso e televisivo, dadas as características que revestem este fazer: os critérios de atualidade, veracidade, credibilidade, factualidade, entre outros, tornam mais ambígua (e, por isso, mais instigante) a relação entre mídias e estigmas sociais no jornalismo do que em outros formatos mais próximos do entretenimento. Em um segundo momento, estendemos a pesquisa a telejornais (integrando, assim, a análise de discursos audiovisuais) para, finalmente, chegarmos à produção cinematográfica, observando tais discursos visando problematizar as fronteiras entre formas referenciais e formas ficcionais. De maneira análoga, entre as muitas possibilidades de amostragem, buscamos em programas televisivos e filmes voltados à temática dos estigmas sociais o universo específico da investigação.

Nesse aspecto, analisamos mais detidamente os discursos audiovisuais de caráter factual – jornalismo e documentário – a fim de estabelecer um estudo contrastivo entre eles, apontando seus pontos de contato e suas especificidades. Como forma de demonstrar tais aproximações, foram escolhidos programas jornalísticos produzidos para televisão (incluindo telejornais tradicionais) e filmes documentários produzidos para cinema (excluindo documentários televisivos, formato pouco usual no Brasil). Tal escolha revela o interesse renovado no tema dos estigmas sociais mas, sobretudo, a possibilidade de estabelecer um critério restritivo (no sentido de possibilitar a escolha de programas e filmes) e abrangente (já que a questão dos estigmas está diretamente relacionada às narrativas factuais). Para refletir sobre essas zonas limítrofes, os chamados "discursos referenciais" (ou realistas, na acepção de

Barthes)[5] foram pensados, sobretudo, à luz dos estudos de linguagem, da antropologia e da história. Por meio do frutífero debate realizado nesses campos do conhecimento, como veremos adiante, chegamos aos *discursos realistas* para deles extrair seu caráter de *construtos*.

No jornalismo e no cinema, em forma de reportagens televisivas e filmes documentários, encontramos o *locus* privilegiado de nossas inquietações, buscando aproximá-los sob a perspectiva de que, em ambos os casos, trata-se de discursos fundados sobre a *referencialidade* mas, ainda assim, evocando a *ficcionalidade* própria da literatura. Assumimos, nesse momento, a perspectiva de que o jornalismo televisivo se revela, atualmente – ao menos se considerado em seus princípios ordenadores tradicionais –, como lugar de certa resistência à perspectiva apresentada de que a realidade se faz de *rastros* de discursos. O cinema, seja em obras de ficção ou não-ficção, apresenta-se como mais permeável às ideias aqui entrelaçadas. Daí a importância de buscarmos as possibilidades de demonstrar as hipóteses acima, estabelecendo como ponto de chegada a apresentação das *formas de narrar* (ficcionais) presentes nessas *formas discursivas* (referenciais). A realidade seria, portanto, imaginária, ou seja, um vestígio do real ao qual não temos acesso.

Do real, na acepção que lhe é dada pela psicanálise, teríamos apenas seus vestígios, ou seja, os discursos que o colocam na rede simbólica de uma determinada cultura. Se o real é impossível (e, nesse sentido, não existe como realidade), os *vestígios do real* seriam formados pelos *vestígios de discursos*. Nas zonas limítrofes entre reportagens jornalísticas e filmes documentários, buscamos apreender os modos

---

5 O termo "referencialidade" relaciona-se a um modo de articulação discursiva e de construção de sentidos empreendida a partir de elementos da realidade factual e/ou histórica, e não de elementos imaginativos ou fabulares. Autores como Roland Barthes ("O efeito de real"; "O discurso da história", 1988), Émile Benveniste ("O aparelho formal da enunciação", 1989) e Hayden White ("As ficções da representação factual", 1994), entre outros oferecem aportes nos quais situar essa problemática.

de construção de sua enunciação a partir de enunciados articulados em torno dos estigmas. Nesse sentido, algumas hipóteses vêm se somar àquelas já apresentadas, buscando especificidades em relação ao objeto da pesquisa e seus objetivos.

Entre esses objetivos, visamos problematizar o fazer jornalístico e as produções cinematográficas, assumindo que no campo da reportagem televisiva, ao contrário do cinema documentário, há mais repetições do que questionamentos. Ao fazê-lo, ensaiamos um diálogo com o fazer cinematográfico para nele identificar matrizes presentes em algumas reportagens televisivas, visando encontrar outros modos de aproximação aos discursos referenciais que se pretendem legitimadores do cotidiano.

Ao falarmos de *mídias e estigmas sociais*, portanto, partimos de alguns postulados. O primeiro diz respeito à dinâmica dos processos de identificação por meio dos conceitos de identidade, representação, visibilidade e reconhecimento; o segundo diz respeito aos discursos referenciais a partir da assunção de seu estatuto enquanto *construção discursiva na linguagem*, lembrando o caráter arqueológico dessa criação; e o terceiro diz respeito à definição de discurso sob três aspectos: a) a linguagem é constituinte do humano; b) o mundo histórico é instaurado pela linguagem; c) o discurso é um vínculo que se desenvolve na linguagem.

Em termos conceituais, os estudos de linguagem, discurso e narrativa – pensados em relação às práticas midiáticas – são dinamizados por meio da análise de reportagens e documentários que abordam a temática dos estigmas. As "políticas da representação" e os "regimes de visibilidade" (incluindo a demarcação dos limites entre o *mesmo* e o *outro*), problematizando a suposta objetividade jornalística e a factualidade documental em discursos tidos como referenciais, são conceitos centrais na articulação do trabalho, além dos hibridismos e das interseções entre referencialidade e ficcionalidade, fronteiras nas quais situamos o debate.

Para tratar do tema, partimos de algumas definições sobre os *estigmas sociais*. De forma geral, podemos definir o estigma como uma marca visível, um sinal que desperta nos outros um sentimento de atração e repulsa. A eles são atribuídos valores, hierarquizando-os em termos de aceitação ou rejeição, variando de acordo com diferentes épocas históricas, características culturais ou sociais. Dessa forma, podemos dizer que os estigmas operam como fatores de inclusão e de exclusão, de estabelecimento de igualdades e desigualdades; ao fazê-lo, constituem-se como a própria gênese dos grupos sociais. Isso não significa que os estigmas sejam invariáveis (embora invariantes enquanto estrutura), tampouco que devamos nos acomodar a eles.

Os estigmas se constituem, portanto, entre indivíduos quando considerados em relação a um grupo (o grupo de seus semelhantes) ou mesmo entre grupos distintos (o grupo de seus diferentes). Vem de um lugar outro – dos outros – a atribuição de algo a alguém, destinando a ele uma determinada posição ou papel social. Ao ser incluído em um lugar definido, o indivíduo é excluído de outros por meio das marcas que carrega ou daquelas a ele atribuídas, inserindo-se no conjunto das chamadas *minorias visíveis*, ou seja, das "identidades culturais subjugadas" ou submetidas a posições de "não reconhecimento social" (Fraser, 1992). Tal inscrição possui uma dupla articulação: as marcas visíveis no corpo são transpostas para marcas que identificam certos grupos, encenando visibilidades em busca de reconhecimento social.

Ainda que os discursos midiáticos tenham como ênfase que as diferenças sejam recíprocas e simetricamente respeitadas, diversos dispositivos de marginalização social perduram em sociedades multiculturais e desiguais, nas quais grupos sociais apresentam-se com poderes distribuídos de modo estratificado e, como consequência disso, estilos culturais valorizados de maneiras diversas (Young, 1990; Taylor, 1994; Fraser, 2000; Elias; Scotson, 2000; Honneth, 2003). Desse modo, Fraser sugere a "reavaliação positiva de identidades desrespeitadas e de produtos culturais de grupos excluídos" como forma de desconstruir o imaginário que a sociedade cultiva acerca desses grupos (Fraser,

1992), interferindo, de modo crítico, nas políticas da representação, na construção de novas visibilidades e nas disputas por reconhecimento.

Em casos específicos, a exibição da marca estigmatizável pode até mesmo constituir-se como desejada: para os que possuem tatuagens no corpo, o processo de inclusão/exclusão é espontaneamente realizado – a tatuagem é uma marca que a própria pessoa se inflige para se inserir em um determinado grupo (marca de pertença), distinguindo-se dos demais (os que não a possuem). Seu caráter perturbador exemplifica com clareza a relação ambígua – de atração e repulsa – presente nos estigmas. Ao contrário de cicatrizes involuntárias – resultado de acidentes ou ferimentos, que apontam para eventos já ocorridos –, a tatuagem estabelece uma marca onde antes não havia nada, projetando uma memória para o futuro. Mais do que lembrar algo vivido no passado, as tatuagens instalam-se como marcas para singularizar um tempo em que nada de fato aconteceu, a não ser a própria inscrição (já que as marcas gravadas não foram involuntárias, como no caso de uma cicatriz, mas deliberadas pelo sujeito).

De forma semelhante, a marca de espada no rosto dos cavaleiros medievais era, sobretudo, um sinal de *orgulho* para mostrar que a pessoa havia lutado por algo, combatido em nome de uma causa (ou daquilo que a causava). A cicatriz da espada evoca um passado de lutas; a tatuagem parece apontar para um presente que não se quer esquecer, a promessa de um tempo que começa a ser contado não por aquilo a que remetia, mas por aquilo que começará a acontecer – um futuro, de certo modo, antecipado no presente. Para a psicanálise, os estigmas remetem às marcas primordiais inscritas no sujeito pelo Outro, referência primeira na constituição de sua singularidade. Lacan (1990) relaciona o campo do sujeito e o campo do outro ao tratar do tema da pulsão, abrindo caminho para pensarmos os estigmas como marcas que vêm de um outro lugar:

> A libido é o órgão essencial para se compreender a natureza da pulsão. Esse órgão é irreal. Irreal não é de modo algum imaginário. O irreal se define por se articular ao real de um modo que nos escapa, e é justamente o que exige que sua representação seja mítica, como a fazemos. Mas, por ser irreal, isso não impede um órgão de se encarnar. Eu lhes dou já sua materialização. Uma das formas mais antigas de encarnar, no corpo, esse órgão irreal, é a tatuagem, a escarificação. *O entalhe tem muito bem a função de ser para o Outro, de lá situar o sujeito, marcando seu lugar no campo das relações do grupo, entre cada um e todos os outros.* E, ao mesmo tempo, ela tem, de maneira evidente, uma função erótica, de que todos aqueles que abordaram sua realidade se aperceberam (Lacan, 1990, p. 195).

Desde pequeno, o humano constitui sua identidade por meio de identificação e de oposição, uma mistura de gozo e horror, adesão e exclusão, introjeção e projeção, prazer e desprazer, numa dinâmica que, nas palavras de Freud (1974a), refere-se ao par "ideal do eu" (narcísico)/"eu ideal" (ideais culturais). De acordo com a psicanálise, o inconsciente seria a *absoluta igualdade na desigualdade de todos*, a igualdade das singularidades e não da homogeneização.

O estigma, portanto, não é qualquer marca, mas aquilo que distingue, separa, isola; e nem todo estigma traduz-se em estereótipos ou preconceitos (ter olhos azuis, por exemplo, marca de diferenciação no Brasil, não gera, em princípio, nenhum desconforto). A divisão, entretanto, nem sempre é negativa: se uma sociedade conseguisse eliminar todos os seus estigmas - todas as marcas de distinção –, talvez criasse ainda outras exclusões, pois ao tratar como "iguais os diferentes" corremos o risco de não equalizar as relações - o que só pode ser feito se, ao contrário, tratarmos os diferentes como diferentes, os que mais necessitam de atenção com maiores cuidados.

Em termos sociais, tudo aquilo que funciona como sinal de separação é passível de transformar-se em estigma. No processo por se distinguir dos outros (e, ao fazê-lo, aproximar-se de seus semelhantes), o humano passa a apontar as *pequenas diferenças* que se mostram visíveis: a cor da pele, o formato dos olhos, as roupas, o cabelo, os gestos, a fala, entre outras coisas. As diferenças são imaginárias, apontando para a repetição de uma mesma estrutura, ainda que recoberta por especificidades. Por isso arriscamos afirmar que, talvez, o multiculturalismo não se coloque exatamente como oposto à estigmatização ao afirmar o "direito à igualdade"; diríamos, de outra forma, que o que deve ser afirmado é o "direito à igualdade *apesar* de nossas diferenças", e não a tentativa de tornar iguais os desiguais. A dinâmica dos estigmas recoloca a discussão sobre dominantes e dominados, hegemonias e subalternidades: não haveria, de um lado, os estabelecidos, e de outro, os excluídos, como se eles fossem blocos homogêneos ou autônomos, mas singularidades também em cada um dos grupos socialmente minoritários.

O conceito de *estigmas* intercambia papéis, apontando processos de hierarquizações tanto no centro como na periferia dos sistemas, movimentos que podem ser percebidos nas mídias. Dentro de cada um dos diversos grupos sociais há brechas e passagens, para além de seus dualismos. Desde Gramsci (1999) sabemos que um mundo dividido apenas em dois blocos previamente conceituados não dá conta da complexidade das relações, em que lugares são reapropriados e sentidos ressignificados; daí ser este um problema crucial para as ciências humanas, relativo à dificuldade de se classificar, por exemplo, os indivíduos em classes sociais compactas. O conceito de estigma, nesse sentido, não se limita apenas à oposição enunciada por Elias e Scotson (2000) entre "estabelecidos e estigmatizados" (embora ela seja determinante), mas intercambia papéis, apontando para processos hegemônicos e contra-hegemônicos dentro de cada um dos grupos sociais.

Alguns exemplos recorrentes nas mídias podem ilustrar tal troca de posições: no início dos anos 2000, dois jogadores de futebol, Marcelinho Carioca (ex-jogador do Corinthians) e Kaká (ex-jogador do

São Paulo), foram, cada um a seu modo, *estigmatizados*. O primeiro por ser considerado dissimulado, briguento e encrenqueiro; o segundo, por pertencer a um grupo que não costuma estar presente nos campos de futebol: é branco, de classe média, estudioso, elegante, sintetizando de forma ideal o jogo entre atração e repulsa que acreditamos permear os estigmas. Outros exemplos de estigmas nas mídias podem ser apontados: as camisetas de futebol das torcidas organizadas; os *piercings* usados pelos jovens; a estrela do PT como emblema de sua criação; as ações do MST e suas reivindicações; os papéis destinados aos latinos nos filmes americanos; as referências, em telenovelas da *Rede Globo*, ao uso de drogas (*O clone*, 2001), à síndrome de Down (*Páginas da vida*, 2007) e à deficiência física (*Viver a vida*, 2009), à esquizofrenia e suas consequências sociais (*Caminho das Índias*, 2009), aos preconceitos de classe (*Fina estampa*, 2011; *Avenida Brasil*, 2012; *O outro lado do paraíso*, 2017); os movimentos "antiglobalização" ou "anticapitalismo", em que o prefixo *anti* já marca a posição a partir da qual a resistência se articula.

É curioso lembrar que os nomes próprios carregam, também eles, estigmas – como o caso do menino "Pedrinho", sequestrado da maternidade em que nasceu na década de 1980 e encontrado dezessete anos depois como "Oswaldo", história presente no noticiário midiático e, posteriormente, tema da novela *Senhora do destino* (2004), da *Rede Globo*; ou as conotações curiosas em relação ao filho do empresário Eike Batista, chamado Thor, quando se envolveu em acidente automobilístico (em 2011), que resultou na morte de um ciclista, fartamente difundido pelas mídias e que resultou, alguns anos depois, na absolvição do culpado. Outro exemplo interessante em relação aos *estigmas dos nomes* pode ser retirado, uma vez mais, do futebol. O clube esportivo Palmeiras, comumente conhecido como "porco", adotou como apelido o nome depreciativo que lhe foi dado pela torcida adversária. O estigma, negativo, deixou de sê-lo quando os próprios palmeirenses adotaram este símbolo e dele se apropriaram, passando a se autodenominar "porcos".

O cinema também traz exemplos para pensarmos os estigmas. É o caso de diversos filmes do diretor norte-americano Tim Burton que, em muitos momentos, conta sua história pelo olhar dos *outsiders* (vilões, mendigos, deserdados), articulando suas narrativas em torno deles – lembremos, por exemplo, *Edward mãos de tesoura (Edward scissorhands,* 1990), misto de monstro e humano; *Batman* (*Batman,* 1992), em que a narrativa é contada a partir da perspectiva do antagonista Pinguim; o vilão sobrenatural de *A lenda do cavaleiro sem cabeça* (*Sleepy hollow,* 1999); e a refilmagem de *O planeta dos macacos* (*Planet of the apes,* 2001), em que símios e humanos intercambiam lugares.[6]

Outro diretor norte-americano, David Lynch, move-se com desenvoltura no terreno pantanoso dos estigmas, despertando estranhamentos a cada filme – dentre os quais se destacam *Veludo azul* (*Blue velvet,* 1986), *História real* (*The Straight story,* 1999) e *Cidade dos sonhos* (*Mulholland Drive,* 2001). Além deles, Clint Eastwood nos apresenta, em seus inúmeros filmes, uma linhagem de personagens desajustados ou incomodados com as regras vigentes, entre eles *Cowboys do espaço* (*Space cowboys,* 2000), *Gran Torino* (*Gran Torino,* 2008) e *Invictus* (*Invictus,* 2009). No registro da comédia, as figurações presentes nos filmes de Woody Allen desafiam, de modo provocador, padrões considerados normativos, como vemos em *Poderosa Afrodite* (*Mighty Afrodite,* 1995), *Melinda e Melinda* (*Melinda and Melinda,* 2004), *Tudo pode dar certo* (*Whatever works,* 2009), *Meia-noite em Paris* (*Midnight in Paris,* 2011), *O homem irracional* (*Irrational man,* 2015) ou, mais recentemente, *Café Society* (2016).

De modo emblemático, o filme *Gattaca – A experiência genética* (*Gattaca,* Andrew Niccol, 1997), uma ficção científica que trata de formas de controle e exclusão no futuro – potencializadas como

---

6 Sobre essa questão e a obra do diretor, ver *Tim Burton, Tim Burton, Tim Burton*, livro organizado por Laura Cánepa, com artigos sobre os filmes (Curitiba: Estronho, 2016).

vigilância e dominação no filme de Steven Spielberg, *Minority report – A nova lei* (*Minority report*, 2002) – apresenta as marcas únicas e invisíveis dos humanos (código DNA, impressões digitais) como modos de discriminar e separar uns dos outros. Tais marcas funcionam como *estigmas*, pois são sinais que levam ao isolamento e à diferenciação. Nesse filme, os três personagens masculinos apresentam entre si claras relações de atração e repulsa, apontando para a complexidade dos estigmas. Tal complexidade pode ser percebida também no filme *Stigmata* (*Stigmata*, Rupert Wainwright, 1999), no qual a marca que aparece no indivíduo o faz ser visto como *destacado* dos demais e lhe impinge *sofrimento* (na recusa de sua condição).

Ainda no cinema de ficção, o filme *Os outros* (*The others*, Alejandro Amenábar, 2001) é ilustrativo das relações de pertença e não pertença: ao intercambiar os papéis entre *vivos* e *mortos* – habitantes e intrusos –, aponta para a relatividade de tais classificações, invertendo suas posições. Em outro registro, as fotos de Sebastião Salgado, trabalho que se coloca nas fronteiras entre arte e fotojornalismo, apontam para os estigmas sociais. Nos rostos sofridos estampados nas páginas de seus livros (ou nas sofisticadas reproduções presentes em salas de jantar), vemos tanta miséria e tanta beleza que nos sentimos perturbados. A força das imagens fotográficas de Salgado – e seu impacto não apenas para o público, mas para o olhar do próprio fotógrafo que as testemunha – foi captada pelas lentes de Juliano Salgado, seu filho, e do cineasta alemão Wim Wenders, que editou as imagens e depoimentos no documentário *O sal da terra* (*The salt of the earth*, 2014), indicado ao Oscar de melhor documentário em 2015 e ganhador de vários prêmios, a exemplo de documentário anterior de Wenders sobre músicos tradicionais cubanos (*Buena Vista Social Club*, 1999).

No campo do jornalismo, jornais diários como o extinto *Notícias Populares* (1963-2001) e telejornais como *Aqui Agora* (1991-1997; 2007-2008) especializaram-se – ao menos em períodos mais recentes –, em articular suas notícias em torno dos estigmas sociais, voltando-se para um segmento específico de público, supostamente das classes populares, sob o slogan "Nada mais que a verdade" (no caso do *NP*) ou "Um jornal vibrante, uma arma do povo, que mostra na TV a vida como ela é!" (*Aqui Agora*). Aliados ao tom humorístico, os estigmas estampados nas páginas do *NP* captavam a atenção de seus leitores, bem como as manchetes apelativas de seu congênere televisivo. O que nos leva a perguntar: o que há, afinal, nos estigmas, que nos faz sermos por eles capturados? Muitos programas televisivos utilizam-se dessa fórmula para cativar sua audiência, transmutando em imagens as *marcas* dos estigmas sociais.

O que une os exemplos é que os estigmas, de certa maneira, apontam para uma estrutura subjacente às sociedades humanas – a de excluir e incluir pelo estabelecimento de semelhanças e diferenças – e também para um de seus maiores desafios enquanto coletividade: saber lidar com as singularidades e as incompletudes, as lacunas e as ausências, que a atravessam. Ao demarcar os limites entre *estabelecidos* e *outsiders*, os estigmas revelam as representações sociais de um determinado grupo, supostamente dominante, apontando para seus recobrimentos históricos e culturais.

Um breve trajeto ao redor da palavra *estigma* pode auxiliar no desenvolvimento de uma definição para a escolha do termo, ampliando a conceituação apresentada. Outras palavras podem ser a ela associadas, tais como estereótipo, preconceito, discriminação, exclusão, minoria, dominação, problematizando as definições nelas pressupostas. Muitas vezes tomados como sinônimos, o esforço por diferenciar esses conceitos torna mais complexa a temática e funciona como um dos parâmetros para a identificação dos estigmas sociais presentes nos discursos midiáticos.

Em sua definição original, o *estigma* é uma cicatriz, uma marca visível (como os estigmas da varíola ou as chagas de Cristo), podendo caracterizar-se tanto quanto um sinal infamante ou vergonhoso, como um sinal natural do corpo; nos dois casos, as marcas assinalam uma distinção, isolando e reunindo os possuidores desse mesmo atributo. Em sua origem religiosa, sua presença atesta não apenas a santidade, mas também o pertencimento a um grupo especial. Essa escolha, longe de ser um privilégio, carrega em si obrigações e desafios.

Na esteira dessas diferenciações surgem os *estereótipos*, definidos nos dicionários como uma "forma compacta obtida pelo processo estereotípico", uma espécie de clichê (gravação, reprodução) que se torna um lugar-comum, um *chavão* utilizado sem que nos perguntemos sobre suas significações. Os discursos midiáticos, em geral, e os discursos jornalísticos, em particular, encontram-se repletos dessas expressões, que não carecem de explicação. No caso de estereótipos, ao identificar certas posturas ou comportamentos automaticamente enquadramos as pessoas que os possuem em categorias previamente definidas.

Em relação aos estigmas, diríamos que os estereótipos funcionam como reforço e manutenção de um sistema já instaurado, diferenciando grupos determinados. Por meio dos estereótipos, *encaixamos* as pessoas em uma forma pronta. No caso dos estigmas, trata-se de algo que o estigmatizado evoca em relação ao Outro, uma marca que ele possui e que, de alguma maneira, faz com que o outro o estigmatize. Podemos dizer que o conjunto dessas marcas sustenta o estereótipo e o preconceito. Ainda que com cautela, afirmamos que para alguém ser estigmatizado deve, de alguma forma, reconhecer-se no lugar ao qual está sendo destinado, ver-se nele, *estigmatizar-se*. Nesse sentido, o estigma não passa apenas pela relação entre dominantes/dominados, mas por uma legitimação desse lugar comum, num duplo jogo entre coerção/coesão.

Os *preconceitos*, diferentemente dos estigmas, operam como julgamentos *a priori* realizados sobre um grupo ou um indivíduo e possuem caráter sempre excludente. Podemos dizer que os estigmas, mais abrangentes, encontram-se na base dos preconceitos; estes, por sua vez, depois de instituídos socialmente e internalizados individualmente, passam a existir independentemente dos estigmas dos quais eventualmente se originaram. Definidos como "conceito ou opinião formados antecipadamente, sem maior ponderação ou conhecimento dos fatos; julgamento ou opinião formada sem se levar em conta o fato que os conteste; superstição, crendice; suspeita, intolerância", os preconceitos podem gerar ódio irracional ou aversão a outras raças, credos, religiões, como notamos frequentemente em diversas relações sociais.

Outro aspecto a ser ressaltado diz respeito a uma característica fundamental em relação aos estigmas sociais: para que operem em relação a um grupo ou indivíduo, é necessário que o estigmatizado (além de ser reconhecido e reconhecer-se no estigma) esteja em um lugar no qual, supostamente, não deveria estar, um lugar ao qual não pertence. É necessário, portanto, que o sujeito esteja des-locado, ou seja: é como se alguém que não devesse estar *ali* estivesse *lá*, por isso o incômodo e a estigmatização.

A partir dessas operações discursivas - estigmas, estereótipos, preconceitos - chegamos aos atos cotidianos de discriminação, que isolam e segregam aqueles que carregam as marcas (os estigmas) de sua condição, excluindo-os, afastando-os, desviando-os, tornando-os incompatíveis, abandonando-os, privando-os, despojando-os e, no limite, eliminando-os de fato do convívio social. Das relações de *discriminação, exclusão* e *dominação* constituem-se as *minorias*, ou seja, aqueles que, simbolicamente menos numerosos, sustentam ideias contrárias às do maior número. No caso do Brasil, é interessante notar que o estabelecimento de minorias se faz em termos de posições de poder tradicionalmente instituídas, como em relação aos negros e às mulheres, ainda que estes representem, de fato, maiorias numéricas. Mesmo que não representem o *menor número* de pessoas, as relações de dominação que os submetem são mantidas por uma *suposta maioria* detentora de mais poder, apoiada em discursos hegemônicos.

Esse contraponto amplia a definição de minoria, recuperando um sentido presente na expressão latina *minus caput*, ou seja, alguém *privado* de seus direitos civis. Como lemos em dicionários, "dessa expressão latina é que provavelmente se formou *minuscapare* (menosprezo, descrédito, menosprezar, menosprezado, minoritário)", apontando para o descaso com as chamadas "minorias" que vemos se manifestar em tantos momentos. A dominação de um grupo sobre outro indica, portanto, poder, influência, domínio, repressão, ocupação, alcance, prevalência. O jogo entre essas palavras se faz de forma dinâmica e não hierárquica, ainda que possamos estabelecer uma ordem lógica – dos estigmas à dominação, passando pelos estereótipos, pelos preconceitos, pela discriminação e pela exclusão das minorias.

Exemplo vivo dessas relações encontramos nos conflitos antigos e recentes, fartamente relatados nas mídias, ocorridos no Oriente Médio (especialmente entre palestinos e israelenses), ou nas recorrentes declarações de guerra àqueles países (vindas especialmente do governo norte-americano), considerando todas as nuanças que os envolvem: cultura, religião, política, economia, sem que com isso se apaguem as relações de dominação construídas sobre fortes e visíveis estigmas. Atualmente, ecos de tal segregação se fazem ouvir nas notícias sobre a morte de centenas de imigrantes em travessia rumo à Europa e nas medidas sectárias pensadas para impedi-los de entrar naqueles países. Por meio dessas observações podemos pensar os estigmas como um campo equívoco, difuso, multifacetado e fluido; os estereótipos e preconceitos, ao contrário, constituem um campo unívoco, concêntrico, unilateral e compacto.

Entre os dois polos, sabemos, há uma escala de matizes e variações, especialmente se observamos as mídias: não é de maneira pura ou isolada que encontramos essas características, mas a distinção tem, nesse momento, caráter operacional. Como exemplo, podemos citar o caso do clássico personagem de história em quadrinhos, "Meia Oito" (criado por Angeli e morto por ele em 2007), caricatura de um suposto militante político de esquerda nos anos 1960: ser militante (em determinado período e para certos grupos sociais) é um estigma que, ao se transformar em desenho, agrega estereótipos, características exageradas e traços generalizados. Assim, o estigma pode ser pensado como uma estrutura vazada na qual vêm se encaixar os diferentes estereótipos, estes se caracterizando como uma forma cristalizada e pré-determinada de instauração de preconceitos. Em geral, os estigmas trazem em sua base, sustentando-os, uma *grande narrativa*, ou um grande tema, repetido ao longo da história, apresentando uma certa invariância (tais como morte, sexo, violência, política, religião, geração).

Esse *grande tema* parece modificar-se pouco ao longo do tempo; o que muda são as pequenas narrativas que o recobrem em sua superfície. Alguns exemplos desses *grandes temas* podem ser retirados das mídias: *morte* (aborto, doenças, drogas, suicídio); *sexo* (homossexualidade, prostituição, pornografia, pedofilia); *geração* (crianças, adolescentes, jovens, idosos); *violência* (presídios, crime organizado, sequestros, crimes hediondos); *política* (corrupção, esquerda, direita, partidos políticos); *religião* (evangélicos, pentecostais, seitas, esoterismo); *classe social* (pobres, elites, moradores de rua, trabalhadores); *raça* (negros, japoneses, brancos, indígenas); *saúde* (obesidade, anorexia, bulimia, dietas). Para verificar essa dimensão temporal estendida (invariâncias e variações) teríamos que observar a questão em diferentes períodos históricos, o que escapa ao alcance do que propomos.

Em síntese, a relação entre os estigmas e as demais expressões a eles correlatas não pode ser pensada de forma isolada; mas podemos estabelecer uma espécie de anterioridade lógica para delimitar nosso campo: na base dos estereótipos, preconceitos e exclusões há um estigma que os sustenta. Podemos ainda dizer que, nas três palavras acima referidas, um sujeito tenta encaixar o outro em um modelo pronto (deformando-o, se for preciso), a partir de suas representações sociais; nos estigmas, o outro evoca o desejo de estigmatizá-lo, desejo este que vem de um Outro lugar. É nesse sentido que o estigma se coloca como uma *marca*, pois mesmo que não seja visível há algo no sujeito que delimita esse campo, na relação estabelecida entre um *eu* e um *outro*, atravessada por um terceiro.

Se pudermos realizar, hipoteticamente, uma aproximação aos dois eixos da linguagem, diríamos que estereótipos, preconceitos e exclusões relacionam-se, sobretudo, à imagem, ao conteúdo, à tematização – e, portanto, ao imaginário. Os estigmas, por sua vez, relacionam-se à origem, à expressão, à figuração – ao simbólico. O primeiro grupo de conceitos encontra-se, portanto, no eixo vertical da linguagem – o do significado (paradigma, sincronia, metáfora) – e o segundo conceito encontra-se no eixo horizontal – o do significante (sintagma, diacronia, metonímia). Por estarem relacionados à imagem, os estereótipos, preconceitos e exclusões podem ser modificados, podemos intercambiá-los, preencher esse imaginário de diferentes formas (posso, por exemplo, enquadrar-me – e aos outros – como *punk*, patricinha, roqueiro etc.); e também por essa razão, em alguns casos, é possível ao indivíduo ocupar outro lugar social em relação a esses conceitos (mudando sua aparência ou características pessoais). Mas, ao contrário, se estereótipos, preconceitos e exclusões permanecem, permanecem também os estigmas.

Essa afirmação, polêmica, leva-nos a outra característica singular dos estigmas em relação às palavras a eles correlatas: a partir deles é possível reorganizar o próprio campo entre estabelecidos e estigmatizados. Uma importante dinâmica entre "formações discursivas" (Foucault, 1996) e "discursos circulantes" (Charaudeau, 2006) é notada nesse movimento, como se os estigmas só pudessem ser transformados quando vigorarem novas formações discursivas; os estereótipos e preconceitos, ao contrário, são passíveis de mudanças sempre que seja possível interferir nos discursos circulantes.[7]

---

7 De acordo com Gomes (2012, p. 16), "um discurso circulante é o que atualiza uma formação discursiva, tornando-a materialidade. Esta se manifesta tanto em um só discurso quanto nos vários que se cruzam e se apoiam nela, em determinado tempo e lugar. Esta se manifesta num entendimento de mundo ao qual nos adequamos e que comporta uma verdade segundo a qual seremos levados a agir".

Os estigmas, portanto, não são em si negativos ou positivos (embora alguns autores, como Goffman [1978], associem necessariamente o estigma à construção de uma "identidade deteriorada"), ainda que pareçam sempre mais prejudiciais e destituidores – justamente por estarem na base de estereótipos e preconceitos. Os estigmas incluem e excluem, são dinâmicos e intercambiáveis, e não unilaterais, como ocorre nas cristalizações presentes em estereótipos e preconceitos, determinados por modelos prévios (embora haja um fundamento concreto, anterior a eles, na dinâmica social). Tais observações iniciais permitem-nos situar mais apropriadamente o campo dos estigmas sociais em nossa investigação.

A fim de indicar as etapas desenvolvidas nas análises, apresentamos seu protocolo metodológico e modos de interpretação. As indagações sobre as possibilidades de identificar os estigmas nas mídias e suas diversas configurações servirão de guia. Em um momento inicial, analisamos jornais impressos e revistas semanais, tratando do jornalismo em seu formato convencional. Posteriormente, filmes de ficção e de não-ficção foram examinados para finalmente, tratarmos dos pontos de aproximação e distanciamento entre jornalismo e documentário, que se fazem presentes por meio de uma amostragem formada por programas televisivos e filmes exibidos em salas de cinema.

Em relação à televisão, buscamos outros programas além dos telejornais tradicionais; e, no caso de documentários, realizamos um levantamento da produção do cinema brasileiro recente e apontamos filmes específicos para aprofundamento das análises e demonstração das hipóteses. Como vimos, os critérios de seleção de textos, programas televisivos e filmes se fazem a partir de uma temática central: os *estigmas sociais*. Justificamos tal escolha a partir de apontamentos que nos levaram à constatação de que os eixos articuladores dos estigmas (e suas derivações) constituem espaço privilegiado para a análise dos discursos midiáticos contemporâneos, especialmente os discursos audiovisuais.

De modo geral, notamos que, anteriormente, havia maior quantidade de discursos midiáticos articulados em torno de estigmas sociais, geralmente produzindo efeitos de reforço a eles; em um momento posterior, assuntos polêmicos passaram a ser tratados de forma positivada, agregando a eles novos valores; recentemente, constatamos que alguns temas desapareceram das páginas dos jornais e dos noticiários, como se a simples omissão de certos assuntos pudesse apagar sua eficácia, ainda que a ausência possa também explicitar exclusões. O que tal deslocamento sinaliza? Ele representa, de algum modo, avanços em termos de posicionamentos sociais, mudanças nos discursos circulantes ou diminuição de estereótipos e preconceitos? Ou trata-se apenas de uma ausência silenciada? Se há uma ausência, por quais mecanismos ela se torna presente, ou seja, quais construções discursivas articulam os estigmas nas mídias?

Essas são algumas das perguntas que buscamos responder no mapeamento de discursos midiáticos e na conceituação dos estigmas sociais. Para que a premissa sobre a articulação *mídias e estigmas sociais* (qualquer que seja o verbo que a conjugue: reforço, construção, criação, revelação, denúncia) seja demonstrada, é preciso apontar exemplos concretos. As mídias (especialmente em seus discursos referenciais) estão de fato intrinsecamente ligadas aos estigmas sociais? Mesmo que não haja, abertamente, a presença de estigmas nas mídias, estariam eles *interditos* (entre os ditos) em seus discursos? O esforço empreendido se propõe à exploração dessas hipóteses, demonstrando-as ou reelaborando-as em casos específicos.

Baseado na análise crítica das mídias, pode-se fazer os estigmas – velados ou revelados – *emergirem*, embora não se trate de buscar um significado oculto em suas aparições; ao contrário, trata-se de ver o que está no *texto*, ou seja, os efeitos de sentido provocados pelos "discursos manifestos",[8] já que, neste campo analítico, o dito está nas

8 Na definição de Foucault, "todo discurso manifesto reside secretamente em um já dito; mas esse já dito não é simplesmente uma frase já pronunciada,

linhas (na materialidade de suas produções) e não nas *entrelinhas*. A hipótese de que os discursos midiáticos atuais parecem tratar indiretamente dos estigmas tem respaldo em seu aparente *apagamento* nas mídias, ou seu confinamento em periódicos e programas específicos. A observação de diferentes obras nos permitirá confrontar tal posição.

Após debater teoricamente a questão dos estigmas sociais e algumas de suas relações com as mídias empreendemos, portanto, o movimento inverso: olhar as mídias para refletir – a partir de suas narrativas – sobre os estigmas sociais nelas presentes. Acreditamos ser essa a única maneira de não nos perdermos em discussões descoladas das práticas midiáticas contemporâneas, voltando-nos à materialidade concreta de seus objetos empíricos para deles extrair novas possibilidades teóricas. O objetivo, nesse sentido, é construir uma ponte efetiva entre teoria e prática, refletindo sobre as mídias a partir de questões suscitadas pelos textos teóricos e, de outro lado, examinado as práticas midiáticas. A leitura regular de jornais e revistas, o acompanhamento de telejornais e programas televisivos, além de produções cinematográficas, corroboram a demonstração das hipóteses e visam contribuir para a reflexão na área multidisciplinar da comunicação em suas injunções com as ciências humanas e sociais.

Para identificar aquilo que é posto em circulação nas mídias, a saber, a presença/ausência de estigmas, e de que modo isso se manifesta, é preciso atentar, concretamente, ao que está sendo veiculado em forma de textos e imagens nas mídias, *ler* os textos e imagens, *ver* o que estão nos dizendo. Assim, esperamos demonstrar as considerações teóricas esboçadas a partir das práticas midiáticas analisadas. Por suas

---

um texto já escrito, mas um 'jamais dito', um discurso sem corpo, uma voz tão silenciosa quanto um sopro, uma escrita que não passa do vazio de seu próprio traço" (Foucault, 2008, p. 91). Ou seja, aquilo que se torna formulado no discurso já se encontrava articulado em algo que o precede, que continua presente mas que ele recobre e quer calar.

características polêmicas, os estigmas não podem ser desvinculados dos discursos em que são construídos. Um de seus paradoxos é também sua singularidade: por oposição (e, consequentemente, por posição), os estigmas têm a capacidade de, ao mesmo tempo em que separam e categorizam, unir em novas combinações esses *desiguais* – os estigmatizados. A análise que realizamos objetiva, portanto, mostrar recorrências presentes nas mídias e realizar uma síntese das principais características dos estigmas sociais nelas desenhados em torno de processos de exclusão e inclusão social.

Na base dessa articulação, encontra-se uma preocupação fundamental: refletir sobre as mídias para torná-las mais próximas de um empreendimento questionante e transformador, assumindo uma postura crítica em relação a elas não para destituí-las ou eliminá-las, mas visando colocá-las *em crise* para vislumbrar possibilidades de atuação. É importante estabelecer uma distinção entre estigmas fundantes – ou originários, se pudermos gravar esta expressão – e os estigmas sociais que efetivamente aparecem nas mídias – atentando para as formas específicas com que são construídos. Como vimos, os grupos sociais se organizam (se unem e se distinguem) por meio de estigmas.

Entretanto, suas manifestações e hierarquizações não são previamente dadas, mas indicam processos de seleção e combinação permanentes. Além dos exemplos citados, uma rápida passagem pelos jornais permite a identificação de temas que, em princípio, remetem aos estigmas sociais. Entre eles, apontamos os discursos em torno da legalização do aborto, o temor que recobre a adoção, a dificuldade de ser um ex-detento, o isolamento causado pela dependência química, o preconceito contra as classes populares (incluindo suas crianças), o deboche em relação às pessoas religiosas, a incompreensão em relação aos transtornos mentais, as imagens associadas aos políticos, as caracterizações de certos grupos sociais (sem-terra, ativistas, homossexuais etc.). Em momentos de tensão política e retorno de um forte conservadorismo moral, como vivemos desde 2013 no Brasil, com desestabilização de direitos adquiridos e grave perda dos avanços sociais democráticos, tais discursos se fazem ainda mais prementes nas notícias divulgadas pelos jornais, revistas, vídeos e sites, em forma impressa ou digital.

Ainda em relação às mídias, podemos apontar, preliminarmente, que alguns veículos, como revistas femininas (entre elas, *Claudia, Nova, Marie Claire* e inúmeras outras) e, mais recentemente, as revistas masculinas (*G Magazine, Men's Health, QG*, para citar publicações bastante heterogêneas) tratam os estigmas de forma aberta (a exemplo dos programas televisivos já mencionados) e, por isso, tornam-se mais provocativas (como se todos soubéssemos que os estigmas fazem parte da sociedade, mas não quiséssemos encará-los). Outros veículos, como jornais diários tradicionais (entre eles, *Folha de S. Paulo, O Estado de S. Paulo, O Globo*), não evocam de forma direta os estigmas, apenas em situações limítrofes (como no caso de crimes hediondos, assassinatos e ações envolvendo atores sociais em conflito) suas fronteiras se colocam.

Ainda assim, não ousamos responder se é de fato positivo ou negativo que não percebamos abertamente situações limiares nesses discursos, encobrindo na superfície estigmas que permanecem – não apenas nas mídias, mas na própria sociedade – como tabus. Haveria também reforço dos estigmas nessa estrutura "politicamente correta" dos grandes jornais, revistas e programas televisivos? Seriam os estigmas *velados* mais ou menos prejudiciais e difíceis de serem neutralizados do que os explícitos? Após apresentar as distinções acima, é dos discursos midiáticos que partimos para pensar suas tematizações e figurativizações, percorrendo as trajetórias narrativas a fim de configurar com mais precisão o campo dos estigmas. Algumas questões guiarão a escuta das mídias em suas reverberações e polifonias.

Se for correto afirmar que os discursos midiáticos se articulam (em grande parte) em torno de estigmas sociais, resta-nos perguntar por que tal problema nos interpela, por que tal suspeita nos incomoda, por que consideramos ser esta uma pergunta relevante. Nossa resposta inicial vai ao encontro, uma vez mais, dos estereótipos, preconceitos e exclusões: a questão nos interroga por buscarmos alternativas para as mídias, para que não se pautem apenas pela dominação ou discriminação, ou por discursos excludentes e segregacionistas. Entretanto, surge outra questão: quais as possibilidades abertas por essa trilha? De que modo os discursos midiáticos podem ser diferentemente articulados? Como as mídias podem contribuir para o desvendamento das relações estigmatizadas e estigmatizadoras que constituem a sociedade, e para sua efetiva transformação?

Novas indagações se colocam: por que na relação *discursos midiáticos e estigmas sociais* há uma espécie de julgamento previamente negativo induzindo à percepção de que as mídias constroem ou reforçam estigmas? Qual a fronteira que reúne esses dois campos – mídias *e* estigmas? Em caso de uma resposta afirmativa quanto ao "reforço" provocado pelas mídias em relação aos estigmas (sem que estejamos pensando em ações deliberadas), tal relação poderia ser estabelecida em outras bases? E ainda: será que as mídias se movem apenas de forma dual – como aceitação ou como recusa de estigmas sociais? Esta investigação busca, portanto, estabelecer uma discussão conceitual sobre os estigmas e também uma demonstração de sua aplicabilidade nas mídias. A proposta exige um posicionamento ativo e uma dose de utopia para acreditar que essas abordagens possam ser produtivas e potentes.

Dois pontos devem ser ressaltados ainda nesse momento: em primeiro lugar, apesar do universalismo da questão, nem tudo são estigmas e nem todos os estigmas se articulam da mesma maneira ou têm o mesmo peso nas relações sociais. Reconhecê-los já é um desafio, que dirá então tentar transformar essas relações. Na pesquisa, o caminho para o estabelecimento dessa intervenção é a *linguagem* – por meio da teoria da enunciação e não apenas pelo estudo de seus enunciados, distinguindo o dizer e o dito (Ducrot, 1987). Em segundo lugar, sabemos ser possível identificar a construção de estigmas nos discursos midiáticos (e dizer que os estigmas estão neles presentes não é o bastante), como vimos nos exemplos acima.

Esses discursos *estigmáticos* (e, por que não, *enigmáticos*) criam efeitos de sentido que amplificam os mecanismos de diferenciação e oposição que estão na base da organização social (não esqueçamos que são dos estigmas que nascem os estereótipos e os preconceitos). Assim, ainda que os estigmas existam intrinsecamente na sociedade, não podemos naturalizá-los, especialmente se considerarmos que os discursos midiáticos propõem certos modos de ver e conhecer o mundo. O fato de serem "representações", como no caso de filmes, "não os impede de ter efeitos reais sobre o mundo. (...) Como assinala Stuart Hall, reconhecer a inevitabilidade da representação não significa que 'não há nada em jogo'" (Shohat; Stam, 2006, p. 62). Ao contrário, embates discursivos são travados nas lutas identitárias e por representação, bem como nas disputas por visibilidade e reconhecimento.

Tal empreendimento se justifica na medida que intenciona buscar possibilidades de resistência por meio das brechas deixadas nos discursos, contrariando uma ordem que insiste em se instaurar, pois não podemos negligenciar a questão ética presente quando falamos de mídias e estigmas sociais. Lembramos que os estigmas nascem dos mecanismos de controle que hierarquizam pessoas e grupos a partir de critérios determinantes do que é considerado aceito ou rejeitado, estabelecendo distinções e, portanto, exclusões e inclusões. Como método de escuta, acreditamos, a partir de Bakhtin, que a observação de discursos e vozes presentes nas mídias pode oferecer uma alternativa ao estudo dos estigmas: "Se a palavra 'imagem' remete à questão do realismo mimético, 'voz' invoca um realismo de delegação e interlocução, uma fala situada entre o 'quem fala' e o 'para quem se fala'" (Shohat; Stam, 2006, p. 310), permitindo-nos comparar um discurso com outros que circulam socialmente, em perspectiva dialógica e polifônica, fazendo com que a voz de grupos minoritários e sem direito à representação possa ser de fato *ouvida*, bem como sua imagem possa ser *vista* e sua presença reconhecida.

Essas questões apontam para a amplitude da temática e para sua *emergência*. Sabemos, com Foucault (1988a; 1988b), que a relação entre o que é considerado normal ou desviante em cada sociedade é histórica e cultural, articulando-se no trânsito dos discursos instituídos; e é justamente por isso que os estigmas não devem servir como balizas a conduzir as mídias. Baseados em aparências, inconsistências ou incompletudes, os estigmas mostram-se como *falácias* no sentido de determinar as relações sociais. Dizer que os estigmas são relativos, uma espécie de caleidoscópio que muda conforme o ponto de vista do observador não equivale, entretanto, a declarar seu relativismo absoluto, tampouco decretar o fim do caráter desigual por eles imposto.

Apontar as várias *facetas* envolvendo a problemática dos estigmas é justamente refletir sobre os mecanismos e estratégias de seu funcionamento, perceber sua permanente manifestação para interferir em determinados padrões de exclusão e, sobretudo, buscar suas reiterações. Como vimos, os estigmas têm em sua raiz a contradição – é sempre em relação a um padrão estabelecido que algo ou alguém pode ser estigmatizado. A possibilidade de modificar os parâmetros comparativos e o questionamento sobre a necessidade de sua existência nos levam a tratar de fenômenos sociais complexos, refletidos nos discursos midiáticos. A circularidade do caminho não pode nos desviar da percepção de que, no limite, todos somos passíveis de sermos estigmatizados, dependendo do lugar a partir do qual sejamos ouvidos ou vistos.

O tema desta investigação, portanto, apresenta-se como fluido e aberto, posto que o conceito de estigma se revela compreensível e inapreensível. É, assim, um conceito *equívoco*. Atentemos para essa palavra, para seu duplo sentido: não estamos evocando a ideia de equívoco como erro, mas como contraposta à palavra *unívoco* e, assim, dotada de potencialidades (embora pudéssemos também atribuir um sentido positivado ao *engano*).

Para a apreensão desse conceito, lançamos mão de diversas teorias: a psicanálise, a antropologia, a filosofia, a linguagem, a comunicação. Mas é preciso lembrar algo importante: ainda que fosse possível uma definição única de *estigma*, por não estarmos tratando deste termo abstratamente teríamos que olhar as práticas midiáticas em busca de uma conceituação – *ver e ouvir* as mídias para delas extrair os estigmas –, refletindo sobre o que há em comum na diversidade dos temas abordados. Teoria e prática devem ser construídas em conjunto, em um traçado feito de *bifurcações*. Ao falar de *estigmas sociais,* como vimos, não é de qualquer definição que partimos, mas de uma concepção determinada, que orienta a pesquisa e a análise dos discursos midiáticos. Para entender a questão dos estigmas temos de aceitar tais *pressupostos*, que serão posteriormente desenvolvidos.

Um percurso teórico se vislumbra, estabelecendo, na psicanálise, diálogos com conceitos de Freud e Lacan, em contraponto com interlocutores contemporâneos. Lembramos, ainda uma vez, que a diferenciação *eu/outro* se encontra na base dos estigmas sociais, afirmação que pode ser sustentada a partir dos autores citados. Nas articulações do "eu ideal" e do "ideal do eu" apontamos uma relação de amor e ódio, já enunciada por Freud em seus estudos sobre o inconsciente e sobre a dinâmica social; de modo distinto, Lévi-Strauss também aborda essa questão em seus ensaios sobre a função simbólica, ao buscar responder o que une e desune as sociedades.

O "eu ideal" freudiano caracteriza-se como um momento de identificação narcísica: "O outro é tão igual a mim que posso amar nele a mim mesmo" (e, portanto, quer as mesmas coisas que eu). O "ideal do eu", caracterizado como os ideais culturais oferecidos por uma sociedade (valores, mitos, ídolos), contrapõe-se a ele: "O outro é tão maior do que eu que gostaria de ser como ele" (e, portanto, tem o que eu não tenho e gostaria de ter). Essas relações engendram amor e ódio: se o outro é tão parecido comigo, vai concorrer comigo pelas mesmas coisas (afeto, trabalho, posição, lazer, atenção, amor); se o outro é tão maior do que eu, tem o que eu não tenho e talvez nunca consiga ter. Acreditamos que na dinâmica dual da identificação encontra-se uma das chaves para pensar sobre os estigmas, acrescentando que no estabelecimento de sua conceituação recorremos a outros textos clássicos ou contemporâneos.

Dessa forma, notamos que as relações *eu/outro* são atravessadas por um terceiro termo (o Outro) referente ao campo do simbólico, campo a partir do qual são constituídas as identidades primeiras. Ou seja: ao tratarmos dos estigmas, não nos referimos - ingenuamente - à dualidade pressuposta no binômio *eu/outro*, mas a uma tríade não linear que institui, nas relações humanas, um terceiro lugar - comum aos dois outros, mas de forma assimétrica - a partir do qual o campo das relações sociais é demarcado. Para além do(s) outro(s) - espelho a partir do qual constituímos nossas identificações - esse terceiro lugar - denominado, a partir de Lacan, "o campo do Outro" - é determinante para a constituição das imagens que temos de nós mesmos.

Em outra visada, mas em estreita relação com os autores acima apontados, auxiliam na delimitação do campo teórico as já citadas obras *Estigma*, de Goffman, e *Os estabelecidos e os outsiders*, de Elias - sem desconsiderar os trabalhos clássicos de Foucault, por um lado, e Canguilhem, por outro. Da história, Burke, White, Duby, Lardreau, Nora e Le Goff são convocados para articular nossas reflexões.

Além desses, incluímos ao longo do trabalho autores identificados com o pós-estruturalismo e os estudos pós-coloniais. Pensadores como Derrida, Deleuze, Geertz, Spivak, Appadurai, Bhabha, entre outros, em suas diferentes áreas de atuação, possibilitam que os referenciais teóricos da pesquisa sejam expandidos para além de fronteiras temáticas. No campo da filosofia, os textos de Lyotard se destacam. Por realizarem a ponte entre reflexão filosófica e tecnologias, são fundamentais para a configuração das mídias enquanto objeto teórico. Além disso, ao estabelecer as fronteiras entre o "saber narrativo" e o "saber científico", Lyotard possibilita uma instigante reflexão sobre a contemporaneidade.

A bibliografia indicada, além daquela efetivamente incorporada ao texto, serve de guia para a pesquisa. Entre os autores que abordam questões relativas à contemporaneidade, destacamos Zizek, Latour, Badiou e Agamben, pensadores que estabelecem diferentes pontos de vista para tratar de questões relacionadas à formação de identidades e diferenças. No campo do cinema e do audiovisual, traremos autores de referência, como Aumont, Bordwell, Metz, Nichols, Renov, Stam, entre outros.

Na tentativa de relacionar os estigmas com os discursos midiáticos, autores de outras áreas são chamados a compor o quadro teórico. No campo específico da saúde, em dois trabalhos nos quais trata da *doença como metáfora* (câncer e aids), Sontag nos auxilia na delimitação do conceito nas mídias. Utilizamos ainda as contribuições da teoria literária, em Said, e dos estudos culturais, na obra de Hall, como referenciais centrais para pensarmos as relações entre *cada um* e *os outros* – as relações com a alteridade, ou aquilo que é radicalmente diferente em sua estranha familiaridade – e os embates envolvidos em torno dos estigmas sociais.

Quanto à literatura da área de comunicação e de linguagem, selecionamos textos de linguística, semiótica e análise do discurso, buscando deles extrair as principais noções e conceitos. Autores como Barthes, Benveniste, Jakobson, Saussure, Kristeva e Eco são chamados, entre outros, a compor o quadro teórico de referência. Dos textos específicos da área de jornalismo, destacam-se os livros de Gans e Schudson. Esses dois estudiosos propõem uma discussão original e atualizada sobre a natureza do fazer jornalístico e de sua gênese, escapando do estilo dos "manuais de jornalismo" que querem apenas transmitir regras técnicas de *como fazer* sem refletir sobre tal fazer. Gans afirma que a tarefa primordial dos jornalistas não se restringe apenas a "informar o público"; o objetivo primeiro das notícias é derivado do papel dos jornalistas como "gerenciadores da arena simbólica" da sociedade. Dessa forma, encontra eco nas análises de Schudson, que define a informação como uma "forma cultural" chamada notícia, conceitos que, juntamente com os demais, serão dinamicamente incorporados ao longo do trabalho.

Esperamos, ao final do percurso, construir de modo produtivo não apenas um mapeamento de possíveis articulações entre *mídias e estigmas sociais* mas, sobretudo, contribuir para a melhor compreensão dos processos narrativos e discursivos presentes nas práticas midiáticas e em seus contratos comunicacionais, determinantes das relações sociais e por elas determinados. O panorama apresentado não esgota as possibilidades reflexivas de nossa empreitada, mas oferece um quadro geral no qual situar a pesquisa e um mapa de suas articulações e interlocuções, tanto em termos teóricos, quanto metodológicos. A esses autores e conceitos, outros se somarão em cada momento do trabalho, tanto por meio de novas leituras realizadas, quanto por meio das demandas apontados pelos objetos empíricos, ampliando assim o escopo de teorias e métodos.

I
ARTICULAÇÕES NARRATIVAS NAS MÍDIAS

"Trata-se de um fenômeno mais geral, cabendo destacar os desafios desse estilo de narrativa realista que pretende ser mais verdadeira à medida que utiliza estratégias reflexivas, e busca salvar o espaço entre o eu e o outro, fazendo experimentos com sujeitos que representam a si mesmos. Tais procedimentos, no entanto, não anulam o caráter subjetivo e retórico do trabalho de montagem – que se contrapõe à ilusão de uma comunicação sem qualquer artifício. Do mesmo modo, não apagam o fato de que colocar uma câmera para filmar um acontecimento já é, de alguma forma, ficcionalizá-lo."

Vera Lúcia Follain de Figueiredo,
Narrativas migrantes: literatura, roteiro e cinema

1. Estigmas em jornais e revistas: primeiras leituras

A pesquisa em mídia impressa (jornais diários e revistas semanais) e mídia audiovisual (telejornais e filmes) foi desenvolvida de maneira cronológica, possibilitando o acompanhamento sistemático dos discursos midiáticos em relação aos estigmas sociais, totalizando uma década de trabalho. Foram analisados quatro jornais diários (*Folha de S. Paulo, O Estado de S. Paulo, Jornal do Brasil* e *O Globo*) e quatro revistas semanais (*Veja, IstoÉ, Época, Carta Capital*), selecionados por critérios de *abrangência* (distribuição nacional), *alcance temático* (cobertura nacional), *tiragem* (número de exemplares vendidos) e *representatividade* (credibilidade e alcance social). Como o material seria muito extenso para uma única investigação, constituímos uma amostragem para desenvolvimento das análises. Optamos por estudar as primeiras páginas dos jornais impressos e as matérias de capa das revistas semanais. De modo análogo, analisamos as chamadas de telejornais e aspectos específicos dos filmes selecionados (documentais ou ficcionais) correlatos aos estigmas sociais.

No caso do jornalismo impresso, a amostra foi elaborada a partir de modelo proposto pelos ingleses Curran e Staton (1988). Na pesquisa que realizaram sobre mídias, publicada no livro *Power without responsibility*, os autores utilizaram jornais diferenciando-os de acordo com a periodicidade: dos jornais diários, selecionaram edições publicadas de segunda-feira a sábado e, dos semanários, aos domingos. O modelo por eles proposto foi adaptado: para cada um dos jornais, dividiu-se o ano em seis bimestres (janeiro-fevereiro; março-abril; maio-junho; julho-agosto; setembro-outubro; novembro-dezembro), sendo que a pesquisa inclui o primeiro mês de cada bimestre (seis semanas ao ano por jornal). Para cada um dos meses (janeiro, março, maio, julho, setembro, novembro) foi escolhida uma semana, alternadamente.

Em relação às revistas, procedemos de maneira semelhante: dividiu-se o ano em quatro trimestres (janeiro-março; abril-junho;

julho-setembro; outubro-dezembro), sendo que a pesquisa inclui o primeiro mês de cada trimestre (quatro edições ao ano por revista). Para cada um desses meses (janeiro, abril, julho, outubro) foi escolhida uma edição semanal, da primeira à quarta, alternadamente (perfazendo um total de quatro edições por revista, distribuídas ao longo do ano). Optamos por trabalhar com menos exemplares das revistas devido à maior heterogeneidade de seus elementos verbais e visuais, e à maior abrangência de suas matérias. As tabelas referentes aos jornais e às revistas são apresentadas a seguir.

TABELA I – JORNAIS DIÁRIOS (2004)							
Folha de S. Paulo		**O Estado de S. Paulo**		**Jornal do Brasil**		**O Globo**	
Mês	Semana	Mês	Semana	Mês	Semana	Mês	Semana
Jan.	1ª.	Jan.	1ª.	Jan.	1ª.	Jan.	1ª.
Mar.	2ª.	Mar.	2ª.	Mar.	2ª.	Mar.	2ª.
Mai.	3ª.	Mai.	3ª.	Mai.	3ª.	Mai.	3ª.
Jul.	4ª.	Jul.	4ª.	Jul.	4ª.	Jul.	4ª.
Set.	1ª.	Set.	1ª.	Set.	1ª.	Set.	1ª.
Nov.	2ª.	Nov.	2ª.	Nov.	2ª.	Nov.	2ª.

TABELA II – REVISTAS SEMANAIS (2004)							
Veja		**IstoÉ**		**Época**		**Carta Capital**	
Mês	Semana	Mês	Semana	Mês	Semana	Mês	Semana
Jan.	1ª.	Jan.	1ª.	Jan.	1ª.	Jan.	1ª.
Abr.	2ª.	Abr.	2ª.	Abr.	2ª.	Abr.	2ª.
Jul.	3ª.	Jul.	3ª.	Jul.	3ª.	Jul.	3ª.
Out.	4ª.	Out.	4ª.	Out.	4ª.	Out.	4ª.

Num segundo momento, estabelecemos outra classificação para jornais diários e revistas semanais, detendo-nos em dois jornais (*O Estado de S. Paulo* e *O Globo*) e duas revistas (*Veja* e *Carta Capital*), e selecionando dentre suas edições aquelas mais relevantes de acordo com os referenciais teóricos norteadores do trabalho. A escolha de primeiras páginas e capas como objeto de análise se justifica na medida em que elas demarcam um complexo processo de seleção e combinação de elementos distintos apresentados de forma hierárquica e, portanto, apontam para o ponto de vista proposto pelos periódicos no estabelecimento de laços sociais.

Se o jornalismo organiza o espaço público, suas primeiras páginas e capas organizam seu espaço interno, estabelecendo nesse processo novas molduras para os eventos relatados e novos modos de dar a ver, aos leitores, a realidade. No caso dos jornais, a amostragem inclui as primeiras páginas de quatro grandes diários (*Folha de S. Paulo, O Estado de S. Paulo, O Globo, Jornal do Brasil*), compondo seis semanas por jornal, perfazendo 42 primeiras páginas por periódico e 168 páginas no total. Como o material se mostrou bastante extenso, organizamos um quadro geral das notícias presentes nas primeiras páginas dos quatro diários para, num segundo momento, focalizar aspectos encontrados em um grupo de notícias escolhidas por sua recorrência temática em torno dos estigmas nos jornais *O Estado de S. Paulo* e *O Globo*. Notemos que, à época da coleta, os jornais impressos ainda ocupavam espaço principal junto aos leitores, posição que foi paulatinamente sendo substituída pelo jornalismo *online*.

Se olharmos as chamadas selecionadas, veremos que os conceitos definidores dos estigmas sociais podem ser identificados: mais do que estereótipos e preconceitos, temos a recorrência de temas relacionados à própria organização da sociedade. Além disso, é importante ressaltar que algumas notícias não pressupõem uma aproximação negativa aos temas abordados, mas podemos notar uma *predominância* de aspectos negativos, relacionando os estigmas a formas de inclusão/exclusão social. Observando as manchetes, notamos que o tema dos estigmas se faz presente, sobretudo, nas notícias secundárias das primeiras páginas, compondo, além das pequenas narrativas, uma *grande narrativa* que recorta os espaços de inserção de atores sociais específicos.

Nos casos em que ocupa as manchetes principais, isso ocorre em temas de largo alcance, como atentados ocorridos em países da Europa, ou questões relativas aos conflitos no Oriente Médio, recorrentes até hoje. É interessante notar, portanto, o caráter global dessas manchetes e a importância que as questões envolvendo o terrorismo – seja para combatê-lo ou reportá-lo – ocupam nessas páginas no início dos anos 2000, especialmente após os episódios ocorridos em 11 de setembro de 2001, nos Estados Unidos. A questão envolvendo a identificação de cidadãos norte-americanos nos aeroportos brasileiros também ocupou com frequência as chamadas de capa à época.

Em relação aos *estigmas sociais*, na *Folha de S. Paulo* as principais manchetes foram: 1) *Janeiro*: "Menor participa de 1% dos homicídios"; "Saúde pede tempo para cumprir o Estatuto do Idoso"; "Tráfico usa verba federal do Nordeste"; "Líderes afegãos aprovam nova constituição"; "Ataque mata 5 em Réveillon em Bagdá". 2) *Março*: "Cresce preocupação com desemprego"; "Mulheres protestam por terra e empregos"; "Sob crítica de xiitas, Iraque aprova nova Constituição"; "Terror mata mais de 190 em Madri"; "11 de Setembro espanhol tem horror e solidariedade"; "8 milhões marcham contra o terror". 3) *Maio*: "Vaticano rejeita casamento com muçulmanos"; "Haiti será treino para Rio, diz Exército"; "Bomba mata presidente do Conselho Iraquiano"; "Brasil tem 26 milhões de pessoas sem dentes"; "ONGs pedem a Lula que fale de liberdade na ida à China". 4) *Julho*: "EUA tiveram 10 chances de barrar terror, diz Congresso"; "Desemprego cai, renda sobe e empresários estão mais confiantes"; "No Rio, menino de rua está na escola"; "Saddam lê e escreve poesias na prisão". 5) *Setembro*: "Duplo atentado mata 16 e fere 100 em Israel"; "Assassinados no Iraque 12 seqüestrados"; "Explosão na Rússia deixa ao menos 10 mortos"; "Outro morador de rua é morto". 6) *Novembro*: "Iraque decreta estado de emergência"; "Israel teme aumento de violência pós-Arafat"; "Funeral de Arafat será no Cairo, dizem palestinos"; "Morre Arafat, ícone palestino"; "Brasil dá à China status de economia de mercado"; "Cresce homicídio de meninos em SP".

As chamadas destacadas apontam para uma variedade de assuntos e para o caráter nacional que a *Folha* pretende dar a seu noticiário, distribuindo-as em várias editorias (Mundo, Brasil, Cotidiano, Esportes, Economia, Política). Além disso, notamos nos textos a busca por uma suposta neutralidade e imparcialidade, trazendo um discurso em terceira pessoa que se afasta não apenas do lugar da enunciação, mas também de seu leitor pressuposto, características que se mantêm até o presente.

O jornal *O Estado de S. Paulo* trouxe, nas semanas assinaladas, as seguintes manchetes principais: 1) *Janeiro*: "A partir de hoje, Estatuto do Idoso é lei"; "Golan: Israel quer mais assentamentos"; "Explosão mata 5 em Bagdá em festa de réveillon"; "Bolsa-Família já beneficia um terço dos pobres"; "EUA se queixam de identificação: é um castigo"; "Atentado com bicicleta mata 15 no Afeganistão". 2) *Março*: "Cidades do PT recebem mais Bolsa-Família"; "Só EUA têm mais chefes mulheres que o Brasil"; "Iraque tem nova Constituição, sob críticas de xiitas"; "Brasil é o 1º. a assumir que tem trabalho escravo"; "O massacre de Madri – Al-Qaeda ou ETA: terror matou 192 pessoas"; "Onze milhões de espanhóis nas ruas contra o terror"; "Prisão de suspeitos na Espanha aponta para terror islâmico". 3) *Maio*: "Bando assalta prédio durante 4 horas em SP"; "Vaticano: católico não deve casar com muçulmano"; "IBGE definirá cota nas universidades"; "Atentado mata líder do governo iraquiano"; "Objetivo do MST é fazer marketing, afirma Ermírio"; "Ofensiva israelense em Gaza: 20 mortos". 4) *Julho*: "Seis estrangeiros viram reféns de rebeldes iraquianos"; "Tropas do EUA matam 25 em combate ao Iraque"; "A cada dia, três infratores fogem da Febem"; "'Reforma agrária no ar': é a rádio dos sem-terra"; "Iraquianos soltam refém por ser 'um homem religioso'". 5) *Setembro*: "Bombas em dois ônibus matam 18 em Israel"; "Terrorista ataca em Moscou: 10 mortos e 51 feridos"; "País sediará centro mundial para controle da aids"; "Terroristas libertam 26 mulheres e bebês"; "Russos atribuem ação a Al-Qaeda"; "Iraque anuncia e depois nega prisão do nº. 2 de

Sadam". 6) *Novembro*: "Decretada lei marcial no Iraque"; "Mãe de Robinho é seqüestrada"; "Fuzileiros já combatem nas ruas de Faluja"; "MST lança operação 'novembro vermelho'"; "Sucessor de Arafat pode ser eleito em 60 dias"; "Porção lésbica da novela das 9".

Destacamos, do conjunto de chamadas de capa de *O Estado*, uma recorrência de matérias sobre o MST (sempre de forma depreciativa), e um grande número de temas relacionados aos estigmas sociais em contextos internacionais. Para as matérias nacionais, os assuntos chegam a ser prosaicos, como novela, futebol, desemprego e crimes considerados frequentes, além da predominância de temas econômicos em detrimento de temáticas sociais.

O diário carioca *O Globo* trouxe as seguintes manchetes: 1) *Janeiro*: "Ano-novo no Iraque começa com bomba"; "Governo mapeia o crime e quer acabar com os bondes no Rio"; "Americanos deixam digitais em São Paulo"; "Polêmica em festival de hip-hop brasileiro"; "Camelôs têm a proteção de policiais"; "Novo Estatuto do Idoso faz sua 1ª. prisão"; "Campanha condenará xixi nas ruas". 2) *Março*: "Traficante usava fuzil da polícia"; "Polícia retoma operação em 64 favelas"; "Afastado chefe de segurança de Bangu I"; "Iraque: xiitas recuam e assinam a constituição"; "Onze milhões contra o terror". 3) *Maio*: "Rio terá 4 novas Rocinhas até 2010"; "Cidades fluminenses em que há emprego"; "Ladrões mantêm 20 reféns em prédio do Alto Leblon"; "IBGE: 85% das famílias no vermelho"; "Retratos da barbárie". 4) *Julho*: "EUA tiveram dez chances de evitar o 11/9"; "PMs acusados de seqüestrar e matar"; "PMs sob investigação este ano já são 10 mil"; "Ministério tira da escravidão mais 2.300 trabalhadores"; "Crimes de PMs começam a derrubar comandantes"; "Ausência de cor põe cadastro de pobres em xeque"; "PMs acusados agora de matar 3 jovens". 5) *Setembro*: "Terror mata em Israel e na Rússia" "Assaltantes tinham mapa de trilhas"; "Brasil enfrenta rebeldes em cidade do Haiti"; "Barbárie – Confronto entre tropas russas e terroristas em escola deixa mais de 200 mortos e 700 feridos, a maioria crianças";

"Tráfico prepara guerra por morros da Zona Sul"; "Mortos em seqüestro em escola russa podem passar de 400"; "Debate sobre aborto deixa Supremo sob forte pressão"; "Iraque decreta lei marcial por 60 dias". 6) *Novembro*: "Polícia Rodoviária protegia a Máfia da Gasolina no Rio"; "Mortes causadas por homicídios dobram"; "Rio tem queda em mortes por arma"; "Morte de Arafat mergulha o Oriente Médio na incerteza"; "Governo quer criar espaços para dependentes de drogas".

Notamos em *O Globo* um número maior de notícias locais (referentes ao Rio de Janeiro) e um número menor de matérias relacionadas aos estigmas sociais de modo geral, pois a primeira página deste jornal, além de trazer menos assuntos em destaque, muitas vezes assemelha-se a uma capa de revista semanal ou de variedades. Apesar disso, temos um número maior de matérias a respeito de tráfico de drogas ou conflitos envolvendo policiais, sobretudo as que implicam em quebra da lei ou do que é esperado em relação a suas ações (recentemente, desde 2012, as ações das unidades pacificadoras em comunidades do Rio de Janeiro têm sido largamente noticiadas, e desde 2016 os relatos de conflitos e violência policial têm aumentado).

Em alguns casos, há temas mais locais tratados apenas nesse jornal, como questões relativas à conservação e melhorias na cidade, referências a grupos sociais específicos, como idosos ou negros, e também matérias relativas à cultura, como as que tratam do movimento hip-hop. Apesar de aparentemente representarem um menor número, devido ao fato de termos menos chamadas de capa em *O Globo*, os temas abordados mostram-se variados e relacionados aos estigmas, ainda que não de forma direta. Talvez isso ocorra por tratarem de questões consideradas periféricas no jornalismo tradicional, no caso, mais populares e próximas do cidadão comum – o que torna as manchetes, de certa forma, originais, dificultando a seleção das mais relevantes justamente por serem apresentadas de modo não hierarquizado.

Finalmente, o *Jornal do Brasil* (que desde 2011 passou a ter apenas versão *online*, voltando a ser impresso em 2018) destacou nas manchetes as seguintes notícias: 1) *Janeiro*: "Brasilianista defende cotas em universidade"; "Americanos são fichados ao chegar a SP"; "Jovens do Rio bebem cada vez mais"; "Arrastão de inocentes"; "Jovens apedrejam idoso até a morte"; "Britânicos matam prisioneiro a pontapés"; "Zona Sul voltará a sediar bailes funk". 2) *Março*: "Ataque de Israel mata 14 e fere 93 em Gaza"; "Preso grupo de favelados por saque a ônibus"; "Mulheres atraem empresas de seguro"; "Médicos são ameaçados para atender traficantes"; "Avião de mercenários é detido no Zimbábue"; "Agente de Bangu 4 desaparecido há 37 dias"; "Cresce número de mortos em confrontos com a polícia"; "Terror golpeia Madri – 192 mortos e mais de 1.400 feridos"; "Espanhóis desafiam o terror" ; "Luta pelo poder no tráfico esfacela facções". 3) *Maio*: "Jornalista se retrata e Lula cancela ato de expulsão"; "Atuação do Exército no Rio não sai do papel"; "Sucessão em Cuba expõe cisão no clã dos Castro"; "Papa santifica mulher casada"; "Atentado mata o presidente do conselho de governo"; "Bando age no Leblon e índice de assalto a residências não cai"; "Impunidade marca exploração infantil". 4) *Julho*: "Polícia apura distribuição de vale-transporte pelo tráfico"; "EUA tiveram dez chances de evitar os atentados"; "PMs suspeitos de seqüestro e assassinato"; "Protesto de vans pára o Centro da cidade"; "Assassinato de jovem especialista comove internautas". 5) *Setembro*: "ONGs se distanciam do governo Lula"; "Procurado na Itália, mafioso agia no Rio"; "Presidente agora perdoa dívida de Moçambique"; "Tráfico volta a agir em favela de Laranjeiras"; "Delegação brasileira bate recorde na paraolimpíada"; "Facção assume o tráfico no Vidigal"; "Estados falham no teste auditivo de bebês"; "Evangélicos movimentam mercado milionário"; "Briga de traficantes aterroriza zona sul"; "Facção criminosa impõe regras a políticos"; "Favela, vetada na campanha que só fala aos pobres"; "Atletas paraolímpicos visitam o Planalto". 6) *Novembro*: "Mãe do jogador Robinho é sequestrada"; "Cariocas são vitimas fáceis de extorsão pelo telefone"; "Batalha em Faluja define os rumos do Iraque"; "Palestinos vetados no adeus a Arafat"; "Cresce índice de assaltos em ônibus e a pedestres".

No *Jornal do Brasil*, as notícias locais e regionais convivem lado a lado com as notícias internacionais, como no caso de atentados terroristas em Madri e das ações do tráfico na capital fluminense. Notamos o grande número de chamadas de capa relacionadas aos estigmas e sua variedade, cobrindo temas de caráter mais abrangente (como na editoria Internacional), e outros mais localizados na cidade do Rio de Janeiro (como aqueles relativos ao tráfico e à ação da polícia). Diferentemente de outros jornais, o *Jornal do Brasil* traz algumas matérias de caráter positivado em torno dos estigmas sociais, como as paraolimpíadas e as descobertas médico-científicas sobre doenças (notemos o número de destaques em setembro).

O mês de setembro pode ser considerado singular não apenas em relação ao *Jornal do Brasil* (quando apresentou o maior número de manchetes sobre estigmas em um único dia), pois a semana selecionada para análise inclui um importante feriado nacional: o dia da independência do Brasil, o que nos levou a supor que haveria certa homogeneidade nas notícias encontradas (ao menos nas principais). Ainda assim, fomos surpreendidos por um evento de caráter global que ocupou as manchetes dos grandes jornais: um atentado ocorrido em uma escola russa.

Em relação a setembro, é interessante notar as especificidades de cada um dos jornais: enquanto a *Folha de S. Paulo* concentrou-se nos atentados na Rússia (quatro notícias) e em questões nacionais (três notícias), o jornal *O Estado de S. Paulo* trouxe cinco notícias sobre temas nacionais (salários, fraudes, produtividade) a apenas duas notícias sobre os atentados. O jornal *O Globo* apresentou sete chamadas de capa sobre os atentados na Rússia, três matérias sobre problemas políticos e econômicos brasileiros e duas chamadas sobre questões relacionadas à cidade do Rio de Janeiro. O *Jornal do Brasil*, por sua vez, trouxe apenas uma manchete sobre os atentados na Rússia; as outras seis notícias versavam sobre temas nacionais, com uma curiosidade: quatro delas estavam relacionadas ao consumo de bens. Outros temas recorrentes em setembro foram notícias sobre o jogo de futebol da seleção brasileira, o noivado do jogador Ronaldo com a modelo Daniela Cicarelli, as eleições presidenciais nos Estados Unidos, as eleições municipais no Brasil, o final das Olimpíadas. Notemos que, de modo geral, todas as capas estudadas trouxeram fotos-legendas como recurso para destacar ou os atentados na Rússia, ou questões macronacionais quando estes assuntos não foram enfocados nas manchetes principais do jornal.

Em relação aos dois jornais destacados, *O Estado de S. Paulo* e *O Globo* (ambos com características mais regionais), chamou nossa atenção o fato de *O Estado* tratar, predominantemente, de assuntos de política e economia nacionais, reservando aos estigmas um espaço mais relacionado a questões internacionais. Nesse jornal, portanto, os estigmas aparecem de maneira indireta – quase invisíveis – como se os conflitos sociais pudessem ser aplacados pela aparente sobriedade do jornal. Se, por um lado, *O Estado* valoriza a cobertura internacional, por outro trata o país com um certo distanciamento, como se seus problemas se restringissem à esfera pública e político-econômica. Um fato diferenciado é a ausência de hierarquia aparente entre as matérias de capa: ao contrário do outro jornal paulista constante dessa amostragem (*Folha de S. Paulo*), que estabelece distinções formais e visuais quanto à importância das matérias, há em *O Estado* um grande número de chamadas de igual tamanho e com destaque semelhante, características que se mantêm até o momento.

O diário carioca *O Globo*, por sua vez, apresenta um traço incomum: suas primeiras páginas exibem um grande número de fotos, ilustrações e charges políticas. De modo geral, as capas de *O Globo* são mais arejadas devido ao menor volume de elementos textuais. Além disso, há também uma menor quantidade de assuntos destacados, com temas mais restritos e ocupando maior espaço na capa do jornal. Notamos ainda um número maior de fotos, além das ilustrações (desenhos, infográficos etc.), dotando as capas de um aspecto mais leve, que se exprime não apenas em termos visuais, mas também expressivos.

Ainda que compareçam nas capas, por estarem recobertos de elementos visuais e colocarem-se ao lado de temas mais prosaicos, os problemas nacionais e internacionais traduzem aspectos muitas vezes não contemplados nos outros jornais. Frequentemente temos em destaque, na parte nobre da primeira página (dobra superior, título em seis colunas), manchetes sobre esportes mescladas com um pouco de política e economia, e um grande número de notícias locais tratadas de modo coloquial (como se referir à "zona sul" sem escrever que se trata da zona sul da cidade do Rio de Janeiro). Há também a presença marcante de mais humor (como nas charges) e mais celebridades nas primeiras páginas de *O Globo*, construindo uma narrativa muitas vezes pautada por aquilo que, em jornalismo, pode ser chamado, a partir de Barthes, de *faits divers* (variedades, fatos incomuns). *O Globo* se difere dos demais, ainda, por trazer nas capas mais chamadas para textos de articulistas e uma proposta editorial próxima àquela das revistas de variedades. Geralmente há um grande espaço dedicado à chamada principal (acompanhada de box, texto, imagem), o que torna simples identificá-la.[1]

É importante ressaltar que, nos jornais, os temas tratados foram recobertos por elementos narrativos, caracterizando os discursos neles engendrados: por meio das manchetes, acompanhamos histórias de dramas humanos (de perto e de longe); o desempenho de personagens específicos (anônimos ou famosos); a superação ou o surgimento de problemas nacionais (especialmente ligados ao governo federal); as variedades de cada região (praia, bienal, futebol, entre outros). Cada uma dessas notícias realiza, nos seus relatos, processos de construção

1 Em Barthes, encontramos uma definição para o *fait divers* (ou notícia geral): "É uma informação total, ou mais exatamente, *imanente;* ele contém em si todo seu saber: não é preciso conhecer nada do mundo para consumir um *fait divers;* ele não remete formalmente a nada além dele próprio; evidentemente, seu conteúdo não é estranho ao mundo" (Barthes, 1988, p. 59).Desse modo, teria como função "preservar no seio da sociedade contemporânea a ambiguidade do racional e do irracional, do inteligível e do insondável" (Barthes, 1988, p. 67).

e demarcação de temáticas comuns a cada um de nós, leitores, que acompanhamos dia-a-dia seus episódios e desdobramentos. De modo geral, observamos que as narrativas se constroem em torno de alguns elementos recorrentes: *violência urbana* (máfia, tráfico, moradores de rua, favelas, assassinato); *terrorismo* (atentados, Israel, Iraque, Rússia, árabes); *questões sociais* (vagas noturnas em escolas, alfabetização, ongs); *pobreza* (favelas, países africanos, distribuição de renda); *doença/saúde* (aids, audição, fumo, obesidade); *religião* (evangélicos, papa).

Em termos numéricos, temos a seguinte distribuição quantitativa de matérias relacionadas aos estigmas, conforme tabela abaixo.

TABELA III – ESTIGMAS SOCIAIS NÚMERO DE MATÉRIAS DE CAPA POR JORNAL				
Jornal/ Mês	Folha de S. Paulo	O Estado de S. Paulo	O Globo	Jornal do Brasil
Jan.	22	20	16	21
Mar.	18	15	10	15
Mai.	15	20	22	21
Jul.	15	6	17	14
Set.	14	14	12	23
Nov.	21	21	20	10
Total	105	96	97	104

A maior concentração de notícias no *Jornal do Brasil* em um dia isolado será retomada a seguir, destacando este caso específico por conter a maior ocorrência em um mesmo dia da amostragem. Para além de recorrências, pequenas variações são notadas nas capas do *JB* – reforçando o caráter narrativo das notícias e recortando, entre os estigmas sociais, aqueles sobre os quais devemos focar nossa atenção como leitores-cidadãos. Um caso marcante é o dia 1°. de setembro, em que o *Jornal do Brasil* não trouxe nenhuma chamada (tampouco a manchete principal) sobre os atentados na Rússia ou o terrorismo islâmico, temas exaustivamente narrados nos outros dois jornais.

Vale notar que o jornal carioca tem como sua *grande narrativa* em torno dos estigmas um diferencial em relação aos jornais paulistanos e a seu congênere carioca: de forma bastante explícita, são os estigmas de violência, pobreza, tráfico e favelas, entrelaçados nas notícias, que se repetem com clareza, o que poderia explicar o maior número de notícias selecionadas. O *Jornal do Brasil* foi o único que tratou com algum destaque a cobertura das paraolimpíadas, tema paradigmático se tomarmos a questão dos estigmas em seus aspectos de inclusão e negação de preconceitos e estereótipos.

Em *O Estado de S. Paulo,* na primeira semana de setembro predominam as notícias sobre os atentados e o terrorismo internacional, além de temas de interesse nacional; na *Folha de S. Paulo* não há um tema predominante, ainda que os atentados na Rússia representem quase a metade das chamadas selecionadas. Curiosamente, a *Folha* é o único jornal que possui, entre as notícias selecionadas, duas chamadas sobre um tema supostamente mais leve, ainda que com conotação pejorativa em relação às mulheres (daí sua caracterização como *estigma*). Trata-se do assunto "casamento" – em um dia, a capa anuncia reportagem com mulheres que têm tudo organizado para casar, menos o noivo; e no dia seguinte, a notícia é que Daniela Cicarelli, noiva do jogador Ronaldo, foi quem comprou as alianças do casal. Chama a atenção, no *Jornal do Brasil,* uma menção ao mesmo assunto: em uma matéria sobre a seleção brasileira de futebol, Ronaldo é chamado de "noivo da vez".

As notícias destacadas tematizam os estigmas e nos revelam narrativas que apontam para os campos de interdição/normatização social. Ainda que com diferentes recobrimentos, notamos o caráter interacional dos estigmas, ressaltando nos sujeitos as marcas (desejáveis ou indesejáveis) que carregam, incluindo/excluindo não apenas "nós" e "eles", mas também unindo-nos e separando-nos dentro de um mesmo grupo e, assim, estabelecendo consensos e dissensos entre os diversos grupos sociais. Notamos nas manchetes dos jornais um retrato do fazer jornalístico em suas funções de crítica, vigilância, denúncia, educação, reforço, manutenção, transformação, entre outras. O material coletado excede os limites das análises, pois se mostrou amplo não apenas em termos quantitativos – já que selecionamos seis semanas de cada jornal, totalizando 24 semanas no ano – mas também qualitativos – pois não imaginávamos que um tema considerado *periférico* (os estigmas sociais) pudesse trazer tantas ocorrências, além de grande diversidade em sua abordagem.

Para as revistas semanais, selecionamos suas capas durante o ano de 2004. A exemplo das primeiras páginas dos jornais diários, tomamos como pressuposto o fato de as matérias principais, trazidas em destaque nas capas, apontarem para aspectos de sua articulação discursiva. A amostragem inclui as matérias de capa de quatro revistas (as de maior circulação e de caráter nacional no momento da coleta), a saber: *Veja, IstoÉ, Época* e *Carta Capital*. Notemos que esses periódicos possuem aspecto informacional associado a editorias diversas – política, economia, cultura, artes, entretenimento, comportamento –, possibilitando que, nas matérias de capa, seja preservado seu *caráter jornalístico* e sua *variedade temática*, sinalizando uma abordagem generalizante em termos de assuntos. Ainda hoje, com o declínio crescente do jornalismo impresso, fechamento de diversas revistas, demissões de profissionais e, em certos casos, descrédito em relação à isenção e ao valor noticioso da cobertura, as revistas ainda se constituem como importantes fontes de informação para os leitores.

Foram selecionadas aleatoriamente quatro semanas por ano para cada revista, nos meses de janeiro, abril, julho e outubro, totalizando 16 edições em 2004. Note-se que para cada mês/semana foram coletadas as capas das revistas, produzindo um material homogêneo do ponto de vista cronológico a fim de possibilitar confluências e divergências entre eles. Apresentamos abaixo um quadro geral das matérias de capa das quatro revistas para, num segundo momento, focalizar aspectos encontrados em matérias escolhidas por sua especificidade temática em *Veja* e *Carta Capital*.

Uma vez mais, se observarmos as chamadas veremos que conceitos definidores dos estigmas podem ser identificados, ainda que nem todas as matérias se refiram a eles. Notamos, de maneira evidente, um caráter *performativo* em seus textos, aproximando o jornalismo de revista de aspectos determinantes do comportamento social, normas de conduta, e modos de ser e viver dos sujeitos. Essa característica distingue as revistas semanais dos outros formatos jornalísticos apresentados, nos quais os estigmas aparecem quase sempre de maneira negativa e carregados de valores morais, muitas vezes preconceituosos e estereotipados.

TABELA IV – REVISTA *VEJA* (2004)		
Data/Edição	Capa	Chamada
07/01/2004 Edição 1835	*Beleza para todos*	O antes e depois de Bárbara Reiter, 36 anos, gaúcha, que é um exemplo da nova ordem estética: silicone, lipo e Botox em doze prestações
14/04/2004 Edição 1849	*Os segredos da vida de Ayrton Senna*	Uma nova biografia do grande herói do esporte brasileiro esclarece os mistérios de sua vida amorosa e disseca sua genialidade
21/07/2004 Edição 1863	*10 regras básicas para entender e ajudar os filhos*	Uma síntese de cinco décadas de estudos de comportamento mostra que educar com sucesso é muito mais simples do que se imagina
27/10/2004 Edição 1877	*O enigma da Vinci*	Descobertas recentes decifram os mistérios da vida do homem mais inteligente que já existiu

TABELA V – REVISTA *ISTO É* (2004)		
Data/Edição	Capa	Chamada
07/01/2004 Edição 1787	*O ano da torcida (de novo!!!)*	Depois do aperto para arrumar a casa em 2003, Lula está confiante no salto econômico e já faz planos para a reforma política
14/04/2004 Edição 1801	*Soberania ameaçada*	* Por que o governo sofre pressões internacionais para revelar a inovadora tecnologia brasileira de enriquecimento de urânio * Amazônia se transforma em paraíso de ONGs européias e americanas * A polêmica demarcação da Raposa Serra do Sol, reserva indígena na fronteira com a Guiana e a Venezuela
21/07/2004 Edição 1815	*Dieta para manter a linha no inverno*	* Como evitar as armadilhas dessa época do ano * Os truques para cortar calorias sem comprometer os prazeres da mesa * Estratégias para não abandonar os exercícios
27/10/2004 Edição 1829	*Pedofilia*	* O Brasil ocupa um vergonhoso quarto lugar no ranking mundial da pornografia infantil * Como evitar que seu filho seja assediado na internet

TABELA VI - REVISTA *ÉPOCA* (2004)		
Data/Edição	Capa	Chamada
05/01/2004 Edição 294	*O que pode melhorar em 2004*	* O que será notícia em 2004 e quais são as perspectivas para a política, a economia, a ciência, a cultura, os esportes e muito mais * No governo, o desafio de Lula será manter a popularidade em alta
12/04/2004 Edição 308	*Segunda adolescência*	* Criados os filhos, homens e mulheres cada vez mais partem para uma nova fase – a busca da qualidade de vida * Cumpridos os compromissos da fase adulta, homens e mulheres partem para nova etapa – com dinheiro, tempo e disposição, querem curtir a vida
19/07/2004 Edição 322	*Síndrome da barriga*	* Não apenas os obesos devem se preocupar com a saúde. Magros com "barriga de cerveja" também correm riscos. Há diferentes tipos de gordura, e alguns são mais perigosos que outros * Excesso de gordura na cintura desequilibra o metabolismo e pode desencadear graves problemas de saúde, como diabetes, hipertensão e câncer
25/10/2004 Edição 336	*Limites da vaidade*	* Homens e mulheres estão dispostos a ir cada vez mais longe na busca do corpo escultural e do rosto perfeito. Como fugir dessa armadilha e preservar a saúde * Embalados pela indústria da beleza, homens e mulheres fazem de tudo em nome da vaidade – e acabam pagando um preço alto por isso

TABELA VII - REVISTA *CARTA CAPITAL* (2004)		
Data/Edição	Capa	Chamada
14/01/2004 Edição 273	*Em busca do Brazil ideal*	Mirem-se no Velho Mundo
14/04/2004 Edição 286	*A mídia passa o chapéu*	A discussão sobre o marco regulatório para a mídia é empurrada com a barriga desde 1997
21/07/2004 Edição 300	*Meio século de rock*	Dos irmãos Campello aos Raimundos, passando por Rita Lee e o alucinógeno enterro de Raulzito
27/10/2004 Edição 314	*Eleições*	A aposta em Lula continua

Pela combinação de diversos elementos visuais, cores, tipologia, figuras (fotos, desenhos, ilustrações), as capas de revistas aparentam maior mobilidade discursiva e multiplicidade de sentidos, compondo narrativas mais polifônicas e abertas. Excluindo as capas diretamente voltadas à política e à economia - ainda que, em alguns casos, elas pudessem estar relacionadas aos estigmas - limitamo-nos a destacar, entre as 16 capas, aquelas que se referem explicitamente ao que estamos definindo como *estigmas sociais*.

Na revista *Veja*, as matérias de capa parecem estar todas articuladas, de alguma forma, aos estigmas, fato que marca um aspecto dessa publicação. Ainda assim, uma delas faz referência mais direta ao tema: a edição 1849, "Beleza para todos", não apenas reforça estereótipos do padrão estético vigente, mas apela a outro estigma - aquele que atesta que cirurgias plásticas, cosméticos e tratamentos clínicos são acessíveis apenas às camadas mais ricas da população. Ao fazê-lo, realiza uma espécie de estigmatização inversa, pois além de impor *a todos* os mesmos padrões - como se só fosse possível *ser aceito socialmente* igualando-se aos mais abastados - sugere uma inclusão perversa que onera o orçamento dos que pagam seus tratamentos *em prestações*. A personagem da capa, destacada em um *caso real*, não apenas seguiu as regras de "silicone, lipo e botox" mas pagou "em doze prestações". Não havia saída para os feios e pobres, diria *Veja*, mas agora "eles" também podem se juntar a "nós".

As outras três capas de *Veja*, de modo semelhante, engendram inversões e sinalizam para uma aparente transformação no tratamento de estigmas pelas mídias, mas que resulta em efeitos semelhantes: duas delas se referem ao estigma (positivo) da genialidade (Ayrton Senna e Leonardo da Vinci), em que preconceitos ou estereótipos depreciativos não se revelam. Coincidentemente, a capa sobre Senna tenta revelar seus "segredos", e a de da Vinci seus "mistérios". Na última capa, ainda que o tema não seja em si mesmo próximo à questão dos estigmas – pois aborda a educação dos filhos, algo associado ao campo da informação –, a imagem da adolescente é carregada de estereótipos: o chiclete, o olhar desafiador, os *piercings* no nariz e na sobrancelha.

Talvez o tabu que cerca a educação – tornando-a algo muito mais complexo do que era percebido em gerações anteriores – seja, ele próprio, um estigma. Os filhos devem ser "entendidos" e "ajudados", ainda que representem um desafio a ser vencido, e os pais não podem fracassar nesse empreendimento de dedicação suprema. No conjunto das capas, os filhos são um assunto a ser decifrado – e *Veja* se coloca como o fazer jornalístico que tem algo a ensinar – do mesmo modo que as cirurgias plásticas, a vida pessoal de Ayrton Senna e a inteligência de Leonardo da Vinci.

Nas capas de *IstoÉ*, os temas políticos também se fazem presentes. Ao mesmo tempo em que afirma que "Lula está confiante", a revista anuncia que a soberania do país está "ameaçada". A capa sobre dietas para não engordar no inverno reproduz, como em *Veja*, a dominância de determinados padrões estéticos e a necessidade de se manter magro para ser socialmente aceito. A abordagem, entretanto, não estabelece relações econômicas ou comportamentais de forma tão direta. A última capa de *IstoÉ* se destaca das outras – não apenas na revista, mas do conjunto de capas selecionadas – por tratar de um assunto controverso e proibido: a pedofilia.

Com implicações legais, jurídicas, morais e éticas, a simplicidade da capa aponta para seus interditos, para um discurso que ao tratar de sexo (e muitas vezes de morte) envolvendo crianças, não pode ser de fato *enunciado*. É apenas de maneira implícita, sugerindo o tema e sua gravidade, que a matéria de capa se constrói. Pelo jogo de apagamentos, pelo anúncio contido e a tentativa de atenuá-lo com a referência à internet (já que, nesse caso, o assédio se torna *virtual*), essa matéria de capa é a que mais fortemente permeia o campo dos estigmas em suas correlações mais contundentes. A aparente generalização – visual e verbal – apresentada na capa serve como compensação ao incômodo causado pelo tema.

Ao observar as capas da revista *Época*, encontramos um mosaico diferenciado: com imagens mais eufóricas e em tons mais claros, há um certo otimismo e leveza percorrendo suas matérias. Em duas delas, vemos a recorrência de um dos assuntos predominantes não apenas nessa amostragem, mas nas revistas em geral: os cuidados com o corpo, a saúde, a beleza, a busca de padrões estéticos pré-determinados, o bem-estar e a longevidade, temática frequente nas revistas semanais e naquelas voltadas a públicos específicos, como mulheres, adolescentes e, mais recentemente, homens.

Em *Época*, mais do que nas outras revistas, há uma tentativa de fazer predominar nessas duas matérias de capa questões relativas à saúde, como se a beleza se tornasse consequência de prática de exercícios, alimentação saudável e hábitos de vida adequados. Ao mesmo tempo em que apresenta mulheres bonitas e magras, a revista nos diz que não podemos ceder a essa imposição, e que é preciso fugir das *síndromes* e encontrar *limites* para a vaidade. Do mesmo modo que em *Veja*, uma aparente contradição se revela nesse discurso, camuflando um mercado altamente rentável e as pressões da indústria de cosméticos e das clínicas de tratamentos estéticos.

A última revista, *Carta Capital*, é a mais recente no mercado editorial e se coloca como partidária de outro modo de fazer jornalismo. Valores comuns aos veículos da grande imprensa, como neutralidade, objetividade, imparcialidade, entre outros, não compõem sua linha editorial. *Carta Capital* foi a revista que surpreendeu os leitores, na primeira eleição presidencial de Lula, em 2002, ao publicar que apoiava o candidato, expondo as razões para tal posicionamento e as justificativas para praticar um jornalismo engajado. Nas capas selecionadas, três tratam de temas políticos e econômicos, e uma apresenta um tema cultural.

Diferentemente das outras revistas, não há ênfase em questões de moda, beleza, saúde e comportamento; e os temas são colocados de maneira mais equilibrada, ainda que com frases de impacto. A questão dos estigmas não parece ocupar as matérias de capa de *Carta Capital:* ao contrário das outras publicações, mesmo ao tratar de assuntos polêmicos, essa revista não aborda diretamente preconceitos e estereótipos, possuindo caráter mais analítico. Talvez pudéssemos pensar em *estigmas políticos* – ainda que não de forma negativa – quando a revista grafa Brasil com "z" (revelando preconceitos e estereótipos na relação de um país periférico com o centro dominante), ou quando supervaloriza a imagem de Lula ao falar das eleições utilizando a palavra "aposta".

Após estabelecer essas distinções entre as revistas, destacamos as capas de *Veja* e *Carta Capital*, por considerá-las as mais distanciadas uma em relação à outra. Em *Veja*, a articulação narrativa aponta para uma correlação direta com os estigmas sociais. Ainda que não reproduza preconceitos e estereótipos detratores de determinados grupos sociais (o que se acentuaria cada vez mais ao longo da última década), há em *Veja* uma mobilização em torno de "palavras de ordem" e "dispositivos disciplinares" (definidos em Deleuze e Foucault),[2] como se de fato pudesse determinar padrões de comportamento, regras de convívio social e formas de se viver em sociedade.

Ao se associar, dessa forma, a questões envolvendo a dinâmica entre indivíduos e grupos – e, portanto, questões correlatas às formas de identificação e identidade social (Gomes, 2008) –, a revista *Veja*

2 Para aprofundamento do tema, ver *Poder no jornalismo*, de Mayra Rodrigues Gomes (2003).

parece ser a que mais diretamente se associa à temática dos estigmas em seu sentido usual. Mesmo não sendo exatamente positivas ou negativas, suas matérias estabelecem correlações explícitas com estereótipos, preconceitos, exclusão, hierarquização social e discriminação por meio de catalogações e classificações. Ao fazê-lo, entretanto, não parece criar espaços de passagem, mas apenas de reforço, construindo um discurso conservador que visa manter a ordem estabelecida e os padrões vigentes por meio do controle social.

Finalmente, a revista *Carta Capital* mostrou-se bastante singular: ainda que seu logotipo siga um modelo fixo nas edições estudadas, não há a manutenção de um mesmo padrão quando se trata de suas capas. Contendo mais elementos textuais do que as outras revistas, as capas de *Carta Capital* revezam o uso de fotografias, desenhos e ilustrações em suas chamadas. O uso de cores é mais sóbrio – com predominância das cores primárias, do preto e do branco – e, embora haja uma matéria principal, outros temas dividem com ela o espaço da capa.

Das quatro capas, duas tratam de assuntos nacionais (política e economia), uma terceira trata das próprias mídias (também se referindo a temas econômicos) e apenas uma traz assunto mais diverso – a música –, inserindo-se na editoria de artes e cultura. Das capas, portanto, nenhuma tem temas diretamente relacionados aos estigmas sociais, apresentando neutralidade em sua abordagem e uma visão mais equilibrada. Tal ausência, do mesmo modo que a presença em todas as capas de *Veja*, parece indicar um mesmo lugar: de modo semelhante, ainda que por caminhos inversos, as duas revistas não operam com a possibilidade de transpor os estigmas sociais predominantes, mas realizam uma manutenção desses mesmos estigmas – por excesso ou por carência – ao superdimensionar sua característica *normalizante* ou alocá-los apenas no polo *desviante*. Nas sínteses possíveis entre duas publicações aparentemente antagônicas – ao menos em seus aspectos conteudistas, mas não tanto em suas formas expressivas – vemos desdobrar-se o caráter cambiante dos estigmas sociais.

2. Estigmas em telejornais diários: primeiras chamadas

Nas análises de telejornais, optamos por selecionar as chamadas de abertura - ou *escaladas*, no jargão jornalístico -, destacando as narrativas sobre *estigmas sociais* nelas presentes. A escolha dessas manchetes justifica-se na medida em que nelas temos um complexo processo de seleção e combinação de elementos apresentados de forma hierárquica e, portanto, apontando para o ponto de vista dos telejornais em sua tentativa de estabelecer laços sociais para além de seu aspecto referencial. No jornalismo televisivo, as aberturas representam um momento de apresentação da edição diária, em que os repórteres e editores se posicionam de forma supostamente mais espontânea do que nos outros espaços do telejornal (geralmente transmitido ao vivo, mesmo nas cenas em que há imagens previamente filmadas e editadas). Nas escaladas, os repórteres se dirigem ao público e o interpelam, evidenciando o caráter de *tempo real* do telejornal. Além disso, essas chamadas destacam o que é considerado mais relevante para o jornal, sintetizando sua linha editorial.

Para a mídia audiovisual, elegemos três telejornais, escolhidos por apresentarem características peculiares: *Jornal Nacional* (*Rede Globo de Televisão*), telejornal de maior audiência do país (apresentado na época da coleta, e até 2012, pelo então casal de jornalistas William Bonner, também editor do jornal, e Fátima Bernardes, antiga repórter e hoje apresentadora de um programa diário em horário matutino); *Jornal da Cultura* (*TV Cultura*), único telejornal produzido por empresa não privada, de caráter público, e com variações de formato decorrentes de tal característica (espaço para comentários, aprofundamento das matérias, menor personalização dos apresentadores, entre outras); e *Jornal da Record (Rede Record)*, telejornal baseado na figura de um âncora (na época, o jornalista Boris Casoy), um dos poucos jornais brasileiros a adotar esse formato, bastante comum no telejornalismo norte-americano.

Assim como no caso de jornais e revistas, os telejornais foram selecionados, sobretudo, devido a critérios de *abrangência* (alcance nacional), *variedade* (cobertura nacional), *audiência* (número de espectadores) e *representatividade* (credibilidade e reconhecimento). Para os telejornais foram gravadas seis semanas completas (edições diárias integrais), compondo um período consecutivo (não concomitante) de duas semanas para cada um deles, ou seja: escolhemos um período do ano que não estivesse relacionado a um evento específico (esportivo, comemorativo ou sazonal) e utilizamos uma mesma ordem entre os telejornais, gravando em sequência três semanas de transmissões (uma semana para cada um dos jornais) e, em seguida, mais três.

Optamos por trabalhar com um número limitado de edições de telejornais devido à maior heterogeneidade de seus elementos verbais, visuais, sonoros, técnicos e estéticos, já que a televisão constitui, em si mesma, uma mídia de discursos sincréticos. No momento seguinte, estabelecemos uma segunda classificação entre os telejornais e elegemos, nas considerações apresentadas, abordar não apenas um ou dois jornais, mas pontuar o percurso narrativo de um mesmo tema nas imagens reportadas. As tabelas referentes aos telejornais são apresentadas a seguir.

TABELA VIII – TELEJORNAIS DIÁRIOS (2005)		
Jornal Nacional segunda a sábado / 20h	Jornal da Cultura segunda a sexta / 21h	Jornal da Record segunda a sábado / 20h30
17/10/2005 (segunda-feira)	24/10/2005 (segunda-feira)	31/10/2005 (segunda-feira)
18/10/2005 (terça-feira)	25/10/2005 (terça-feira)	01/11/2005 (terça-feira)
19/10/2005 (quarta-feira)	26/10/2005 (quarta-feira) *	02/11/2005 (quarta-feira) *
20/10/2005 (quinta-feira) *	27/10/2005 (quinta-feira)	03/11/2005 (quinta-feira)
21/10/2005 (sexta-feira)	28/10/2005 (sexta-feira)	04/11/2005 (sexta-feira)
22/10/2005 (sábado)	–	05/11/2005 (sábado)

* Nos dias assinalados, não tivemos acesso a essas edições.

TABELA IX – TELEJORNAIS DIÁRIOS (2005)		
Jornal Nacional segunda a sábado / 20h	**Jornal da Cultura segunda a sexta / 21h**	**Jornal da Record segunda a sábado / 20h30**
07/11/2005 (segunda-feira)	14/11/2005 (segunda-feira)	21/11/2005 (segunda-feira)
08/11/2005 (terça-feira)	15/11/2005 (terça-feira)	22/11/2005 (terça-feira)
09/11/2005 (quarta-feira)	16/11/2005 (quarta-feira)	23/11/2005 (quarta-feira)
10/11/2005 (quinta-feira)	17/11/2005 (quinta-feira)	24/11/2005 (quinta-feira)
11/11/2005 (sexta-feira)	18/11/2005 (sexta-feira)	25/11/2005 (sexta-feira)
12/11/2005 (sábado)	–	26/11/2005 (sábado)

As possibilidades descritivas e analíticas do *corpus* ultrapassam os limites deste relato, já que cada uma das edições poderia ser exaustivamente explorada, tanto em termos de seus elementos estéticos como em seus desdobramentos éticos. Como nas análises de mídia impressa, apresentamos uma amostra de tais possibilidades, esperando relacionar esse material com outros elementos e indagações. A busca por uma definição de estigmas será demonstrada por meio dos telejornais selecionados para compor as análises, momento em que apresentaremos algumas considerações sobre as configurações de estigmas sociais nos discursos jornalísticos em suas múltiplas formas para, posteriormente, chegarmos aos resultados relativos à análise de filmes.

Ao tratar das relações entre estigmas sociais e práticas midiáticas privilegiamos, nesse momento, os discursos jornalísticos, definindo-os como aqueles que operam no campo da informação e da referencialidade – e, assim, da factualidade – e que visam gerar um efeito de realidade por meio da produção de notícias. Mas, afinal, o que é *notícia*? Se tomarmos a acepção clássica de gêneros jornalísticos, divididos tradicionalmente entre informativos e opinativos, podemos entendê-la como uma das *formas de narrar* do jornalismo, somando-se às entrevistas, reportagens, artigos, editoriais, entre outros, todos considerados enquanto *matérias* jornalísticas.

Dessa forma, se assumimos como postulado que o jornalismo constitui-se, sobretudo, como "fato de língua" – entendendo por essa definição "a língua como instituição social fundante" (Gomes, 2000, p. 15) – é possível efetuar o deslocamento de alguns de seus pressupostos, especialmente a questão da objetividade vista como algo externo aos discursos – e, portanto, externo também aos sujeitos que falam –, para entendê-lo, de maneira mais ampla, como uma *narrativa*. Ou seja: o jornalismo se faz não a partir de definições extrínsecas a ele, em nome das quais deva se pautar – periodicidade, atualidade, imparcialidade, universalidade – mas a partir de si próprio como instituição que desempenha uma "função organizadora das hierarquias sociais" (Gomes, 2000, p. 19), organização esta que é feita *discursivamente*. Uma pequena distinção entre narrativa e discurso faz-se necessária: partimos da definição clássica de narrativa como "relato de uma transformação, a passagem de um estado inicial para o final" (Gomes, 2000, p. 49) e de discurso como "laço social" (Lacan, 1998).

Narrar é contar uma história; os discursos, quaisquer que sejam eles – inclusive os discursos jornalísticos – possuem uma estrutura narrativa, ou seja, são definidos por funções a serem desempenhadas pelos sujeitos no desenrolar da história, imprimindo transformações por meio de ações movidas pelo desejo de seus atuantes. A partir dessa concepção, mais do que informações que registram eventos – relatos estes que se pretendem fiéis a uma suposta realidade – as notícias (os acontecimentos narrados pelo jornalismo) passam a ser vistas como "formas culturais" (Schudson, 1995, p. 27) construindo, ao demarcar o espaço social, a "arena simbólica da sociedade" (ou a própria realidade): "O objetivo mais importante das notícias, portanto, é fornecer à arena simbólica e à cidadania imagens abrangentes e representativas (ou construtos) da nação e da sociedade" (Gans, 1980, p. 312).

Uma última observação se faz fundamental: se afirmamos que os discursos jornalísticos possuem uma estrutura narrativa, estamos afirmando, consequentemente, que a narrativa não é privilégio do relato ficcional, constituindo também o relato factual. Dessa forma, "quando o jornal diário noticia um fato qualquer, como um atropelamento, já traz aí, em germe, uma narrativa. O desdobramento das clássicas perguntas a que a notícia pretende responder (que, o que, como, quando, onde, por quê) constituirá de pleno direito uma narrativa" (Sodré; Ferrari, 1986, p. 11). Observemos ainda que o *ficcional* e o *factual* – como pode ser percebido não só no jornalismo, mas também em telenovelas e *reality shows* – são campos que têm permeado, cada vez mais, os limites entre suas fronteiras, afastando-se da distinção comumente estabelecida entre relatos falsos/verdadeiros, ou imaginários/reais, como veremos posteriormente.

Em nossas análises, como dissemos, optamos por selecionar as aberturas de telejornais diários, privilegiando as narrativas sobre *estigmas sociais* presentes nessas chamadas. A escolha da escalada dos telejornais, a exemplo de primeiras páginas de jornais e capas de revistas como objeto de estudo, justifica-se na medida em que nelas temos um elaborado processo de seleção e combinação de elementos distintos e, portanto, que apontam para o lugar de produção dos telejornais e para os complexos processos de edição de produtos audiovisuais. Transcrevemos dia-a-dia, ao longo do trabalho, as escaladas de três telejornais diários (*Jornal Nacional, Jornal da Cultura, Jornal da Record,* que serão denominados, respectivamente, como *JN*, *JC* e *JR*), num total de duas semanas por telejornal, perfazendo 12 edições (*JN* e *JR*) e 10 edições (*JC*) gravadas para cada um. Temos, portanto, 34 edições de telejornais, excetuando os dias em que não tivemos acesso às gravações, totalizando 31 telejornais diários.

O *JN* é apresentado diariamente, de segunda-feira a sábado, em horário nobre na *Rede Globo* de Televisão. Sua transmissão se faz entre duas telenovelas e o horário não é rígido: dependendo da grade de programação do dia, o telejornal pode começar entre 8h15 e 8h30, tendo duração de aproximadamente 30 minutos. O *JN* era apresentado, na época, pelo casal de jornalistas William Bonner - que ocupa o cargo de editor chefe do jornal - e Fátima Bernardes - editora executiva do jornal. Além dos dois, há a figura do editor chefe adjunto (na época da pesquisa, Liliane Yusim). As manchetes do *JN* duram em média 2 minutos, sendo lidas de forma intercalada pelos dois apresentadores. O número de chamadas varia entre seis e dez a cada edição.

O *JC* tem edições diárias de segunda a sexta-feira, sempre às 21h, com duração de aproximadamente 30 minutos. Na época da amostragem, era apresentado por um casal de jornalistas, dividindo uma mesma bancada (como no *Jornal Nacional*), mas raramente enquadrados no mesmo plano, sendo que a jornalista Laila Dawa revezava a apresentação de um minuto das manchetes com os jornalistas Celso Zucattelli, Éderson Granetto e, em um número maior de vezes, com o jornalista Heródoto Barbeiro. Diariamente vemos até quatro chamadas no *JC*.

O *JR* diferencia-se dos outros dois por ser apresentado apenas por um âncora, que faz breves comentários ao longo do telejornal. No período analisado, o âncora era Boris Casoy, jornalista que imprimiu uma marca pessoal e polêmica ao telejornal. Mais longo que os demais, o *JR* tem duração de aproximadamente uma hora, e a escalada segue por cerca de dois minutos, com até oito chamadas.

Primeiramente, construímos um quadro geral das chamadas presentes nos três telejornais para, num segundo momento, focalizar aspectos em um grupo de matérias escolhidas por sua temática em relação aos estigmas sociais. Ao fazê-lo, estabelecemos outra classificação entre as chamadas e optamos por tratar não apenas de um ou dois telejornais, mas abordar o percurso narrativo de um mesmo tema nas imagens reportadas.

Antes de especificar os aspectos relativos a cada jornal, temos o seguinte quadro: para o *JN*, 40 chamadas na primeira semana e 47 na segunda semana, totalizando 87 chamadas; para o *JC*, 16 chamadas na primeira semana e 20 na segunda, totalizando 36 chamadas; e para o *JR*, 33 chamadas na primeira semana e 44 na segunda semana, totalizando 77.

Em termos quantitativos, o *JN* é o que apresenta maior número de chamadas, seguido pelo *JR*. O *JC* tem número fixo de destaques a cada dia, e em quantidade menor que os outros telejornais. Tratemos agora das especificidades de cada uma das escaladas dos telejornais, primeiramente de modo geral (características formais e temáticas) e, num segundo momento, destacando as chamadas relativas aos *estigmas sociais*. É importante destacar que, embora muitos elementos se mantenham, à época da coleta a influência da internet (em termos de conteúdo e de forma) não era tão marcante como hoje, em que vemos grandes transformações estéticas e tecnológicas nos telejornais.

O *Jornal Nacional*, então apresentado por William Bonner e Fátima Bernardes (apenas nos dias de folga do casal, geralmente aos sábados, outros jornalistas, em sistema de plantão, assumiam a bancada), tem como marca registrada a música, de tons enfáticos, e o logotipo em três dimensões. Com cenário amplo e futurista, os recursos tecnológicos que caracterizam a emissora são enquadrados ao fundo dos apresentadores, juntamente com o ambiente de uma redação ampla e moderna. Os tons metalizados de azul e cinza predominam no cenário, e as roupas dos apresentadores geralmente são em cores sóbrias, mais escuras para Bonner e mais claras para Bernardes. Os anunciantes do telejornal são colocados logo no início, antes das chamadas, e atualmente o programa é apresentado por William Bonner e Renata Vasconcellos.

A ordem das chamadas é geralmente aquela mostrada no interior do telejornal, que entretanto apresenta muito mais notícias do que as selecionadas na escalada. Ao final das manchetes, temos a frase assertiva "Agora, no *Jornal Nacional*" (ou "Veja agora no *JN*"), seguida do "Boa noite" de saudação e da primeira matéria (nem sempre a primeira da escalada). O apresentador que diz "Agora" é invariavelmente o mesmo que inicia o telejornal, que alterna, assim como na escalada, a apresentação das notícias entre cada um dos jornalistas.

Com muitos correspondentes, repórteres e elementos diversos ao fundo (fotos, vinhetas, imagens) para cobrir suas notícias, o *JN* apresenta o maior número de chamadas e também o maior número de matérias, ainda que não sejam longas. No caso das chamadas, a leitura é feita em tom forte e cadenciado, com modulações de voz entre graves e agudos, entonação bem marcada, ênfase em determinadas palavras, boa dicção dos apresentadores, expressões faciais definidas, imprimindo uma característica eufórica à leitura das notícias de abertura. As edições sempre terminam com matérias sobre esportes, geralmente futebol, enfatizando a ampla cobertura esportiva da Globo. O formato das chamadas do *JN* assemelha-se de modo mais direto às manchetes dos jornais impressos, como se a primeira frase fosse aquela destacada em letras maiores, seguida da linha fina ou subtítulo do texto. Em tom objetivo e com frases curtas, a cadência se faz não apenas na entonação, mas na própria seleção e combinação das palavras lidas.

Em termos temáticos, notamos uma distribuição equilibrada das editorias nas chamadas do *JN*. Política, economia, esportes são as principais, mas há também notícias internacionais, variedades, comportamento. Pode-se dizer que seu alcance é nacional, pois traz notícias de várias regiões do país e não privilegia o Rio de Janeiro, local em que é filmado. Notamos ainda uma espécie de simetria nas escaladas do *JN*, pois a cada dia a sequência temática é semelhante, assim como sua composição, demonstrando rigor e planejamento atento das edições diárias. Também é possível observar que alguns temas se repetem ao longo da semana, com uma chamada complementando a outra, assumindo que o espectador assiste ao jornal diariamente, mantendo sua fidelização. No período analisado, política e economia abriam as chamadas do *JN* quase todos os dias, e os escândalos envolvendo o governo federal foram predominantes nessas editorias.

O *Jornal da Cultura* anuncia logo no início de suas imagens a diferença que pretende instaurar. Sob a vinheta "jornalismo público", que antecede o telejornal, vemos imprimir-se sua marca: a Cultura é a única emissora pública com programação regular de telejornais diários. Algumas variações estéticas podem ser notadas, algumas delas fruto do menor orçamento da emissora: o design mais simples, com menos recursos computacionais nas vinhetas e logotipos; a ausência de um cenário elaborado para o telejornal (não se vê ao fundo, como nas outras emissoras tratadas, a redação do telejornal, ou pessoas trabalhando e os equipamentos utilizados); o menor número de imagens, locuções ou entrevistas externas, que não tenham sido feitas em estúdio. No cenário, aparecem apenas telas de televisão, que reproduzem a imagem dos próprios apresentadores, configurando um ambiente quase totalmente estático.

No período analisado, o *JC* não contava com apresentadores fixos, como dissemos. Nas semanas estudadas, o casal que mais se fez presente foi o dos jornalistas Heródoto Barbeiro e Laila Dawa; em alguns dias, entretanto, a apresentadora revezava a bancada com outros apresentadores, entre eles Celso Zucattelli e Ederson Granetto. A disposição do homem sentado à esquerda da tela, e da mulher à direita, repete-se no *JC*. Em termos de vestuário, não há diferença significativa com o telejornal da *Rede Globo*: o homem geralmente veste terno escuro, e a mulher roupas talvez mais coloridas do que no *JN*. O jornal foi apresentado por Willian Corrêa, também editor e coordenador geral de jornalismo da emissora, por quase cinco anos, contando com uma equipe de comentaristas que se revezavam a cada edição. Em abril de 2018, Joyce Ribeiro estreou como âncora do jornal, contando com Luiz Felipe Pondé e Ricardo Sennes como comentadores. Também foi incluído um apresentador de esporte aos sábados, com revezamento semanal entre Vladir Lemos, Cadu Cortez e Jerônimo Moraes.

Em relação às chamadas de abertura do *JC*, um elemento se destaca e atesta a simplicidade anteriormente notada: não há nenhuma imagem no momento da escalada, apenas a alternância entre o casal de apresentadores. No interior do telejornal também notamos um número menor de imagens. Mais curta do que nos outros telejornais, a abertura do *JC* indica, desde o início, que teremos menos assuntos, compensados pela tentativa de aprofundá-los e explorá-los por ângulos muitas vezes não tratados nos outros telejornais. Talvez para atenuar o menor número de correspondentes, repórteres e imagens externas – atributos caros ao jornalismo –, o *JC* propõe-se a realizar um trabalho editorial mais elaborado, com matérias mais extensas e em menor quantidade.

Nesse aspecto, é bastante diferente do *JN*, cujas notícias aparecem em ritmo acelerado, lembrando o formato de videoclipes e sem pausas entre os vários assuntos. Ao contrário do que poderíamos supor, o *JC*, por seu caráter mais analítico, mostra-se mais opinativo (no sentido de assumir uma posição em relação aos temas abordados) do que o *JR*, fundado no padrão de um âncora que *expressaria* abertamente suas posições. A polifonia ensaiada no *JC*, entretanto, é apenas relativa, pois as vozes se fazem em consonância. Mesmo os comentaristas que participam do jornal – sobretudo para relatar matérias de economia, não parecendo haver uma regularidade nas suas participações – não estabelecem uma dissonância em relação ao tom editorial predominante. Surpreendentemente, muitas vezes um jornal mais padronizado (como o *JN*) pode apresentar espaços mais variados na construção de suas narrativas, seja pela variedade de fontes, seja pelas diversas posições chamadas a compor seus textos e imagens (Machado, 2000).

O telejornal começa com a saudação do apresentador, que é mais informal do que nos outros jornais, bem como sua postura durante a apresentação das notícias: "Olá amigos, começa agora o *Jornal da Cultura*". Ou ainda: "São 9h, começa agora o *Jornal da Cultura*". Ao final temos nova saudação, com o tradicional "uma boa noite para você e até amanhã". O formato das chamadas apresentadas na abertura do telejornal é diverso em relação aos outros tratados, pois as frases são mais coloquiais, mais diretas, e não parecem seguir os padrões usuais para o discurso televisivo. Aproximando o espectador devido a uma sensação de estabelecimento de diálogo entre público e apresentadores, o texto da escalada poderia ter sido escrito para compor as notícias apresentadas no jornal; ou ainda, pode ser pensado como a introdução daquilo que terá continuidade na edição.

Com a entrada de Heródoto Barbeiro, conhecido jornalista e profissional engajado, houve uma transformação das chamadas de abertura do *JC*, não apenas porque estas passaram a ser mais longas, e de caráter mais editorial – como se estabelecessem, de fato, uma conversa com o telespectador –, mas porque o jornal passou a contar com uma primeira chamada geral, apresentada por Heródoto de modo não formatado, e três chamadas mais curtas. Em termos temáticos, há recorrência de matérias de política e economia. As notícias sobre esportes não apresentavam, como agora, destaque no *JC*, nem mesmo o futebol, presença marcante nos outros telejornais.

Outro fator se mostra singular: não há na amostra selecionada apresentação da previsão do tempo, com seus gráficos ou vinhetas eletrônicas. Uma característica importante é o tom informativo e formativo que o *JC* imprime em suas notícias, desde sua chamada na abertura do telejornal. É como se a cada dia o apresentador pudesse escolher os assuntos mais relevantes para o país, e apresentasse uma provocação – uma visão dos fatos analisados – para estabelecer um debate com o público. Temas muitas vezes ausentes dos outros jornais (como regras de controle da internet) aparecem no *JC*, caracterizando um espaço de interlocução ainda pouco comum na televisão. A tematização de aspectos menos debatidos na sociedade fornece caráter original ao *JC*, originalidade presente em suas manchetes e notícias.

O *Jornal da Record*, por sua vez, diferencia-se dos outros dois por contar com apenas um apresentador (Boris Casoy, à época diretor do telejornal) e, além disso, por ser mais extenso. Casoy não é apenas um jornalista, mas seu nome aparece junto à vinheta do jornal, personalizando-o: "*Jornal da Record* – Com Boris Casoy". Um dos elementos que mais se destaca no *JR* nas chamadas de abertura é o tom mais pausado com que são apresentadas, sem tantas modulações de voz, atribuindo um aspecto mais formal e sério ao telejornal, caracterizando-se como um programa noticioso nos moldes dos telejornais convencionais norte-americanos compostos por âncoras.

Um aspecto interessante é que todas as chamadas da escalada são acompanhadas de imagens, ao contrário dos outros jornais (o *JN* tem algumas chamadas com imagens, o *JC* não traz nenhuma imagem). A imagem do próprio apresentador não aparece durante a escalada e as imagens das notícias anunciadas surgem sobre o fundo da redação. As roupas de Boris Casoy são sempre escuras (geralmente um terno preto), com gravatas em cores diferentes a cada dia, porém sóbrias.

Uma das peculiaridades do *JR* – os pequenos comentários de Boris Casoy feitos em tom coloquial ao longo da edição – imprimem um caráter mais pausado ao telejornal. O tom predominante, entretanto, é mais sério e menos frenético que o do *JN*. A exemplo daquele telejornal, o cenário do *JR* também possui tons azulados, mas é menos repleto de elementos do que o do *JN*. Os planos para enquadrar os apresentadores são fechados, algumas vezes em close, e não há tanta valorização do fundo do estúdio. Não se vê, por exemplo, movimentação de pessoas ou da equipe, e as imagens são em menor número, mais discretas do que no *JN*. No alto da tela, entretanto, vemos um luminoso circular no qual aparecem algumas manchetes. Logo após a escalada, a imagem volta imediatamente para o âncora, então sozinho no estúdio.

As notícias apresentadas não seguem a ordem das chamadas, e parece haver menos rigor na sequência do telejornal, como se a cada dia pudesse ser destacado em primeiro lugar um tema diferente, não necessariamente de política ou economia (temas predominantes nos três telejornais). No início do telejornal, ao terminarem as chamadas, o âncora diz "boa noite" ao telespectador e, em tom pausado, anuncia: "Essas são as manchetes do *Jornal da Record*". Ao final do telejornal, a imagem se abre em uma panorâmica do estúdio, mostrando a redação por meio de um *travelling* da câmera. Nesse momento, o apresentador saúda o público, despedindo-se quase sempre com a frase: "E aqui termina o *Jornal da Record*. Obrigado pela atenção e pela companhia. Boa noite". Como elemento original, notamos no *JR* a inserção de propaganda dos patrocinadores em pequenas vinhetas colocadas no canto inferior da tela.

Em relação aos temas tratados, há uma clara predominância de chamadas de política e de economia, e o esporte não é recorrência ao final da escalada. Em termos formais, a jornalista Salette Lemos, que substitui Boris Casoy na apresentação do jornal aos sábados, faz comentários diários, ao vivo no estúdio, sobre conjuntura econômica e política nacional. Notamos maior continuidade, dia após dia, nas matérias apresentadas, e também uma repetição de imagens na ilustração da escalada quando o tema é o mesmo do dia anterior. Chama a atenção, nessas imagens, o grande número de cenas situadas em Brasília, sede do governo federal, e a figura do presidente à época, Luis Inácio Lula da Silva. As chamadas são mais longas, escritas não como simples anúncios (ou manchetes), mas com frases mais extensas e completas. Essa opção, juntamente com a locução menos veloz, distende o ritmo do telejornal e cria um espaço diacrônico na construção das notícias, em tom mais atrativo e com enfoque mais atual. Ainda assim, caracterizam-se como chamadas televisivas, e não como textos dissertativos (que poderiam estar num jornal impresso), a exemplo do que ocorre no *JC*.

Elegendo os temas mais recorrentes nos três jornais em relação aos *estigmas sociais* notamos, de modo geral, que as escaladas não privilegiam essas questões, mais presentes nos jornais impressos do que em telejornais (ou em discursos audiovisuais). Dentre eles, o *Jornal Nacional* apresenta um número grande de temas que podem ser relacionados, de modo mais ou menos direto, aos estigmas sociais. No total, de 87 chamadas transcritas do *JN* podemos assinalar pelo menos vinte como relacionadas aos estigmas. Como exemplo, temos questões relativas à violência urbana, à violência no futebol, a ataques terroristas no Oriente Médio, ao tráfico de mulheres e à imigração ilegal, entre outros. A maioria dessas chamadas é recoberta por imagens, sobretudo aquelas que envolvem diretamente alguma personalidade ou pessoa comum colocada em foco na notícia, por meio de entrevistas.

Para fins da análise, aqui sintetizada, destacamos do *JN* duas narrativas predominantes e recorrentes nas matérias: a onda de violência na França, demarcando conflitos entre grupos sociais, etnias e questões relativas à imigração, e o caso de pedofilia envolvendo a figura de um padre encontrado com menores frequentando motéis, no Maranhão, temas frequentes também nos dias atuais. A questão da pedofilia é bastante velada e aponta para um espaço de tabu e silenciamento em relação a um assunto fundante para entendermos a dinâmica dos estigmas, pois não há entrevistas, nem fontes dispostas a dar declarações; não são exibidas imagens dos envolvidos (vítimas ou acusados); e o telejornal, ainda que tematize o assunto, é bastante lacônico em suas formas de narrar e discorrer sobre ele.

No caso das cenas de violência na França, ao contrário, as imagens muitas vezes lembram aquelas que vemos em filmes de ficção, com movimentação nas ruas em tomadas geralmente noturnas, atos de vandalismo, incêndios, equipes de resgate e, eventualmente, entrevistas com transeuntes ou pessoas envolvidas nos conflitos. As chamadas estão a nos dizer, repetidamente, que a violência não acontece apenas perto, no Brasil, mas também em um país considerado um dos pilares da cultura ocidental, explicitando o momento conflituoso em que se encontra o mundo em tempos de processos globais de imigração, especialmente na Europa. Os conflitos, tematizados também no cinema, acentuaram-se nos últimos anos e exigem novas abordagens.

O *Jornal da Cultura,* por sua vez, é bastante focado em temas de política e economia nacionais. Como afirmamos, por contar com poucos correspondentes, sobretudo os internacionais, tem como diferencial uma visão mais crítica e sistemática das questões relacionadas ao Brasil, não se caracterizando, nesses temas, como um jornal local ou regional. Exemplo desta constatação é o baixo número de matérias, entre as 36 chamadas do jornal, relacionadas aos estigmas: elegemos nessa categoria apenas seis manchetes, um número menor, em termos relativos, do que foi apresentado no *JN*.

Entre essas, entretanto, um dado chama a atenção: os temas encontrados são diferenciados e possuem uma preocupação social mais clara, muitas vezes não estando presentes em outros telejornais. Entre os mais comuns, temos o caso do prefeito de São Paulo à época, Celso Daniel, que também aparece no *JR*, e referências a atentados terroristas no Iraque. Além desses, um assunto polêmico, relativo a mulheres, manifesta-se em três momentos, complementares e excludentes: as mulheres serem mais consumistas que os homens, de acordo com pesquisa apresentada no telejornal; o nascimento apenas de mulheres representar um problema para a sucessão imperial japonesa; e uma abordagem mais crítica e posicionada, relatando uma pesquisa do Ipea que aponta que as mulheres negras ganham um terço da renda dos homens brancos, numa escala que relaciona questões de gênero e etnia, temas fundamentais para pensarmos os estigmas sociais.

Finalmente, o *Jornal da Record* apresenta um maior número de chamadas e variedade temática, relembrando que os destaques feitos no início também são mais descritivos do que aqueles do *JN*. O fato de o *JR* trazer imagens para cada uma de suas notícias cria um campo bastante peculiar de redundâncias e de ressonâncias. Se assistirmos às manchetes sem a banda sonora, veremos uma sequência de imagens frenéticas, muitas vezes em tons escuros e com muitas cenas externas, transmitindo, no caso dos estigmas sociais, as tensões pressupostas nos temas abordados. Sabemos que os telejornais – sobretudo as aberturas e suas chamadas, mas também as notícias internas – poderiam ser largamente explorados no âmbito da temática dos estigmas.

Entre as manchetes do *JR*, selecionamos onze como mais pertinentes aos estigmas sociais, entre elas as que se referem a questões de violência urbana e criminalidade (sobretudo tráfico de drogas, contrabando e homicídios, com destaque para a morte de um estudante na USP, assassinado por um colega de curso), e também as que envolvem assuntos internacionais ligados a ataques de grupos terroristas ou ao mundo árabe, visto invariavelmente, nos telejornais, como um *outro* ao qual devemos temer e nos afastar. Uma chamada sobre a destruição de uma estação de trem em Buenos Aires (Argentina) também compõe esse cenário de violência urbana presente nas manchetes do *JR* que, uma vez mais, aponta para a reiteração e a pregnância dessas temáticas (para além de seus conteúdos) nos telejornais e programas jornalísticos atuais.

A chamada sobre a transferência, entre presídios, de um traficante considerado de alta periculosidade – Fernandinho Beira-Mar – opera um deslocamento temático e formal na abertura do *JR*: majoritariamente marcado por matérias de cunho político (e na época da amostragem havia uma forte crise no governo federal, com diversas denúncias sobre corrupção e CPIs instauradas) – o que explica o relativo baixo número de matérias sobre estigmas (onze) em relação ao total das chamadas (77) –, a notícia sobre Fernandinho veio em primeiro lugar na edição daquele dia. Além dela, destacamos a referência aos 90 anos de Augusto Pinochet, figura considerada nefasta no cenário internacional por seu passado ditatorial e atuação política violenta, e as manifestações contra Bush em sua visita ao Brasil e outros países da América Latina.

Como destaques, nomeamos a recorrência de relatos sobre a onda de violência em Paris, com presença editorial em mais de um dia, e uma pequena notícia sobre violência contra mulheres, tema que aparece, de outra forma, no *JC*. Selecionamos ainda, para pontuar os resultados encontrados em torno dos estigmas sociais, uma sequência de chamadas sobre uma rebelião ocorrida na Febem de São Paulo, em que várias pessoas ficaram feridas (funcionários e adolescentes), e onde ocorreu uma morte entre esses feridos (de um interno). Consideramos esse um tema privilegiado para pensar as tematizações e figurativizações dos estigmas sociais em telejornais.

No trabalho, esperamos ter apontado alguns elementos importantes para as análises, destacando aspectos particulares do discurso televisivo em suas interfaces com as mídias audiovisuais, sobretudo o cinema e as redes digitais, além de demonstrar sua pertinência, mesmo após inúmeras transformações nos gêneros e formatos jornalísticos. Nas narrativas engendradas em discursos (tele)jornalísticos, portanto, apontamos as (con)figurações articuladas em torno dos *estigmas sociais*. Tal escolha não foi aleatória, mas partiu do princípio de que, como instituição ordenadora do espaço social, o jornalismo recorta espaços de inclusão/exclusão e, ao fazê-lo, demarca as margens daquilo que será reconhecido como "normal" ou "desviante" (Foucault, 2002) em uma determinada sociedade, reforçando e estabilizando certos discursos

Da mesma forma, outros produtos audiovisuais, notadamente filmes em longa metragem (ficcionais ou documentais), trazem recortes semelhantes. Pensando os dois gêneros de maneira análoga, gostaríamos de estabelecer seus pontos de afastamento e aproximação, como veremos a seguir. A fim de melhor apontar tal relação, retomamos alguns dos conceitos norteadores da definição de *estigmas sociais* adotada antes de passarmos às imagens dos filmes, rearticulando alguns dos pressupostos teóricos anteriormente tratados. A palavra *estigma* pode ser conceituada de diversas formas. No trabalho, optamos por diferenciá-la de algumas outras às quais tem sido frequentemente associada – estereótipos, preconceitos, exclusão, discriminação. Como dissemos, tomamos o conceito de *estigmas* – especialmente em sua adjetivação como *sociais* – como mais abrangente e, possivelmente, estruturante, dessas palavras correlatas. Enquanto os preconceitos podem ser pensados de forma mais localizada (não são poucos os exemplos de discursos preconceituosos nas mídias), e os estereótipos podem ser caracterizados como modelos cristalizados (a partir dos quais determinados grupos são definidos), os estigmas apresentam-se como categorias invariantes (ou que se repetem não em termos de definições, mas de *articulações*).

Tais categorias não necessariamente – ainda que majoritariamente – possuem conotação negativa, enquanto estereótipos e preconceitos dirigem-se, prioritariamente, a grupos excluídos ou periféricos em relação à dinâmica social dominante: "Observe-se, também, que nem todos os atributos indesejáveis estão em questão, mas somente os que são incongruentes com o estereótipo que criamos para um determinado tipo de indivíduo (Goffman, 1978, p. 13)."

Não podemos esquecer, entretanto, que a questão dos estigmas se complexifica quando estes se encontram interrelacionados a estereótipos e preconceitos fortemente arraigados na sociedade. Isso acontece no caso de temas como racismo, violência, questões de gênero, entre outros.

Alguns aspectos, desse modo, são fundamentais para diferenciarmos os estigmas sociais: 1) seu caráter invariante não os torna estáticos (são inúmeros os recobrimentos que recebem em cada contexto histórico, social, cultural); 2) sua dinâmica é, sobretudo, relacional (um estigma opera em relação a outros elementos colocados em um determinado sistema de interações sociais); 3) sua definição retoma as origens da palavra: *estigmas* são marcas que se destacam no sujeito e, ao fazê-lo, ressaltam determinados atributos; 4) tal *marcação* realiza processos de inclusão/exclusão que unem e separam aqueles implicados nessa relação; 5) as definições e consensos sobre aquilo que é considerado *normal* ou *desviante* determinam os alcances e limites dos estigmas sociais.

Acrescentamos que os estigmas surgem apenas quando o sujeito estigmatizado se encontra em *um lugar no qual não deveria estar*, ou seja, quando atributos desejáveis ou indesejáveis deixam de ocupar seu lugar como estabelecidos ou estigmatizados e tentam romper tais barreiras. A tentativa de manter a ordem e restabelecer hierarquias – procedimentos característicos da atribuição de estereótipos e preconceitos a certos grupos sociais – radicaliza os processos de inclusão/exclusão, levando à articulação desses atributos em torno de estigmas sociais:

> O termo estigma, portanto, será usado em referência a um atributo profundamente depreciativo, mas o que é preciso, na realidade, é uma linguagem de relações e não de atributos. Um atributo que estigmatiza alguém pode confirmar a normalidade de outrem, portanto ele não é, em si mesmo, nem honroso nem desonroso (Goffman, 1978, p. 13).

Como exemplo, podemos citar a minissérie *Um só coração* (2004), da *Rede Globo*. Ao lermos no jornal *Folha de S. Paulo* (Ilustrada, 21/03/2004) que esta "Série tem ibope com familiares e na USP", vemos surgir uma sobreposição de estigmas: o da televisão como veículo massivo e, portanto, de má qualidade; o dos intelectuais como avessos à televisão; o da USP como reduto da elite; o dos familiares como opostos à suposta capacidade crítica da universidade; além daquele enunciado na chamada de capa do caderno – "Modernismo para as massas" –. no qual a população em geral é colocada como oposta ao campo da cultura dita "erudita". Todas essas tematizações apontam para os diversos estigmas presentes nos textos citados.

Pela breve exposição acima, percebemos que os estigmas são um campo de difícil apreensão. Mas é preciso retomar algo crucial: ainda que tivéssemos uma definição unívoca de *estigmas*, por não estarmos tratando abstratamente deste termo seria necessário olhar as práticas culturais para buscar uma aproximação a este conceito por meio de suas tematizações, ou seja: ler/ver os discursos para deles extrair uma definição, refletindo sobre o que há em comum na diversidade de suas narrativas, em um movimento que parte dos conceitos para a eles retornar. Tal movimento pode ser percebido também nas análises de filmes ficcionais e documentais, procedimento que expande os limites dos discursos jornalísticos a outras práticas midiáticas, e será apresentado a seguir.

3. Estigmas em filmes: primeiras imagens

O maior número de produções documentais e as diversas formas de cruzamentos recentemente assinaladas entre os gêneros referenciais e os gêneros ficcionais levou-nos ao estabelecimento de uma categorização que observasse tais especificidades. Ao longo do trabalho, consideramos a distinção entre o campo da não-ficção e da ficção de forma mais sistematizada, por meio da seleção de filmes de ambos os gêneros. Em termos formais, a proximidade dos documentários (filmes de não-ficção) com os telejornais (especialmente as reportagens) tornou-se evidente. Além disso, evocamos os modos variados de inserção de elementos factuais nas narrativas ficcionais (como em telenovelas), e também o processo inverso, de ficcionalização da realidade.

Considerando o crescimento, em circuito comercial, das produções cinematográficas brasileiras após o chamado período da retomada (segunda metade da década de 1990) – e as transformações ocorridas desde esse período até os anos recentes, compondo distintas periodizações –, optamos por tratar apenas de filmes nacionais. Como recorte temporal, elegemos inicialmente os anos de 2002 a 2011 e, posteriormente, os anos de 2012 a 2014.

Constituímos uma amostragem não aleatória a partir do acompanhamento dos lançamentos dos primeiros anos da década de 2000, sem uma preocupação exaustiva seja no sentido de abordar qualitativamente a totalidade dos filmes, seja no sentido de explorar um conjunto completo de filmes em termos quantitativos. Os filmes lançados em 2002 foram considerados relevantes para a amostragem e, de certo modo, precursores daqueles lançados em 2003. No período assinalado, elaboramos uma listagem com filmes escolhidos a partir de critérios pré-determinados.

Em primeiro lugar, definimos a escolha por meio do conceito de *estigmas sociais,* como vimos; em segundo lugar, optamos por abordar filmes que representam uma tendência no cinema brasileiro contemporâneo ao tratar de temáticas políticas e sociais, quase sempre de forma posicionada e engajada; finalmente, buscamos montar um mosaico variado de produções nacionais recentes, elegendo para as análises filmes que apresentam aspectos singulares e diferenciados entre si. Em termos metodológicos, optamos por não analisar cada filme exaustivamente, mas neles isolar percursos narrativos que tematizam *estigmas*, especialmente por meio de suas cenas enunciativas.

Também por questões metodológicas e afinidades de produção, distribuição e recepção, nas primeiras análises os filmes foram divididos em dois períodos: 2002-2006 e 2007-2011, sendo que no segundo organizamos as obras em dois grupos, o primeiro tratando de produções realizadas entre 2007-2009 e o segundo entre 2010-2011, relacionando este último período aos filmes de 2012-2014. Aspectos narrativos, estéticos, estilísticos e tecnológicos determinaram tais divisões, que não se justificam apenas por razões cronológicas, mas, sobretudo, por traços comuns presentes nos filmes. Apresentamos as principais características do primeiro período (2002-2006) para, em seguida, destacar duas obras modelares, em que articulamos os discursos *jornalísticos* aos discursos *midiáticos*, considerando o termo "mídias" em sentido amplo.

Os filmes exibidos em circuito comercial são parte integrante desses discursos que circulam nas mídias, sem que, com isso desconsideremos o cinema também como uma indústria (em seus modos de produção e distribuição) e uma arte (em suas formas de criação e apropriação). Além dessas distinções, o estatuto da autoria e o lugar do narrador no cinema constituem-se em indagações fundamentais sobre os discursos audiovisuais. Reforçamos o fato de a amostragem ter sido constituída de forma não aleatória e temática, ao contrário das precedentes.[3]

---

3 É importante assinalar que, ao longo dos anos, os resultados parciais dessas análises foram divulgados regularmente em congressos e artigos, demonstrando sua consolidação e sistematização antes da forma final aqui apresentada.

Observando os dados compilados pelo site Filme B, temos que "de 1995 (ano tido como marco do início da 'retomada' do cinema nacional) até 2003, estrearam uma média de 23 títulos nacionais por ano. Em 2004 esse número pulou para 47 filmes. Se em 2005 houve um leve recuo para 39 estreias, apenas no primeiro semestre de 2006 foram lançados 31 filmes nacionais. Com mais 27 estreias previstas até o final do ano totalizaríamos um recorde no período: 58 estreias brasileiras em salas de cinema".[4] Reunindo os totais coletados sobre o tema dos estigmas, a saber: 8 títulos em 2002; 8 títulos em 2003; 15 títulos em 2004; 18 títulos em 2005; e 25 títulos em 2006, veremos que o número de filmes selecionados é significativo (totalizando 74 obras).[5] Em princípio, acreditamos que a forte tônica em filmes políticos e de crítica social já determina sua vinculação aos estigmas sociais. De maneira mais ou menos direta, grande parte dos filmes brasileiros (com exceção, no caso da amostragem, de comédias, comédias românticas, filmes de época, adaptações literárias, filmes experimentais) tematiza, de algum modo, questões relativas aos estigmas.

O cinema brasileiro recente tem se caracterizado pelo enfoque predominante em temáticas sociais e políticas. Inúmeras produções atestam este fato – entre elas, os filmes *Ônibus 174* (2002), de José

---

4 Disponível em: http://www.filmeb.com.br. Acesso em: 16/01/2019.

5 O levantamento utilizado na pesquisa contém um grande número de filmes, tomando como critério principal sua correlação ao tema dos estigmas sociais. A variação em termos de número de espectadores, tempo em cartaz e repercussão na crítica é bastante acentuada, trazendo desde filmes com menos de 100 mil espectadores até filmes com 5 milhões de espectadores. Filmes lançados em 2002, considerados relevantes para a pesquisa, foram incluídos na amostragem. Foram consideradas as datas em que os filmes entraram em cartaz no circuito comercial de cinema, ainda que alguns tenham sido produzidos em anos anteriores, havendo divergência em alguns casos. Para dados completos, ver: http://www.ancine.gov.br. Para fichas técnicas, elenco, sinopses e demais informações sobre os filmes, ver: http://www.adorocinema.com.br. Acesso em 31/08/2018.

Padilha, *Edifício Master* (2002), de Eduardo Coutinho, e outros, tais como *O homem do ano* (2003), de José Henrique Fonseca, e *Amarelo manga* (2003), de Cláudio Assis. Os filmes escolhidos para a análise inserem-se nessa dinâmica: *Cidade de Deus* (Fernando Meirelles e Kátia Lund) e *Uma onda no ar* (Helvécio Ratton), ambos lançados em 2002. Buscamos apontar, nesses filmes, figurações simbólicas e formas narrativas articuladas em torno da crescente exploração da miséria e ambientes a ela relacionados, elegendo este recorte para tratar da questão dos estigmas sociais. Esperamos demonstrar como os discursos articulados pelos filmes são figurativizados (as formas que os recobrem) e tematizados (como se constroem suas narrativas), especialmente naquilo que se refere a espaços fronteiriços em que possíveis deslocamentos (ou transposições) podem ser notados.

Por tratarmos de filmes que abordam a questão da pobreza e a crítica social à realidade brasileira, situamos a análise na questão dos estigmas presentes nessas imagens.[6] É interessante notar que, nos últimos anos, vimos um movimento que parte do cinema para a televisão no que diz respeito a essas temáticas, como nas séries televisivas *Cidade dos homens* (O2 Filmes e *Rede Globo*)[7] e *Carandiru* (*Rede Globo*). As séries foram realizadas a partir de longas-metragens que as antecederam (*Cidade de Deus*, de Fernando Meirelles e Kátia Lund, 2002; e *Carandiru*, de Hector Babenco, 2003, inspirado no livro *Estação Carandiru*, de Drauzio Varella, publicado em 1999) e, no caso

6 Uma versão preliminar dos elementos tratados a seguir foi desenvolvida juntamente com a pesquisadora Cíntia Liesenberg (2007) e publicada em forma de artigo.

7 *Cidade dos homens* contou com quatro temporadas (2002-2005) e duas sequências (2017-2018), totalizando 27 episódios e sendo realizada por diversos diretores e roteiristas. O seriado *Carandiru* (2005), de autoria de Hector Babenco, Victor Navas e Fernando Bonassi, contou com dez episódios e direção geral do primeiro, e direção de Walter Carvalho, Roberto Gervitz, Hector Babenco e Márcia Faria.

da primeira, sucedida pelo longa-metragem *Cidade dos homens*, de Paulo Morelli (2007). Tal movimento aponta para o processo recente de hibridização e convergência das mídias, potencializado pelas tecnologias digitais. Aponta, ainda, para a relevância que a mídia assume, na sociedade contemporânea, na legitimação e circulação de discursos, os quais ordenam nossos modos de ver e agir no mundo.

Dessa forma, as mídias podem ser pensadas como lugares de propagação e confirmação de discursos, tomando-os como bases de ação – *práticas sociais* – que os materializam, "até porque a imagem não é uma mera atuação estilística, e sim algo que conduz a um comportamento concreto, traz resultados tangíveis" (Gregori, 2000, p. 43). Ao abordar os filmes, gostaríamos de lançar algumas questões: quais as imagens mostradas por eles em relação aos estigmas da pobreza e de suas figurações simbólicas? Quais as narrativas neles apresentadas? Quais as convergências e divergências que trazem em suas narrativas? Haveria, de fato, no cinema brasileiro, um movimento de estetização da pobreza, transformando-a em mais um produto *pronto para consumo?* Apresentaremos, primeiramente, uma síntese dos filmes e os principais conceitos teóricos que fundamentam as análises para, em seguida, desenvolver um traçado contrastivo entre eles, a fim de apontar as diferentes formas que seus discursos assumem, em torno da figuração simbólica da pobreza, no reforço ou transposição de estigmas sociais que marcam os sujeitos inseridos nesse espaço e as relações entre eles.

O filme *Cidade de Deus* foi vastamente discutido e difundido. Um aspecto chama a atenção em relação a sua produção: as filmagens foram antecedidas por um intenso trabalho de preparação dos atores que, moradores de diversas comunidades do Rio de Janeiro (RJ), integraram um projeto do grupo "Nós do Morro" para inserção desses rapazes e moças em produções televisivas, cinematográficas e teatrais. A história contada tem início na década de 1960, em que ações governamentais deslocaram para a periferia da cidade do Rio de Janeiro populações pauperizadas e desabrigadas. Desprovidos de acesso a serviços básicos de saneamento, educação, transporte e infraestrutura, esses locais se transformaram em favelas e passaram a concentrar, à medida que o tráfico de drogas ampliava seu alcance, inúmeros problemas crônicos de grandes cidades, especialmente violência, desemprego e miséria social.

O filme, baseado no romance de mesmo nome escrito por Paulo Lins, em 1997, foi criticado justamente por enfatizar de maneira árida e crua – ainda que permeada por uma filmagem impecável e edição ousada – os aspectos negativos daquele lugar. É como se, na favela, não houvesse possibilidade de ação ou transformação; como se aquelas pessoas estivessem desde sempre condenadas à segregação e ao abandono. Vale destacar que a história, além de trabalhar com atores que vivem em comunidades semelhantes à Cidade de Deus concreta, apresenta fortes elementos factuais – embora não se pretenda um documentário e sem utilizar recursos próprios desse gênero, notamos uma busca de referencialidade em suas imagens. Partindo dessas observações – e reconhecendo as qualidades de uma obra que se tornou mundialmente destacada –, o filme *Uma onda no ar*, lançado no mesmo ano, parece-nos oferecer um contraponto significativo a *Cidade de Deus*, especialmente no que diz respeito às formas de representar o ambiente da favela em suas relações com o entorno da cidade, e aos modos de narrar as histórias vividas por seus personagens.

Como lemos no site de *Uma onda no ar,* o filme "é ficção com os pés na terra, a realidade é matéria prima de sua fantasia. No filme, fatos verdadeiros se misturam aos imaginários e os personagens cinematográficos se inspiram, com liberdade, nos personagens reais". O filme conta a história da rádio Favela, uma rádio livre que surgiu nos anos 1980 em uma comunidade de Belo Horizonte (MG), com programação diferenciada que pretendia ser "a voz do morro". Mais do que falar sobre ou para a favela, a rádio buscava ter um alcance maior e passou a contar com inúmeros ouvintes, até sua legalização em 2000.

É interessante notar como são apresentadas as relações da favela como "mais um lugar para se viver", sempre ressaltando as redes sociais ali presentes e as formas de atuação de seus moradores.

Ao contrário de *Cidade de Deus*, *Uma onda no ar* evoca outras maneiras de se pensar o ambiente da favela, em que violência, tráfico e crime estão presentes, mas não de forma exclusiva, o que abre passagem para a criação de uma rádio naquele ambiente. Como ponto em comum nesses filmes, além de serem de alguma forma baseados em fatos e dotados de estrutura referencial, temos uma representação da sociedade brasileira que estabelece demarcações precisas entre centro e periferia, cidade e favela, riqueza e pobreza: "É uma sociedade na qual a população das grandes cidades se divide entre um 'centro' e uma 'periferia', o termo periferia sendo usado não apenas no sentido espacial-geográfico, mas social, designando bairros afastados nos quais estão ausentes todos os serviços básicos, situação, aliás, encontrada no 'centro', isto é, nos bolsões de pobreza, as favelas" (Chauí, 1986, p. 58-59).

Se tomarmos como pressuposto a definição de *estigmas* como relacionados à ideia de *estagnação* ou *mobilidade*, podemos dizer que eles aparecem justamente nos lugares em que há tentativas de *deslocamento*. Um morador de favela que se integre ao mundo do tráfico de certo modo cumpre aquilo dele esperado; um morador de favela que desenvolva o projeto de uma rádio é visto como *fora do lugar* a ele reservado. Esse contraste inicial nos revela as pontuações possíveis nos dois filmes selecionados em relação aos estigmas sociais: tomados como estigmas de *reforço* ou de *transposição*, temos que se permanecem onde supostamente deveriam estar os estigmas não incomodam (e cumprem seu papel como demarcadores de diferenças entre os diversos grupos sociais). A partir do momento em que se deslocam e passam a ocupar posições antes insuspeitadas, surge o desconforto. A questão da pobreza nos parece apropriada para pensar os processos de deslocamento dos estigmas.

Filmes como *Central do Brasil* (1998), de Walter Salles, *Cidade de Deus* (2002), de Fernando Meirelles, e *O homem que copiava* (2003), de

Jorge Furtado, caracterizam de modos distintos um elemento comum: fundados em temáticas que trazem uma forte crítica à realidade brasileira, esses filmes nos lembram que, ainda que não seja possível *mudar de lugar* nessa sociedade (justamente por não podermos precisar suas *margens*, não há um lugar para o qual se possa ir), os próprios personagens demarcam esse lugar – e por isso permanecem (i)mobilizados em suas posições.

De modo geral, em *Cidade de Deus* é como se, a despeito de se deslocarem para outros ambientes, as pessoas voltassem sempre para o mesmo ponto; em *Uma onda no ar*, temos a impressão de relações sociais que apontam para variações de espaço. No primeiro filme, os estigmas são reforçados e mantidos; no segundo, podemos perceber elementos que vão além da estigmatização. Iremos demonstrar, nos filmes, como tais afirmações podem ser ou não confirmadas, relacionando-os aos estigmas e ampliando tal questionamento para as mídias: como perceber, em seus discursos, relações que podem aprofundar ou minimizar os estigmas presentes na sociedade? Como perceber os sentidos agregados aos estigmas sem tomá-los como positivos ou negativos, mas concebendo-os a partir de um sistema relacional de posições e oposições na linguagem?

A partir dos filmes, podemos notar que mesmo que o estigma surja como elemento simbólico, os estigmatizados têm que se manter no espaço ao qual estão destinados; eles ou incorporam ou reforçam os estigmas pelos quais querem lutar encenando aquilo que é esperado deles, como acontece em estudo de Elias e Scotson (2000) em relação a grupos considerados situados à margem de um grupo antes estabelecido na localidade analisada: "(...) a única maneira que conheciam de mostrar aos que os tratavam como 'ninguém' que de fato eles eram 'alguém' era inteiramente negativa, a exemplo do sentimento que eles tinham a respeito de sua identidade" (Elias; Scotson, 2000, p. 144-145). Dessa forma, os estigmas podem ser pensados como marcas identitárias que caracterizam (ou descaracterizam) os grupos sociais que, ao serem retratados pelas mídias (jornais, televisão, cinema, entre outras), têm suas marcas destacadas. Muitas vezes, ao se colocar como algo que é de antemão esperado, o estigma é neutralizado, mantendo a ordem estabelecida; outras vezes, se deslocado e levado a um processo de inclusão, os traços característicos do estigma podem ser anulados por meio da atribuição de valores positivos ou negativos.

Conseguir ser visto de outra forma sem perder sua identidade – sua marca – parece ser uma questão colocada a grupos excluídos da lógica predominante de organização social. Nas relações estabelecidas pelos discursos, nem sempre a mera citação de um grupo excluído torna-se fator de inclusão ou visibilização; em outros momentos, mencionar a exclusão pode incluir um determinado grupo nas redes simbólicas da sociedade, por meio de diferenças "percebidas, elaboradas e objetivadas" (Telles, 2001, p. 58) no espaço social.

Na procura por elementos que possam indicar figurações e temáticas articuladas em torno da exploração da pobreza, e considerando que "para uma sociedade, uma posição e um momento definidos apenas uma parte do dizível é acessível, que esse dizível forma um sistema e delimita uma identidade" (Maingueneau, 2000, p. 68-69), recorre-se ao levantamento de "traços comuns" entre os filmes, em busca de aspectos importantes e constitutivos daquilo que se pretende identificar. Os traços comuns, ou variáveis a se evidenciar, estão selecionados e agrupados em tópicos apresentados a seguir, para levantamento de ocorrências em relação à figuração da pobreza, como um possível trajeto do estudo das recentes produções brasileiras em torno do tema. Desse modo, a título de exercício, foram observadas as seguintes variáveis: 1) caracterização em torno dos protagonistas: personagem Buscapé, em *Cidade de Deus*, e Jorge, em *Uma onda no ar;* 2) caracterização em torno dos antagonistas: Zé Galinha, em *Cidade de Deus*, e Roque, em *Uma onda no ar;* 3) relações estabelecidas entre protagonistas e antagonistas; 4) caracterização e relações entre personagens secundários; 5) representação do ambiente interno, considerado como a favela; 6) representação dos ambientes a ela externos; 7) deslocamentos em relação ao ambiente da favela e estigmas a ele relacionados; 8) representações da mídia – que tem menção evidenciada em ambos os filmes.

Dentre os diversos aspectos observados, ressaltamos a dissociação entre as narrativas dos filmes estudados, ou seja, o direcionamento conferido no sentido de sua abrangência ou restrição em torno da complexidade e diversidade de relações sociais apresentadas. Em *Cidade de Deus* nota-se o acento em uma narrativa que se centra entre polos caracterizados como o lugar do "bem" e do "mal", recaindo sobre a favela e a maioria de seus membros o estigma de uma impossibilidade de saída ou transposição daquele ambiente amaldiçoado, fadado à convivência e conivência em relação a toda forma de crime, brutalidade e fatores ligados ao tráfico. Lugar de "encarnação" do mal, cuja saída se dá apenas como expressão do acaso, para aqueles poucos contemplados pela sorte do destino e que ainda não se deixaram corromper. Uma narrativa simplificada, que se fecha em torno do lugar e do poder que o tráfico ocupa, no preenchimento de lacunas pela falta de ação do Estado e precariedades de um sistema social cuja exclusão econômica de grande parte de seus membros é fator intrínseco, apesar dos constantes apelos de consumo e de uma imagem de sucesso e desenvolvimento medida pelo poder de compra.

Em contrapartida, *Uma onda no ar* apresenta uma variedade maior de articulações a serem observadas nesse contexto e ambiente relacionados à pobreza, as quais conferem multiplicidade de elementos para análise, e enfocam outros modos de relações identitárias, além daquelas associadas à criminalidade, ao tráfico e ao subemprego – que, embora presentes, não marcam a tônica da enunciação. A partir da criação e manutenção de uma rádio com objetivos comunitários, da mobilização de diversas pessoas para alcançar esse objetivo e da participação da população local em torno de sua viabilização, o filme demonstra que não é por morar em um ambiente de pobreza que aquelas pessoas estão fadadas aos estigmas a elas relacionados de forma intransponível. Elas detêm o poder de deslocamento, da ocupação de outros lugares sociais, e ainda, da assunção de valores diferentes daqueles ditados por um sistema dominante, ainda que em disputa constante.

O filme demonstra ainda que, mesmo permanecendo no ambiente da favela, aquela é uma população que por meio de sua organização consegue superar os lugares aos quais supostamente deveria se restringir, indicando o valor da mobilização, dos laços comunitários e dos objetivos de grupo como elementos que conferem poder de ação sobre seu meio, sem a necessidade de associação a setores ligados ao poder do tráfico, muitas vezes tido como único caminho daqueles que habitam as favelas. A exemplo do que demonstram Elias e Scotson (2000, p. 22), "a coesão entre os elementos de um grupo é fator decisivo para sua parcela de poder", e esta situação se evidencia em *Uma onda no ar*, contribuindo para uma visão propositiva da ação em sociedade empreendida por essa camada pauperizada e subalternizada da população, numa superação de estigmas associados à incivilidade, desagregação e violência.

É importante salientar, uma vez mais, o embasamento em *fatos* como argumentos utilizados em ambos os filmes. Cada uma das narrativas é concluída com depoimentos das pessoas que inspiraram um de seus personagens – cenas de entrevista do *Jornal Nacional* com um dos integrantes do tráfico, quando preso, em *Cidade de Deus;* e entrevista com o locutor da Rádio Favela, em *Uma onda no ar* – além da menção de que as histórias se baseiam em *fatos verídicos*. O recurso à referencialidade se faz importante, pois confere um tom de veracidade e credibilidade à narrativa, recursos "com os quais se monta a narração sem que ela se denuncie como *montagem*" (Gomes, 2003, p. 97), escondendo seus próprios artifícios. De onde a importância de um estudo sobre as narrativas e os estigmas que carregam consigo, na busca pelo direcionamento dos discursos que promovem, considerando suas implicações na reprodução e ratificação, ou transformação e questionamento de desigualdades sociais, principalmente em uma sociedade tão complexa e contraditória como a brasileira.

Nesse sentido, as cenas iniciais dos filmes exemplificam aquilo de prioritário ressaltado pela análise: em *Cidade de Deus* as tomadas fechadas parecem apontar para o círculo em torno da dificuldade de transposição das barreiras impostas pelos estigmas da pobreza e para a circunscrição do espaço ao qual supostamente devem estar fadados os habitantes das favelas, como um cenário exótico que coabita em nossa sociedade, mas que é aceito apenas se restrito ao seu lugar de origem. Já em *Uma onda no ar*, a panorâmica da favela e sua inserção como parte de um cenário maior da cidade, além dos planos gerais mais abertos, aponta para sua interação com os demais ambientes urbanos e para a abrangência de relações que podem ser ali articuladas. Na sequência, pretendemos demonstrar a partir de outros produtos audiovisuais (filmes de ficção e de não-ficção) as características acima assinaladas, oscilando entre as fronteiras de "estigmas de reforço/manutenção" ou "estigmas de transposição/transformação", conceitos que serão retomados adiante.

No ano de 2006, foi lançada uma minissérie televisiva chamada *Antônia*, coprodução da O2 Filmes (de Fernando Meirelles) e da Globo Filmes. Veiculada na *Rede Globo* em cinco episódios,[8] às sextas feiras, após a programação em horário nobre, a minissérie atingiu 32 pontos no Ibope

8 Os episódios televisivos de *Antônia* foram exibidos em 17 e 24/11, 01, 08 e 15/12/2006. Ambientada no bairro Brasilândia, na periferia de São Paulo, a minissérie foi baseada no longa-metragem de Tata Amaral e lançada na televisão antes do filme estrear nos cinemas (09/02/2007). Todas as atrizes--cantoras possuem trabalhos musicais anteriores ou posteriores à minissérie, que teve roteiros escritos por autores diferentes a cada episódio, entre eles: Elena Soárez, Fernando Meirelles, Jorge Furtado, Claudia Tajes e a própria Tata Amaral. Informações disponíveis em: http://memoriaglobo.globo.com. Acesso em: 31/08/2018.

(número considerado alto para o horário). Além da própria minissérie, a divulgação do filme em longa-metragem foi intensa, com a participação das atrizes-cantoras em diversos programas da emissora, antecedendo o lançamento de Tata Amaral. O bom desempenho televisivo levou a uma expectativa elevada de público para a estreia no cinema: diretora e produtores esperavam que o filme chegasse a 500 mil espectadores e, nas primeiras quatro semanas, o número estava em pouco mais de 75 mil, muito abaixo do necessário para atingir a meta inicialmente prevista.[9]

A história (minissérie e filme) relata a vida de quatro amigas, "diferentes em suas personalidades mas iguais no sonho, lutando contra o preconceito em meio à cultura hip-hop e tentando mostrar seu talento por meio de uma atitude corajosa e batalhadora". Buscando sobreviver fazendo aquilo que mais gostam – cantar – as quatro mulheres formam o grupo musical "Antônia", sem nenhum recurso financeiro para sua produção e divulgação, e tentam torná-lo possível em meio a suas rotinas de trabalho, desemprego, falta de dinheiro, filhos, namorados, família.

O filme *Antônia* encontra pontos de cruzamento com o que apontamos acima sobre o filme *Uma onda no ar*, distanciando-se de uma narrativa (verbal e visual) como aquela encontrada em *Cidade de Deus*. Em *Antônia*, temos a figuração e a tematização de estigmas de transposição, mostrando a vida nas periferias em suas dificuldades e

9 Conforme matéria publicada no jornal *Folha de S. Paulo* em 12/03/2007, intitulada "*Antônia* – Por que o filme não brilhou" (uma alusão à música tema, cujo refrão diz "Antônia brilha..."), outras minisséries televisivas originaram filmes de grande bilheteria. Um deles foi *A grande família*, que em pouco mais de um mês já havia levado quase 2 milhões de pessoas ao cinema. Ainda assim, uma observação faz-se necessária: a ideia de que o sucesso (ou a qualidade) de um filme se mede por sua audiência pode ser questionada, revelando, ela própria um estigma que cerca as produções nacionais. O fato de *Antônia* ter tido menos público do que o esperado não deveria significar, necessariamente, que fracassou enquanto filme. Mas pode apontar, em nosso ponto de vista, para um espaço de arejamento e abertura advinda de uma produção que rompe os padrões usuais nas formas de tratar a periferia.

problemas – pobreza, violência, desemprego, machismo –, mas também em seus desafios e conquistas – são as casas e as rotinas de pessoas comuns que vemos ali, tentando buscar soluções e, não necessariamente, convivendo o tempo todo com aspectos conflituosos de seu cotidiano. Talvez por isso o filme, a exemplo de *Uma onda no ar*, tenha tido pouca repercussão: ao mostrar o a periferia de modo não esquemático – o que aproximaria os seus supostos "eles" (os pobres) de "nós" (a classe média) –, *Antônia* afasta o público dessa mesma classe média dos cinemas, mais habituado a ver nas telas o reforço de estigmas, estereótipos e preconceitos em relação às periferias das grandes cidades.

Filmes que subvertem as usuais dicotomias centro/periferia, ricos/pobres, dominantes/dominados tendem a ter menos público (considerando que o critério de bilheteria é fator importante na consolidação do cinema brasileiro, ainda carente de uma variedade de gêneros narrativos com grande alcance, como vemos no cinema norte-americano). Desse ponto de vista, *Antônia* não representa propriamente um "fracasso", como afirmaram alguns críticos, mas de certa forma pode ter sido superestimado por se confundir, na superfície, com a abordagem social e política feita por outros filmes situados nas regiões mais carentes das cidades. Ao deslocar as posições usualmente ocupadas pela periferia e trazê-las ao centro, aproximando os *estabelecidos* dos *outsiders*, filmes como *Antônia* acabam perdendo seu espaço usual: não reforçam o imaginário do público sobre eles, os supostos "outros", mas também não fazem com que estes "outros" se integrem ao sistema hegemônico de produção cultural, atuando da forma esperada.

Com a observação de outros filmes de ficção e não-ficção, os espaços de reforço e/ou transposição de estigmas, bem como os lugares ocupados pelos diferentes atores sociais e suas possibilidades de deslocamento, serão tomados como ponto de partida nas análises. Assumindo que a ficção é elemento articulador de qualquer forma narrativa, a tematização dos estigmas sociais se dará de modo transversal, estabelecendo os espaços de passagem entre *consolidação* e *transgressão* nas imagens analisadas.

Como já apontamos, considerando o aumento das produções cinematográficas brasileiras optamos por tratar de filmes nacionais, dividindo o período inicial de coleta em dois grupos (2002-2006 e 2007-2011). Apresentamos, acima, os resultados encontrados a partir da seleção de filmes brasileiros lançados entre 2002 e 2006, seguida agora dos filmes lançados entre 2007 e 2009. Encerrando o segundo quinquênio, trazemos os filmes lançados em 2010 e 2011, adensando os resultados anteriores e desdobrando-os nas análises do período posterior, de 2012 a 2014. As datas citadas referem-se ao ano de lançamento dos filmes em circuito comercial, e não ao de sua produção, que muitas vezes se estende por alguns anos. Em alguns casos, notamos a parceria de outros países em coproduções com o Brasil, característica percebida mais recentemente. Os filmes foram selecionados por meio dos seguintes critérios:

> a) Filmes que representam uma tendência no cinema brasileiro contemporâneo ao tratar de temáticas políticas e sociais, quase sempre de forma crítica e engajada.
>
> b) Filmes cujas temáticas estão relacionadas, ainda que de modo tangencial, à problemática dos estigmas sociais.
>
> c) Variedade de filmes nacionais, elegendo aqueles que apresentam aspectos singulares ou que sejam diferenciados entre si.
>
> d) Filmes realizados no Brasil, documentais ou ficcionais, excluindo filmes infantis, comédias, adaptações televisivas, educativos ou de animação.
>
> e) Relação estabelecida entre os filmes e o conceito de estigmas sociais.

É importante retomar que as fronteiras entre o ficcional e o documental têm sido constantemente desafiadas, estreitando seus limites, como abordado por diversos autores.[10] O gênero documentário traz parâmetros consistentes para pensarmos a questão dos estigmas sociais, pois utiliza elementos de referencialidade de modo semelhante às reportagens jornalísticas antes analisadas.[11] Por outro lado, os filmes de ficção colaboram para acrescentar novos aspectos à temática, sobretudo por utilizarem estratégias narrativas próprias da fabulação. Como forma de apontar tais elementos, ensaiamos considerações em torno de filmes tidos como exemplares para tematizar os estigmas, retomando os eixos ficcional/documental e consolidação/transgressão por meio de suas *demarcações temáticas.*

Os dados sobre os anos de 2007, 2008 e 2009 encontram-se dispersos nas fontes consultadas, mas temos os seguintes números aproximados de lançamentos de filmes brasileiros em circuito comercial: em 2007, por volta de 70 filmes foram lançados; em 2008, por volta de 80 filmes; e, em 2009, mais uma vez por volta de 70 filmes. Observando as obras, temos 25 títulos relacionados aos estigmas sociais em 2007, 22 títulos em 2008 e 24 títulos em 2009. O número total é de 71 filmes, ou seja, um terço dos 220 filmes, aproximadamente, lançados em três anos. Mais uma vez, é interessante indagar o que esses números revelam. Como dissemos, acreditamos que a forte tônica em filmes políticos e de crítica social determina sua vinculação aos estigmas. A amostragem poderia ser mais extensa se não tivéssemos excluído filmes adaptados de séries televisivas, comédias (incluindo suas variações, como as comédias românticas), filmes infantis e de animação, bem como aqueles voltados para questões do cotidiano que não trazem em sua abordagem aspectos relacionados aos estigmas.

---

10 Sobre essa questão, ver artigos reunidos em coletânea organizada por Stam e Miller (2000).

11 A discussão sobre os gêneros cinematográficos e a definição do documentário enquanto gênero ou campo é ampla. Para uma abordagem atual, ver Teixeira (2004), Nichols (2005) e Ramos (2008).

Um primeiro aspecto a ser notado é o progressivo aumento do número de produções documentais, especialmente a partir de 2005. Esse movimento pode ser apontado desde a década de 1990, mas, nos anos 2000, tem sido particularmente intensificado. Nessa produção documental, há enorme variedade de filmes, de projetos mais ambiciosos até aqueles mais modestos; de cinebiografias até recriações históricas; de trabalhos feitos por cineastas experientes até aqueles realizados por iniciantes; de filmes com formato mais próximo do documentário ou das reportagens jornalísticas; de narrativas calcadas em entrevistas ou de caráter mais subjetivo; de imagens mais poéticas ou mais indiciais, muitas vezes problematizando os limites da representação do outro ou da autorrepresentação.

Nesse mosaico, chama a atenção, especialmente na última década, a grande quantidade de documentários musicais, que podem ser considerados um subgênero específico entre esses filmes. Notemos que não se trata de clipes ou shows para veiculação em dvd, mas de produções sofisticadas e tão variadas quanto os próprios formatos do documentário, abrangendo aspectos históricos, culturais, sociais, políticos, artísticos, biográficos ao tratar de temáticas musicais.

Uma segunda característica diz respeito ao progressivo embaralhamento nas demarcações entre os campos da ficção e do documentário. A maioria dos filmes realizados naqueles anos poderia ser facilmente alocada em uma ou outra categoria, se não soubéssemos, de antemão ou por indicação da produção, em qual gênero se enquadra. Tal fato representa um momento relevante e singular do cinema nacional, apontando para superações e desafios em termos de linguagem audiovisual, tanto em aspectos técnicos como também estéticos. Referencialidade e realismo misturam-se com fantasia e imaginação, deslocando as dicotomias entre realidade e ficção, tornando obsoletas separações rígidas e obrigando a outras formas de conceituação sobre tais elementos. Traços da leitura documental e traços da leitura ficcional podem ser percebidos, em maior ou menor grau, em praticamente todos os filmes selecionados.

Ainda com respeito às fronteiras entre ficção e não-ficção, um terceiro aspecto se destaca na amostragem: também entre os realizadores há transposição de fronteiras; ou seja, diretores iniciantes ou consolidados em determinado gênero (documental ou ficcional) fazem incursões (muitas vezes bem sucedidas) no gênero divergente, como se também não fosse possível alocá-los em posições estanques. Decorrente do movimento anterior, se os gêneros se mesclam, também os modos de criação, bem como de interpretação, podem ser desafiados.

Em relação ao triênio 2007-2009, no primeiro ano temos um total de 25 filmes associados aos estigmas sociais. Destes destacamos, em 2007, os documentários *Jogo de cena*, de Eduardo Coutinho, *Juízo*, de Maria Augusta Ramos (2007),[12] e *Santiago*, de João Moreira Salles; e os filmes ficcionais *Cidade dos homens*, de Paulo Morelli, *Saneamento básico*, de Jorge Furtado, e *Tropa de elite*, de José Padilha. Notemos que entre eles há diversos pontos de contato em termos temáticos e estéticos, e que, em sua maioria, foram feitos por diretores experientes. Entre os filmes de ficção, *Cidade dos homens* aproxima-se dos documentários por seu modo de realização; *Tropa de elite*, por sua vez, considerado um dos expoentes do cinema nacional recente, além de guardar semelhanças com a linguagem documental, foi dirigido por um documentarista.

Em outra proposta narrativa, destacamos *Mutum*, de Sandra Kogut, *Estômago*, de Marcos Jorge, e *Nome próprio* (de Murilo Salles), filmes de alcance mais restrito, mas extremamente inovadores em termos de elementos visuais, estilísticos e tecnológicos. Dos 25 filmes selecionados, quatro são produções documentais. Recortamos para análise *Juízo* e *Tropa de elite*, guardando em alguns momentos referências ao documentário *Jogo de cena*, notadamente pelas aproximações que estabelece com os outros dois filmes.

---

12 A diretora realizaria, em 2018, o documentário *O processo*, sobre a crise política brasileira a partir de 2013, que culminou com a destituição da presidenta eleita Dilma Rousseff (PT).

O ano de 2008, de um total de 22 filmes e diversos títulos de destaque, apresenta seis documentários. Entretanto, com exceção de *O tempo e o lugar*, realizado por um diretor veterano (Eduardo Escorel), nenhum alcançou visibilidade durante aquele ano, o que acrescenta um dado peculiar à pesquisa. Entre as produções ficcionais, ao contrário, inúmeras tiveram destaque e repercussão, tanto em termos de debate como de bilheteria, e entre elas destacamos os filmes *Ensaio sobre a cegueira*, de Fernando Meirelles (coprodução Japão e Canadá), *Era uma vez*, de Breno Silveira, *Linha de passe*, de Walter Salles e Daniela Thomas, *Meu nome não é Johnny*, de Mauro Lima, e *Última parada 174*, de Bruno Barreto. Desses filmes, dois caracterizam-se como produções globais; um foi feito visando atingir um público mais amplo e os dois últimos guardam fortes elementos relacionados ao cinema documental (no caso de *Última parada 174* a ligação é ainda mais explícita, pois evoca o documentário de José Padilha sobre o mesmo acontecimento).

Por essa razão, em 2008 optamos por destacar dois filmes ficcionais – *Meu nome não é Johnny* e *Última parada 174* – que carregam vários aspectos que podem ser associados à linguagem documental, tanto em termos de seus enredos, como de produção e recepção. Além dos filmes diretamente identificados aos estigmas por suas temáticas mais contundentes, elegemos *5 frações de uma quase história*, de direção coletiva, *Nossa vida não cabe num Opala*, de Reinaldo Pinheiro, *Otávio e as letras*, de Marcelo Masagão, e *Pequenas histórias* (do mesmo diretor de *Uma onda no ar*, Helvécio Ratton) como produções que apontam formas inovadoras de se fazer cinema no Brasil, sem operar por meio de dicotomias cristalizadas.

Em 2009, de um total de 24 títulos, chama atenção o alto número de documentários constantes da listagem: treze filmes enquadram-se nesse gênero. Ainda que consideradas eventuais distorções numéricas, é significativo que esse número seja tão representativo, trazendo à tona os aspectos apontados e sinalizando uma tendência não apenas de aumento da produção, mas também na divulgação desses documentários. É como se, à época, o gênero houvesse encontrado um lugar privilegiado na produção nacional, atendendo a diversas expectativas, abordagens e vieses.

Dos documentários de 2009, destacamos os filmes *Fiel*, de Andréa Pasquini, *Filmefobia*, de Kiko Goifman, *Lóki - Arnaldo Batista*, de Paulo Henrique Fontenelle, e *Simonal - Ninguém sabe o duro que dei*, de Cláudio Manoel, Micael Langer e Calvito Leal. Além deles, citamos *Garapa*, retorno de José Padilha ao gênero documentário, e *Moscou*, longa-metragem de Eduardo Coutinho. Das produções ficcionais, destacamos *À deriva*, de Heitor Dhalia, *A festa da menina morta*, de Matheus Nachtergale, *Jean Charles*, de Henrique Goldman (coprodução Reino Unido), *O contador de histórias*, de Luiz Villaça, e *Verônica*, de Mauricio Farias, os três últimos bastante associados à problematização de questões sociais, violência e pobreza - e também por isso, mas não apenas, próximos da linguagem documental. A cinebiografia *Lula, o filho do Brasil*, de Fábio Barreto, que estreou no início de 2010 e foi baseada na trajetória do ex-presidente, ocupou espaço importante em termos de público e crítica, somando 848 mil espectadores. De modo variado e coincidente, os dados levantados apontam para um quadro abrangente do cinema brasileiro contemporâneo.

Como forma de sintetizar o que foi desenvolvido, além dos dois filmes recortados no ano de 2002 (*Cidade de Deus* e *Uma onda no ar*), tecemos algumas considerações em torno de filmes escolhidos como exemplares para tematizar os estigmas sociais. Considerando o período de 2002 a 2009, selecionamos para análise dois filmes por ano (um documental e um ficcional), compondo um total de doze filmes, que a exemplo dos anteriores serão tratados a partir dos eixos de reforço ou transposição de estigmas sociais. Outro aspecto a ser destacado, como vimos, são os limites entre a produção considerada ficcional e sua suposta oposição, denominada não-ficcional. É interessante notar que temos acompanhado um esvaziamento dessa oposição, não apenas tornando mais tênues os limites que a separam mas, sobretudo, apontando para o caráter sempre ficcional de qualquer obra audiovisual. É nesse *entremeio* que vemos surgir possibilidades de um pensamento múltiplo e abrangente para o debate proposto.

TABELA X FILMES DE FICÇÃO E NÃO-FICÇÃO (2002-2009)			
Ano	**Filme de não-ficção**	**Filme de ficção**	**Observações**
2002	-x-	*Cidade de Deus* *Uma onda no ar*	Filmes ficcionais previamente analisados, com grandes diferenças em termos de produção, temáticas e recepção.
2003	Ônibus 174	*Carandiru*	O documentário *Ônibus 174* é de 2002 e foi selecionado por seu impacto e relevância.
2004	*De passagem*	*O prisioneiro da grade de ferro*	Serão feitas referências aos documentários *Entreatos* e *Peões*, e ao filme *Cazuza*.
2005	*A pessoa é para o que nasce*	*Cidade baixa*	Serão feitas referências ao documentário *O fim e o princípio* e ao filme de ficção *Meu tio matou um cara*.
2006	*Falcão – meninos do tráfico*	*Os 12 trabalhos*	Serão feitas referências ao documentário *Estamira* e ao filme de ficção *Árido movie*.
2007	*Juízo*	*Tropa de elite*	Será feita referência ao filme *Saneamento básico*, que traz um documentário inserido em sua ficção, e ao documentário *Jogo de cena*.
2008	*-x-*	*Última parada 174* *Meu nome não é Johnny*	Selecionamos para 2008 dois filmes de ficção, pois houve poucos lançamentos de documentários relacionados ao tema.
2009	*Garapa*	*O contador de histórias*	Destacamos em 2009 o grande número de documentários, bem como as referências que serão feitas aos filmes *Moscou*, *Filmefobia* e *Simonal*.

As fronteiras entre ficção e documentário, ou entre fabulação e referencialidade, nos levaram a considerar os espaços de transição criados nos filmes relacionados à temática dos estigmas. O tema das *margens* e das *bordas*, já desenvolvido em outros trabalhos,[13] permite-nos estabelecer aproximações entre essa abordagem e as narrativas audiovisuais referidas, percebidas como limiares justamente por tratarem de estigmas.[14] Margens podem ser pensadas enquanto molduras, apontando para alcances e limites, aberturas e fechamentos. *Moldura* como aquilo que é, simultaneamente, contorno e ruptura, como aquilo que demarca um campo e, ao fazê-lo, deixa de fora inúmeras possibilidades. Essas observações encontram eco em outras palavras: "(...) qualquer sentido criado ou proposta por meio do uso de aparatos com telas (...) não se encontra no interior daquilo que foi isolado, mas nas bordas daquilo que foi deixado de fora" (Wall, 1998, p. 5, tradução nossa).[15]

Pensada em sua forma usual, a moldura cria um espaço interno a ser preenchido para que possa *significar*, o que faz com que esqueçamos que a própria moldura é resultado de uma interação entre seus espaços internos e externos. Tal relação poderia ser concebida analogamente àquela estabelecida pelo signo linguístico: um significante enunciado atesta a ausência do referente – só está ali porque aquilo que demarca, naquele momento e lugar, *não está*, gerando espaços va-

---

13 Em nossa tese de doutorado, defendida em 2002, tratamos a questão das "margens da comunicação", especialmente em suas relações com a filosofia e a psicanálise; nas produções em torno da temática do cinema de bordas, aprofundamos este conceito voltado à pesquisa audiovisual. Ver: *Margens da comunicação: discurso e mídias* (São Paulo: Annablume/Fapesp, 2009).

14 Uma versão preliminar sobre a relação entre documentário e ficção, e sobre verdade e realidade, foi desenvolvida em artigos publicados ao longo dos anos de 2007-2009, contendo resultados parciais das análises agora expandidas.

15 No original: "Any meaning created or released through use of a framing device (...) lies not so much on the inside of what has been isolated, but rather on the edges of what has thus been set aside".

zios. Se a moldura parece incluir algo, trazendo-o para dentro, é porque demarcou contornos, excluindo alguma outra coisa. Cabe, então, perguntar: como pensar um dentro e um fora em relação a ela? Qual seria o "fora" de uma moldura, já que ela está sempre a criar novas bordas? Haveria, por analogia, o "fora da palavra"?

Telas e janelas possuem molduras, ainda que distintas umas das outras. De fato, podemos associar a moldura de uma tela (seja de pintura ou cinema) com a opacidade – ela apenas nos devolve uma imagem que já é passado, ainda que na pintura esta imagem seja estática e, no cinema, movimento – e a moldura de uma janela com a transparência – ela nos abre para o mundo, apresentando-nos seu presente. Assim como nas palavras, opacidade e transparência (conceitos que retomaremos posteriormente) alternam-se para velar e revelar um suposto mundo interior/exterior. Um dos artistas que melhor expressa esse jogo de dentro e fora das telas e janelas é o pintor René Magritte. O quadro *O sorriso do diabo* (1966), por exemplo, traz desenhado o buraco de uma fechadura que se abre para uma paisagem do outro lado. Do outro lado também está a chave que abriria aquela porta, como a nos perguntar: onde é dentro e onde é fora?

Ainda em Magritte temos um recorrente jogo de permutações entre a tela do quadro e a janela que se abre para o mundo. Muitas vezes sua pintura aponta para a fragilidade dessa divisão e a janela converte-se, ela mesma, em quadro que está sendo pintado, como em *A condição humana* (1934), no qual vemos uma paisagem externa como se estivesse sendo olhada de dentro de um ambiente por alguém que a vislumbra por uma janela, mas cuja moldura é na verdade um cavalete de pintura. Há ainda outra tela, também intitulada *A condição humana* (1935), em que realidade e reprodução misturam-se e confundem-se a tal ponto que não podemos mais estabelecer os limites entre a vista do mar e a imagem no cavalete.

Outro artista que subverteu os limites entre o dentro e o fora foi o cineasta Luis Buñuel em seu jogo de símbolos[16] e enigmas. No filme *L'age d'or* (1930), há uma sequência em que vemos uma penteadeira – o espelho e a base onde se vislumbram objetos femininos: flores, perfumes, joias. Uma mulher se encaminha para olhar-se no espelho. Deste pequeno gesto é que vem a ambiguidade que não se presta a interpretações simplistas: ao procurar nele sua imagem, é outra coisa que a mulher encontra. O espelho transforma-se em objeto outro (como nas telas-janelas de Magritte) e em vez de refletir o rosto da mulher esta desaparece para dar lugar a uma paisagem de nuvens agitadas por um forte vento.

A ruptura que advém dessas imagens aponta, uma vez mais, para a indistinção entre interior e exterior, seja em relação ao sujeito, seja em relação ao mundo que supostamente o circunda:

> O valor que o espelho tem na antiga crença de que haveria uma correspondência mágica entre a coisa e a cópia que ele faz dela é, de repente, deslocado: o espelho não copia o rosto da mulher que está na sua frente, mais sim uma outra coisa pertencente a um mundo que não cabe no quarto em que a protagonista foi confinada (Peñuela Cañizal, 1996, s/p).

Desaparece, assim, a oposição dentro/fora e tem lugar uma visão abrangente, e por isso difusa, das relações envolvidas na percepção das imagens, sejam aquelas que se passam na tela frente aos olhos do espectador, sejam aquelas que se passam no espelho frente aos olhos da protagonista. Telas e janelas podem ser percebidas em um movimento intercambiante, como molduras recobrindo e abrindo espaços, da mesma forma que as margens das narrativas audiovisuais em forma ficcional ou não-fic-

16 Sobre o conceito, ver Peñuela Cañizal. O símbolo seria aquele que não se deixa apreender facilmente, remetendo ao universo "do estranhamento, do enigmático, do relato, da fragmentação, da analogia, do desejo e das pulsões" (1996).

cional. Ao questionarmos a relação entre realidade e ficção, outra problemática se impõe: aquela que trata dos limites entre verdade e realidade.

Para responder a essa indagação, voltamo-nos nesse momento ao conceito de discurso, tomado em sua pluralidade de manifestações. Foucault inicia o livro *A ordem do discurso* (1970) introduzindo a hipótese de que em toda sociedade a produção dos discursos é, sempre, "controlada, selecionada, organizada e redistribuída por certo número de procedimentos que têm por função conjurar seus poderes e perigos, dominar seu acontecimento aleatório, esquivar sua pesada e temível materialidade" (Foucault, 1996, p. 9). Tal controle e seleção seria realizado pelos chamados "procedimentos de exclusão", que Foucault assinala como sendo três: interdição (a palavra proibida); separação/rejeição (a segregação da loucura); oposição do verdadeiro e do falso (vontade de verdade). Vejamos brevemente do que se trata em cada um deles para chegarmos à "vontade de verdade". O primeiro princípio de exclusão, a *interdição*, opera em relação à palavra que pode ou não ser pronunciada, que pode ou não se fazer discurso: sabemos que não se pode dizer tudo, que não se pode falar sobre qualquer assunto em qualquer circunstância.

No discurso, há sempre zonas cinzentas de interdições, regiões proibidas. Entre elas, podemos citar, por exemplo, o sexo e a morte. Foucault aponta para o caráter revelador das interdições: "Por mais que o discurso seja aparentemente bem pouca coisa, as interdições que o atingem revelam logo, rapidamente, sua ligação com o desejo e com o poder" (Foucault, 1996, p. 10). A psicanálise assinalara as relações do discurso com o desejo, não apenas como aquilo que o revela ou mascara, mas também "como aquilo que é objeto do desejo"; a história, por sua vez, ensina que "o discurso não é simplesmente aquilo que traduz as lutas ou os sistemas de dominação, mas aquilo por que, pelo que se luta, o poder do qual nos queremos apoderar" (Foucault, 1996, p. 10).

O segundo princípio de exclusão, a *separação/rejeição*, é apresentado nos termos da oposição razão/loucura. O discurso do louco é aquele que não pode circular como o dos outros; é, assim, segregado, isolado, seja pela atribuição à sua palavra de nulidade, seja pela atribuição à sua palavra de sobrenaturalidade. Por rejeição, ou a palavra (e, portanto, a verdade) está dele excluída (não devendo ser acolhida) ou está nele escondida (esperando ser revelada). De qualquer maneira, trata-se de exclusão: "Era através de suas palavras que se reconhecia a loucura do louco; elas eram o lugar onde se exercia a separação; mas não eram nunca recolhidas nem escutadas (...). Todo esse imenso discurso do louco retornava ao ruído" (Foucault, 1996, p. 11). Ainda hoje, quando a palavra deslo(u)cada parece encontrar seu lugar nas terapias médicas e na escuta psicanalítica, a separação permanece, pois é necessário que na escuta deste discurso intervenha, ainda, a voz de uma suposta razão (o suposto saber a ordená-la).

Mas é ao terceiro princípio que Foucault dedica maior atenção: a *oposição entre o verdadeiro e o falso*. Nos dois sistemas anteriores já se fazia perceber a força da verdade como aquela que separa e estabelece o que se pode e o que não se pode dizer. Se pensarmos por essa via, o raciocínio se torna circular e a pergunta não encontra ainda resposta: se a verdade estabelece o que pode e o que não pode ser dito, quem estabelece a verdade? É o desejo de verdade – ou a vontade de saber, para usarmos as palavras de Foucault – que faz surgir a verdade: "Pois a vontade de verdade (ou de saber) se realiza pela colocação, pela inscrição de pontos-chaves pelos quais se identifica o verdadeiro. Portanto, é predominante sobre os dois *primeiros processos de restrição e de exclusão*, operando como uma exclusão mais abrangente" (Gomes, 2000, p. 47).

Ou seja: a *vontade de verdade* é o que cria, por meio do discurso, a própria verdade; assim, até mesmo o discurso que pretende desvendar a verdade constrói, ao fazê-lo, sua própria verdade, uma entre outras possíveis. Do mesmo modo, só será considerado "verdadeiro" o discurso que participar dessa verdade instituída:

> Mendel dizia a verdade mas não estava "no verdadeiro" do discurso biológico de sua época (...); foi preciso toda uma mudança de escala, o desdobramento de todo um novo plano de objetos na biologia, para que Mendel entrasse "no verdadeiro" e suas proposições aparecessem, então (em boa parte), exatas (Foucault, 1996, p. 35).

O discurso institui a realidade e, ao fazê-lo, engendra também sua verdade, legitimando-se e legitimando-a. Trata-se de um processo de legitimação que funda a legitimidade, processo autorreferencial que estabelece o que se pode incluir e o que se pode excluir do campo do verdadeiro:

> O discurso legitimado dá-se ao luxo de ver legitimadas as operações de legitimação pelas quais ele se constrói: acolhimento e exclusão. Tanto o acolhido quanto o excluído funcionam como sustentação e/ou legitimação do discurso que os sustenta num movimento reflexivo de termo a termo. É o jogo nesse processo de auto-referencialidade, que afirma e confirma (Gomes, 2000, p. 48).

Do discurso como *lógos* dos gregos (aquele que fala por si e, ao fazê-lo, determina as formas da realidade) passa-se à separação entre o discurso *verdadeiro* e o discurso *falso*. Nesse processo, é o próprio lugar da verdade no/do discurso que se desloca:

> A verdade mais elevada já não residia mais no que *era* o discurso, ou no que ele *fazia*, mas residia no que ele *dizia:* chegou um dia em que a verdade se deslocou do ato ritualizado, eficaz e justo, de enunciação, para o próprio enunciado: para seu sentido, sua forma, seu objeto, sua relação e sua referência (Foucault, 1996, p. 15).

Na oposição entre vestígios e esquecimentos, de seus deslocamentos e deformações, é que a verdade pode ser feita e refeita, ou desfeita: "Todo deslocamento, toda deformação, são, então, o traço de um acontecimento acabado e recoberto" (Clément, 1973, p. 5). A marca do acontecimento original é inacessível, por isso o relato e a verdade constroem-se "só depois": "O relato desse cenário reiterado induz a noção de um retardo: o acontecimento age *a posteriori*, a verdade é eficaz 'só depois'" (Clément, 1973, p. 8). O acontecimento define-se, nesses termos, como "acontecido e desaparecido" (Clément, 1973, p. 4), constituindo-se no cruzamento da contingência e da necessidade. Para Freud, ele é existente num passado acabado e não existente num presente repetitivo.

É dessa dinâmica entre o acontecimento-realidade e o discurso-verdade que se deduz outra relação entre a verdade suposta no documentário e a possível realidade da ficção, embaralhando suas margens não para desfazê-las, mas para criar novas formas discursivas. Nesse sentido, resgatamos uma reflexão quanto ao imbricamento entre ficção e ciência: a *ficção (fictionis)* presente nos discursos é pensada não no sentido de mentira, mas de *fabricação e criação* e, portanto, trazendo em si a impossibilidade de escapar de seu caráter testemunhal, ou seja, profundamente comprometida com aquele que fala – sujeito este que, desde Freud, sabemos não falar a partir de si mesmo, mas do inconsciente (Quéré, 1982). Se o acontecimento é sempre fugidio, se escapa no momento mesmo de sua ocorrência, o relato sobre ele será sempre impreciso e precário. Da mesma forma, pensamos em *referencialidade* (algo próprio do domínio científico) não no sentido de rigor dedutivo ou raciocínio lógico, mas enquanto atividade que busca dotar seus relatos de certa precisão e objetividade.

Em relação ao cinema, vale evocar a cena vista em um filme de grande alcance que remonta a antiga oposição *verdade* x *esquecimento*. Embora trate de temas diversos, o longa-metragem *Matrix* (1999), de Andy e Larry Wachowski, traz uma passagem que consideramos emblemática. Vivendo em um mundo concebido no filme como não real ("não verdadeiro"), em certo momento ao personagem principal é oferecida uma escolha: entre duas pílulas, uma vermelha e outra azul, deve tomar uma decisão (elegendo uma delas) entre *conhecer a verdade* (ter acesso e *ver* um mundo ainda desconhecido, encontrando o "real") ou *cair no esquecimento* (esquecendo inclusive que a ele foi dada essa opção, permanecendo no imaginário). Não iremos nos deter no enredo do filme, nem mesmo no que nele é caracterizado como "real" ou "imaginário", mas apenas na inusitada escolha que se apresenta entre a verdade e o esquecimento, como na antiga *alethéia* grega.[17]

Na relação entre memória e ficção, podemos lembrar ainda o conto "Funes el memorioso" (1944), de Jorge Luis Borges. O conto narra a vida do personagem que lhe dá título, Ireneo Funes, que após uma queda passa a conter a memória de todos os fatos passados, presentes e futuros – de todos os tempos, de todo o espaço. Funes, nas palavras de Borges, "al caer, perdió el conocimiento; cuando lo recobró, el presente era casi intolerable de tan rico y tan nítido, y también las memorias más antiguas y más triviales. (...) Ahora su percepción y su memoria eran infalibles" (Borges, 1998, p. 167).

No conto, o personagem nos fala de sua memória sem limites: "'Más recuerdos tengo yo solo que los que habrán tenido todos los hombres desde que el mundo es mundo'. Y también: 'Mis sueños son como la vigilia de ustedes'. Y también, hacia el alba: 'Mi memoria, señor, es como vaciadero de basuras'" (Borges, 1998, p. 168). Funes tudo recordava, não apenas todos os objetos do mundo, mas quantas vezes havia pensado ou contemplado cada um deles. Abria-se, assim, ao passado e ao futuro, para o próprio reino sem limites de todos os possíveis: "Era el solitario y

17 A verdade como *alethéia* tem por seu oposto o *esquecimento*, e não a mentira ou a falsidade. Define-se como "aquilo que não foi esquecido; o que é recordado"; aquilo que é encontrado, lembrado; como se fosse possível *ver* a realidade (ter a ela acesso direto), e não representá-la: note-se que nesse momento não havia ainda se instaurado, na concepção de verdade, a cisão entre o *olhar* e a *palavra* (o discurso). *Alethés*, o verdadeiro, significa o não esquecido, o não escondido; veraz, sincero, justo, equitável, verídico, franco, não dissimulado (cf. Chauí, 1988).

lúcido espectador de un mundo multiforme, instantáneo y casi intolerablemente preciso. (...) (Repito que el menos importante de sus recuerdos era más minucioso y más vivo que nuestra percepción de un goce físico o de un tormento físico)" (Borges, 1998, p. 171-172).

O final do conto de Borges é, contudo, revelador das implicações que este *tudo lembrar, tudo conter* poderia trazer: "Sospecho, sin embargo, que [Funes] no era muy capaz de pensar. Pensar es olvidar diferencias, es generalizar, abstraer. En el abarrotado mundo de Funes no había sino detalles, casi inmediatos" (Borges, 1998, p. 172). Onde excedia a memória, faltava o pensamento, como se a saturação de informações levasse a uma soma de resultado nulo. Analogamente à prodigiosa memória de Funes, reconhecemos que a concepção dos documentários como sendo filmes que reproduzem a realidade de forma estrita – em oposição à ficção, que a recriaria livremente –, retira das narrativas audiovisuais seu caráter dinâmico, neutralizando os acontecimentos, pois aquilo que se conhece não pode ser considerado um ato.

Trata-se, portanto, de um processo de *construção discursiva* – por meio de reforço, transposição ou oscilação – que é instituinte da realidade e por ela instituído. A impossibilidade de separação entre essas instâncias fora apresentada por Borges no fragmento "Del rigor en la ciencia", em que os cartógrafos de um determinado reino desenham um mapa tão detalhado que acaba por cobrir exatamente seu território. Para representar com fidelidade o reino e agradar ao rei, o mapa deveria ter o tamanho exato da cidade, criando uma impossibilidade: ao ser cópia fiel, deixa de ser uma reprodução imaginária e passa a ser o próprio objeto que tentara representar. O referido fragmento, publicado também em *Historia universal de la infamia* (1954), no capítulo "Etc.", foi atribuído por Borges a Suárez Miranda na obra intitulada *Viajes de varones prudentes* (libro cuarto, cap. XIV, Lérida, 1658).

Ao contrário do conto, no entanto, são os vestígios do real – e não os vestígios do mapa – que sobrevivem; não é o território que precede o mapa, mas o mapa precede o território. Eco (1993a), em artigo intitulado "Da impossibilidade de construir a carta do império em escala um por um", tratando do mesmo conto de Borges, apresenta uma interpretação do *mapa total* a partir da "lógica dos paradoxos": a construção de tal mapa só seria possível se ele permitisse deslocamentos nos elementos que o compõem (ou seja, o mapa deveria acompanhar a dinâmica do reino), como se fosse uma espécie de mapa "transparente" e "permeável" a recobrir o território. Ainda assim, o mapa seria uma reprodução sempre inexata e precária do território, pois no momento mesmo em que fosse concluído e se cristalizasse em cópia, o território já seria outro (sendo impossível reproduzir uma a uma todas as posições de seus elementos), ou seja: a menos que mudasse a cada minuto o mapa estaria permanentemente desatualizado).

Eco (1993a) aponta para a impossibilidade intrínseca à ideia de *reprodução* (pensando-a não como uma limitação mas, ao contrário, como uma infinita semiose produtora de sentidos) e dele nos aproximamos, afirmando que não se pode recobrir com representações uma suposta realidade antecedente a elas devido ao caráter dinâmico de construção da realidade pela linguagem: ao fazer o mapa, estaríamos traçando o próprio desenho do mundo. Afirmar, como fazemos, que *o mundo é linguagem* significa dizer que o mesmo não existe fora dela, apontando para o fato de que há que se aceitar certo grau de incerteza como constituinte da realidade – o mundo é criado pela linguagem e tal *construto* não corresponde a um suposto real, mas está "no lugar de".

Aproximando-nos dos filmes, podemos encontrar suas *redundâncias* e *ressonâncias,* mas não as formas ideais ou acabadas de representação da realidade. A mensagem articulada nessa estrutura, portanto, não seria apenas o que um emissor envia a um receptor, mas o lugar onde é possível gerar e fazer surgir um sentido, o "aparecimento miraculoso – de fato o supusemos miraculoso, plenamente satisfatório – da satisfação, no Outro, dessa nova mensagem que foi criada" (Lacan, 1999, p. 95). É nesse momento que surge um efeito de ressonância, levando à transposição de estigmas sociais. É só a partir desse movimento – porque algo foi deslocado – que se pode criar uma verdade, ainda que não seja absoluta ou definitiva. Como nas cartas, o discurso só se completa e se torna mensagem ao chegar a seu destino, ainda que seja uma carta extraviada: "É pela ação da metáfora que se produz o surgimento do novo sentido, já que, tomando emprestados alguns circuitos originais, ela vem incidir no circuito corrente, banal, comumente aceito, da metonímia" (Lacan, 1999, p. 97).

Nas imagens dos filmes selecionados, algumas evocam familiaridade e, ao fazê-lo, estabelecem lugares instituídos; outras, ao contrário, provocam estranhamento e nos levam a vislumbrar perspectivas diferenciadas. É nessa estranha familiaridade do olhar que nos captura e nos toca, que diz algo diretamente àquele que olha, que gostaríamos de estabelecer uma possibilidade de pensar tais imagens. Nas oscilações entre redundâncias e ressonâncias, portanto, vemos surgir os efeitos de sentido de reforço ou transposição de estigmas, reafirmando posições estabelecidas ou, ao contrário, transformando-as.

Apresentamos observações empreendidas a partir de categorias conceituais e metodológicas norteadoras das reflexões, aplicando-as a um conjunto de filmes. Dado o volume do material encontrado, iremos nos concentrar agora nos filmes pertencentes ao segundo quinquênio (2007-2011), ainda que os demais filmes selecionados (2002-2006) estabeleçam com eles diversos pontos de interseção. Nesse momento, tomaremos os filmes *Juízo, Tropa de elite, Jogo de cena* e *Saneamento básico* para, em seguida, abordar os filmes *Última parada 174* (referindo-nos também a *Ônibus 174*), *Meu nome não é Johnny, Simonal – Ninguém sabe o duro que dei* e *Moscou,* e tratá-los a partir dos dois eixos apontados: estabelecer um panorama de sua relação com o reforço ou transposição de estigmas sociais e das formas como neles se opera a diluição realidade/ficção. Apresentamos, a seguir, uma síntese dos enredos.[18]

18 As fichas e sinopses dos filmes foram consultadas, em diferentes períodos, em http://www.adorocinema.com.br.

Das obras de 2007, *Juízo* é provavelmente o filme menos conhecido, por se tratar de um documentário com produção modesta. Sua proposta, no entanto, é extremamente original e inovadora,[19] justificando a escolha. O filme, dirigido por Maria Augusta Ramos, apresenta a trajetória de jovens "menores de idade" (terminologia geralmente usada para se referir a "meninos infratores" ou, em sua forma adequada, a "jovens em situação de risco") desde a prisão até seu julgamento. Como a identificação de jovens com menos de 18 anos é proibida por lei, em *Juízo* eles são representados por atores que vivem em condições sociais similares. As audiências, no entanto, foram filmadas na II Vara de Justiça do Rio de Janeiro, com os próprios juízes, que sempre recomendam, ao final de cada sessão, que os jovens tenham "juízo". A edição, feita a partir de duas filmagens diferentes – uma factual, documentada nas próprias audiências com os meninos "verdadeiros", e outra com os atores que iriam substituí-los –, cria um interessante movimento no documentário, inovando e embaralhando suas premissas enquanto gênero referencial.

É nesse ponto que *Juízo* se encontra com *Jogo de cena*, documentário do reconhecido cineasta Eduardo Coutinho e que representa uma ruptura em sua produção, marcando uma fase de transição confirmada pelos filmes *Moscou*, lançado em 2009, e *As canções*, de 2011.[20] No primeiro, 23 mulheres respondem a um anúncio de jornal e contam a história de suas vidas, que posteriormente é interpretada por atrizes. Dirigido por Coutinho (que realizou também *Edifício Master* e *O fim e o princípio*), o elenco é formado por Marília Pêra, Andréa Beltrão e Fernanda Torres, além de atrizes desconhecidas e mulheres

19 Para uma interessante aproximação entre os documentários *Juízo* e *Jogo de cena*, ver o artigo "Encenação da realidade: fim ou apogeu da ficção?", de Vera Lúcia Follain de Figueiredo (2010).

20 Ainda que em 2014 tenha sido lançado o filme *Últimas conversas* (2014), editado por João Moreira Salles e Jordana Berg a partir de entrevistas com jovens filmados por Coutinho (e de anotações por ele deixadas), *As canções* viria a ser o último documentário do diretor, morto no início de 2014.

comuns que contam suas próprias histórias ou outras histórias enviadas. O filme desloca os campos da factualidade e da ficcionalidade não para torná-los indistintos, mas para afirmar a força da ficção, tendo como cenário um teatro vazio. Diretor e entrevistas estão no palco, elas de costas para a plateia, que se encontra vazia.

Moscou, por sua vez, foca o palco e as coxias do Galpão Cine Horto, base dos ensaios do Grupo Galpão, em Belo Horizonte (MG). Ali, o diretor Enrique Diaz e seu elenco enfrentaram o desafio de montar, em apenas três semanas, a peça "As três irmãs", de Anton Tchekhov, para que fossem filmados por Coutinho. O diretor acompanhou essa experiência, registrando fragmentos de workshops, improvisações e ensaios de uma peça que não teve e nem terá estreia. Como lemos nas informações sobre o filme, os atores só tomaram conhecimento do texto no dia da filmagem e aceitaram a proposta visando registrar a experiência, e não o resultado final. A peça relata a história de Olga, Maria e Irina que, sem perspectivas de vida na província, sonham em voltar para Moscou. É um drama sobre pessoas e problemas do cotidiano que podem tornar a vida quase insuportável, e que ao ser retratado nas telas coloca em cena, literalmente, diversas questões contemporâneas.

No campo ficcional, em 2007 tivemos a exibição – polêmica e bem-sucedida – do longa-metragem *Tropa de elite*.[21] Embora bastante difundido, retomamos sua trama sem esquecer, contudo, os aspectos extra fílmicos suscitados pelo filme de José Padilha, tanto em termos de distribuição e recepção, como em relação a seus usos e apropriações no que tange o mercado cinematográfico em termos de consumo cultural. *Tropa de elite* conta a história de um capitão do Bope (Nascimento, mes-

21 Para debate dos diferentes aspectos envolvidos no filme *Tropa de elite*, ver o artigo "Uma questão de ponto de vista: a recepção de *Tropa de Elite* na imprensa", de Vera Lúcia Follain de Figueiredo (2008), apresentado no XVII Encontro da Associação Nacional de Programas de Pós-Graduação em Comunicação (Compós), realizado em São Paulo. Disponível em: http://www.compos.org.br/data/biblioteca_334.pdf. Acesso em: 31/08/2018.

mo sobrenome de Sandro, retratado em *Ônibus 174*) que quer deixar o posto e busca um substituto, ao mesmo tempo em que dois amigos se destacam por sua honestidade como policiais. Outro longa de ficção que pode ser destacado naquele ano é *Saneamento básico.* O filme foi dirigido por Jorge Furtado, produtor e diretor de séries televisivas na *Rede Globo* e também documentarista, tendo seu curta-metragem *Ilha das flores* (1989) como um dos mais conhecidos documentários brasileiros. O filme relata a saga dos moradores de uma pequena vila, no sul do país, que planejam a realização de um vídeo apenas para pegar a quantia oferecida pelo governo federal e usá-la na realização de uma obra de saneamento básico. Voltaremos a ele posteriormente, pois consideramos que o filme apresenta uma síntese de inúmeros elementos presentes nos demais, reunindo diversos aspectos relacionados à amostragem final e às questões que dirigimos a esse conjunto.

Dos filmes de 2008, foram selecionadas duas produções ficcionais, que serão contrastadas com os documentários *Moscou* e *Simonal*, de 2009. *Última parada 174*, de Hector Babenco, despertou grande interesse junto ao público e à crítica não apenas pela história contada, mas por realizar uma versão ficcional do documentário *Ônibus 174*, lançado em 2002 por José Padilha, mesmo diretor de *Tropa de elite.*

O filme conta a história de Sandro Nascimento por meio do relato de dois jovens de nomes parecidos e idades próximas, que passam a conviver devido à chacina da Candelária. Como lemos na sinopse,[22] o filme se passa no Rio de Janeiro, em 1983: "Marisa (Cris Vianna) amamenta o pequeno Alessandro (Marcello Melo Jr.), em sua casa na favela. Viciada em drogas, assiste impotente seu filho ser retirado de suas mãos pelo chefe do tráfico local, devido a uma dívida não paga. Dez anos depois Sandro (Michel Gomes), filho único, vê sua mãe ser morta por dois ladrões. Apesar de ficar sob os cuidados da tia, ele decide fugir e passa a

---

22 Disponível em: http://www.adorocinema.com/filmes/filme-143050/. Acesso em: 16/01/2019.

conviver com um grupo de garotos que dorme na igreja da Candelária, onde têm acesso ao mundo das drogas". A história então se desdobra, pois mesmo sem saber ler nem escrever, "Sandro sonha em ser um famoso compositor de rap. Para tanto ele espera a ajuda de Walquíria (Anna Cotrim), que realiza um trabalho voluntário junto a meninos de rua. Só que Sandro testemunha mais uma tragédia, a chacina da Candelária, onde oito meninos de rua foram mortos pela polícia. O evento aproxima Sandro e Alessandro, que passam a ter um forte convívio".

A trama é bastante semelhante àquela contada por Padilha em seu documentário, que tem como foco a trajetória de Sandro até o dia de sua morte, quando realiza o sequestro de um ônibus urbano no Rio de Janeiro, e morre nas mãos da polícia. O documentário tem como característica singular a utilização de gravações exibidas pelos telejornais (que impressionam pelo tom realista, beirando o sensacionalismo, e pela quantidade de imagens disponíveis, algumas muito próximas ao ônibus e ao próprio Sandro), cenas de arquivo, imagens oficiais do sistema de trânsito do Rio de Janeiro e depoimentos daqueles que vivenciaram o dia do sequestro. A abordagem do filme de Padilha é engajada e criticamente situada perante uma sociedade que produz esses episódios, ao não cuidar de suas crianças carentes por meio de ações políticas.

Dirigido por Mauro Lima, o filme *Meu nome não é Johnny* estreou no início de 2008 e foi uma das grandes bilheterias do cinema nacional naquele ano. Sua trama narra a história de João Guilherme Estrella, carismático carioca de classe média que se tornou o maior vendedor de drogas do Rio de Janeiro e depois lidou com o sistema carcerário do país. Mais uma vez, o tema dos estigmas se faz presente de forma não usual, relacionando o mundo do crime com a classe média das grandes cidades brasileiras. *Simonal*, por sua vez, resgata a trajetória de uma emblemática figura da música brasileira dos anos 1960, Wilson Simonal, através de depoimentos de pessoas que o conheceram e imagens de época em que se tornou cantor de grande sucesso. Lançado por Carlos

Imperial, Simonal vendeu milhões de discos e lotou estádios em shows até ser condenado ao ostracismo devido à acusação de ser informante da ditadura militar, o que sempre negou, e fato que jamais foi comprovado.

De família extremamente humilde, era presença negra na MPB em um momento singular da história do país, reconstruída em termos políticos e sociais, de forma contundente, pelo filme. Documentário dirigido por três realizadores – Cláudio Manoel (integrante do grupo Casseta e Planeta), Micael Langer e Calvito Leal –, seu subtítulo "ninguém sabe o duro que dei" é tirado de uma das músicas cantadas por Simonal e estabelece um posicionamento sobre sua história na perspectiva adotada pelo filme.

A fim de complementar as análises, destacamos dois outros filmes de 2009 – o documentário *Garapa* e a ficção *O contador de histórias*. O primeiro, terceiro longa-metragem de José Padilha, busca a compreensão sobre o que é passar fome. Como mostrado no filme, de acordo com a ONU mais de 920 milhões de pessoas sofrem de fome crônica ao redor do planeta. Para entender o significado do problema, busca-se acompanhar de perto como é a vida dessas pessoas, tendo por base o cotidiano de três famílias do estado do Ceará. O filme teve recepção problemática devido à crueza das imagens apresentadas e à radicalidade ao tratar da fome em situações de extrema miséria. As cenas se tornam ainda mais impactantes por serem filmadas em preto e branco, aproximando-nos da realidade das histórias contadas e delas nos afastando. O segundo filme, dirigido por Luiz Villaça, é uma produção ficcional e conta a história verídica de Roberto Carlos Ramos, pedagogo mineiro e um dos maiores contadores de história da atualidade. De uma infância conturbada, criado na Febem, ele conhece aos 13 anos a pedagoga francesa Margherit Duvas, que transforma sua vida ao despertar nele a vocação que mais tarde se tornaria uma profissão e uma missão.

Desse conjunto, enfatizamos um traço comum, explorado anteriormente: todos empreendem, a partir de distintas visadas, o embaralhamento entre os campos da ficção e do documentário, caracterizando um momento no cinema brasileiro contemporâneo em que vemos surgir um outro gênero, além e aquém dos dois tradicionalmente circunscritos. Os hibridismos presentes nos filmes corroboram tal afirmação, apontando para a consolidação de um modo de se fazer cinema no país.

Outro traço pode ser tomado como recorrente: de algum modo, seja por seus enredos, pelas abordagens realizadas, pelos modos de produção ou por características estilísticas e tecnológicas, todos os filmes trazem como marca a possibilidade de transposição dos estigmas sociais tratados. Temos meninos em situação de risco no documentário *Juízo*, que contrastam com a polícia assertiva do Bope em *Tropa de elite*, passando pela abordagem de questões sociais de modo inusitado – como vemos na vida cotidiana das atrizes encenando para uma plateia vazia em *Jogo de cena*, ou nos moradores transformados em amadores para realização de um documentário de ficção em *Saneamento básico*. Os filmes não se prestam a lugares comuns, intercambiando posições sociais e sujeitos, desmobilizando os estigmas a eles associados.

Além desses traços, a precariedade da situação da infância e da juventude é matizada pelos vieses de um adolescente submetido à brutal exclusão, retratado nos filmes de "ficção-documental" *Última parada 174* e *Ônibus 174*, tendo seu correlato no adolescente de classe média que vê nos pais os mesmos elementos passíveis de gerar revolta e indignação, como se aos jovens de *Meu nome não é Johnny* (que mesmo sem ser uma cinebiografia, não por acaso foi escrito a partir da história vivida de fato por seu personagem) não fosse mais possível encontrar um lugar ou um papel social.

Os documentários *Moscou* e *Simonal* estabelecem no campo da arte, para além de dados factuais ou roteiros hermeticamente fechados visando construir uma verdade absoluta, possibilidades outras de transpor e, quem sabe, diluir estigmas enraizados na sociedade. Antigas polarizações e posições radicais são questionadas nos "documentários-ficcionais", em que o próprio lugar do realizador é problematizado. Não por acaso, destacamos *Garapa*, justamente por desafiar a abordagem buscada em torno de narrativas híbridas. Ainda que calcado na perspectiva de denúncia frente à fome e à miséria enfrentada por centenas de famílias brasileiras, é como se, por mostrar demasiadamente as cenas que pretende revelar, a elas sobrepusesse um véu, que paulatinamente afasta o espectador e faz com que este não consiga estabelecer um pacto em relação ao filme.

De tanto revelar, Padilha vela as chocantes imagens, filmadas quase sempre em primeiro plano, e nos insere no ritmo apático da vida naquele lugar, anestesiando a potência das paisagens mostradas. O conceito psicanalítico de "semblante" nos ajuda a compreender esse processo: é como se, por excesso, as imagens mostradas não fizessem semblante, ou seja, não estabelecessem com o espectador um reflexo no qual apoiar-se para dotá-las de sentido, já que o semblante é o que faz frente ao horror do real, constituído pelos significantes imaginários que, simultaneamente, descobrem e recobrem o imaginário social:[23]

> Abro a questão porque, na verdade, nada implica que a irrupção do discurso do inconsciente, por mais balbuciante que continue a ser, implique seja o que for, naquilo que a precedia, que estivesse submetido a sua estrutura. O discurso do inconsciente é uma emergência, é a emergência de uma certa função do significante. O fato de ele haver existido até então como insígnia é justamente a razão de eu o haver situado para vocês no princípio do semblante (Lacan, 2009, p. 21).

A relação entre discurso e verdade, como vimos, ao estabelecer não se o que é dito é *verdade*, mas como aquilo que é dito se enuncia e circunscreve o campo do *verdadeiro*, faz com que desloquemos a ma-

23 Para uma aproximação rigorosa ao conceito de semblante, ver "De um discurso que não fosse semblante" (*O Seminário, Livro 18*, 1971), de Jacques Lacan (2009).

neira de olhar as imagens referenciais dos documentários. De acordo com Lacan, "para o discurso, não existe nada de fato, só existe fato pelo fato de dizê-lo. O fato enunciado é, também, fato de discurso. É isso que designo com o termo artefato e, é claro, é isso que se trata de reduzir" (Lacan, 2009, p. 13). Não se trata, portanto, de testar um significado em relação a alguma coisa que exista fora dele, já que a interpretação "não é submetida à prova de uma verdade que se decida por sim ou não, mas desencadeia a verdade como tal. Só é verdadeira na medida em que é verdadeiramente seguida" (Lacan, 2009, p. 13), mas de rastrear seus vestígios dentro do próprio discurso que o engendra.

O discurso de *Garapa*, ao contrário, não nos interpela nos significados que poderia desencadear, mas parece nos impor uma voz unívoca na qual seus personagens atuam apenas para corroborá-la. Entre "mostrar as coisas como elas são" e "contestar a realidade", para usar conceitos trazidos por Nichols (2005) ao tratar da "voz" nos documentários, *Garapa* não encontra uma fala própria, pois em vez de fazer ecoar a voz de seus personagens é sempre uma voz externa autoritária que vemos impor-se no filme. A imprecisão entre o didatismo do discurso direto, a vontade de verdade de certo cinema e o uso de entrevistas nas quais os personagens falam diretamente ao espectador afasta, enquanto efeito de sentido, a potência autorreflexiva do documentário, por meio da qual ele não se pretende uma *janela* aberta para a realidade mas, ao contrário, apresenta o realizador como "testemunha participante" e "ativo fabricante" de sentidos. Ou seja: "Muito mais um produtor de discurso cinemático do que um repórter neutro ou onisciente da verdadeira realidade das coisas" (Nichols, 2005, p. 49). Ainda que empreenda, em termos narrativos, uma reafirmação de estigmas sobre a fome, a miséria e o abandono social, em termos estéticos o documentário almeja superar as formas tradicionais do gênero e, talvez por isso, encontre um ponto no qual estabilizar as temáticas trazidas pelas imagens.

Voltemos agora a *Saneamento básico,* filme que contém dentro de si outro filme e em cuja composição vemos explicitadas as relações anunciadas acima. Buscando estabelecer uma síntese, é dele que falaremos para concluir, de modo relacional, as ligações entre as narrativas audiovisuais mostradas. Nesse último longa-metragem, Jorge Furtado parece retomar os elementos presentes em seus filmes anteriores e realizar uma fusão que carrega semelhanças e estabelece releituras em relação a eles, sobretudo por seu caráter metalinguístico (a exemplo de seus outros filmes, também neste Furtado trata do cinema do ponto de vista de sua produção) e pelas escolhas narrativas, tecnológicas e estéticas empreendidas.[24]

Contando com a participação do ator Lázaro Ramos (que atuou em outros filmes de Furtado) e com elenco reconhecido pelo público por sua atuação em telenovelas ou outros filmes (Fernanda Torres, Camila Pitanga, Wagner Moura, Bruno Garcia), *Saneamento básico* traz novamente o tema da farsa e do burlesco na obra de Jorge Furtado – das aparências e dos modos de construção da realidade –, como vimos na impossibilidade anunciada em *Houve uma vez dois* verões (2002), título que evoca o clássico *Houve uma vez um verão* (Robert Mulligan, 1971), em que um se coloca como negativo do outro; nas cópias reproduzidas em *O homem que copiava* (2003); e nas fotomontagens do *Meu tio matou um cara* (2005). O "filme dentro do filme" em *Saneamento básico* retoma elementos presentes no curta-metragem *Ilha das flores* (1989) e, ao fazê-lo, é como se afirmasse que o cinema brasileiro está novamente maduro, podendo falar de si (e, sobretudo, *rir de si*) em suas várias etapas (roteiro, montagem, produção, edição, elenco, distribuição, veiculação).

O filme *mambembe* dentro do filme *globalizado* (para ironizar apenas um dos estereótipos ou preconceitos que rondam o cinema nacional) explicita a complexidade da trama narrativa de *Saneamento básico:* Furtado realiza um filme brasileiro que não é nada trivial e apresenta, dentro deste seu filme, um filme brasileiro amador, como

24 Processo semelhante seria realizado pelo diretor em seu documentário *O mercado de notícias*, lançado em 2014 e do qual trataremos adiante.

se debochasse do próprio cinema que rejeita sua precariedade. Tal precariedade, presente na produção local dos moradores em busca de saneamento (para suas vidas e para o cinema), termina por contaminar também o filme dirigido por Furtado, visto como dotado de seriedade em relação à comicidade do filme da comunidade.

Esse fino traço de humor pode ser percebido na encenação do elenco de inegável talento que, no filme de Furtado – e também no filme dentro do filme, chamado "O monstro da fossa" –, parece atuar de maneira forçada, quase artificial, tão precária quanto o amadorismo dos cidadãos comuns – transformados em atores – que representam os personagens no filme sobre o saneamento básico necessário à pequena cidade retratada em tons documentais. Nesse sentido, destacamos a atuação de Fernanda Torres como a diretora do filme local, mas sem atuar nele, e a de Paulo José, que realiza uma dupla interpretação: a de seu personagem no filme de Furtado, que atua de maneira rudimentar, e a atuação daquele que deve ser novo personagem no filme da cidade, surpreendendo a todos por seu profissionalismo. As inversões presentes nas narrativas desse diretor nos surpreendem também em *Saneamento básico,* fazendo eco àquelas percebidas em suas outras obras.

Na combinação desses elementos, vemos surgir outro traço distintivo: a crítica social que se mescla com o humor e, ao apresentar a realidade de um certo lugar trata dos problemas do país de maneira precisa e profunda, sem a necessidade de discursos ácidos ou posicionamentos explícitos. O caráter amador da produção local se mistura à necessidade de que haja uma fossa naquela comunidade, colocando em jogo recursos próprios da produção documental e também ressaltando os artifícios da forma ficcional. O filme se torna apenas um pretexto, mas ainda assim é realizado num misto de dedicação e distração por parte daqueles envolvidos em sua produção, que parecem oscilar entre os encantos de serem bem sucedidos na finalização do filme, ou fazê-lo apenas como meio para obter um benefício coletivo para a comunidade, benefício este não percebido de imediato na feitura do filme.

Podemos dizer que, a exemplo de outros filmes de Jorge Furtado, esse também engendra uma espécie de *armadilha* para sua audiência, pois o tempo todo oscilamos entre os dois filmes encenados e a impressão de que se trata de filmes *mal feitos*, como se o diretor pudesse rir de si mesmo e rir com seu público. Ao contrário do tom ácido ou desesperançado de muitos dos filmes brasileiros nas últimas décadas, Furtado estabelece, por meio do humor, uma possibilidade de problematizar questões sociais, culturais e políticas, além de abordar aquilo considerado *genuíno* em oposição a algo tido como *falso*. Assim como nas narrativas literárias ficcionais, o filme dentro do filme não é falso porque não se pretende verdadeiro; ao contrário, assume seu caráter inventivo e fabuloso, misturando recursos tecnológicos com um riso às vezes aberto, às vezes constrangido, como aquele que se faz presente nas plateias de filmes como esses.

O filme sobre o saneamento básico encenado dentro do filme *Saneamento básico* trata não apenas de temáticas sociais, mas também daquelas muitas vezes relativas ao próprio cinema nacional em suas limitações de recursos, objetivos e finalidades, contemplando as etapas de produção, finalização e distribuição desses filmes. O cinema cria *realidades ficcionais* sempre que coloca em funcionamento seu aparato narrativo, tecnológico e estético – mesmo que seja em filmes que, como *Saneamento* (e ao contrário do filme da comunidade), pretendem-se comprometidos com uma exigência de veracidade, objetividade e realismo que só pode levar ao riso. O trânsito entre as bordas do documento e as da fantasia conduz os filmes de Furtado, encontrando diversas camadas de hibridismos e simulações, mesclando e ampliando fronteiras.

Os gêneros e as formas narrativas, as tecnologias e os seus suportes específicos, as temáticas sociais e as trocas entre mídias configuram e aproximam esses filmes, que consideramos marcadamente polêmicos com respeito aos estigmas e posições ocupadas em hierarquias preestabelecidas. Ao subverter o campo do social e o campo do cinema, neles são explicitados os artifícios comuns ao documentário e à ficção, ao cinema dito comercial e ao experimental, recolocando os questionamentos usuais em relação à estética cinematográfica, especialmente em um país que se encontra na periferia do sistema da produção mundial. Notamos no conjunto dos filmes tratados a reiteração de visualidades, apontando para a contaminação de formatos audiovisuais e inaugurando novas visibilidades.

II
Articulações Discursivas nas Mídias

"Quando pergunto pela autenticidade de uma imagem, não estou, portanto, discutindo sua verdade em sentido absoluto, incondicionado. Não discuto a existência das figuras dadas ao olhar. Pergunto pela significação do que é dado a ver, numa interrogação cuja resposta mobiliza dois referenciais: o da foto (enquadre e moldura), que define um campo visível e seus limites, e o do observador, que define um campo de questões e seu estatuto, seu lugar na experiência individual e coletiva".

Ismail Xavier, *O olhar e a cena*

1. Referencialidade e ficcionalidade em narrativas audiovisuais

Dando continuidade à amostragem de filmes brasileiros voltados à temática dos estigmas sociais, trataremos, nesse momento, daqueles lançados nos anos de 2010 e 2011. Como dissemos, este biênio foi destacado dos demais períodos devido a suas peculiaridades. Além disso, notamos um reforço crescente das três características apontadas, a saber: o grande número de produções documentais (com acento continuado nos documentários musicais); o borramento de fronteiras entre documentário e ficção, incluindo as produções de realizadores entre esses dois gêneros; e, ainda, o aumento de filmes nacionais em circuito comercial e de filmes que tematizam os estigmas sociais sob perspectivas variadas.

Finalmente, destacamos como uma quarta característica histórias frequentemente compostas por personagens marcantes, atuando como fios condutores dos enredos e, muitas vezes, estabelecendo com outras vozes lugares ambivalentes na constituição da função de narradores nos filmes.[1] Nesse sentido, esses sujeitos passam a ser retratados em suas contradições e desafios, como se a ideia de autoria deixasse de operar em oposição às formas genéricas e passasse a ser vista como elemento interno aos filmes por meio de seus personagens.[2] Notemos que o crescimento da produção não necessariamente implica na permanência da temática dos estigmas, mas a proporção notada nos faz reafirmar a relevância do recorte quando tratamos do cinema brasileiro.

---

1 Para uma interessante aproximação aos lugares do autor, do narrador e do leitor em obras literárias (podendo ser estendida a outras formas textuais), ver Eco (1994).

2 Não pretendemos, nesse momento, empreender um debate sobre a autoria no cinema, mas entendemos que a oposição simplista entre *cinema de arte* (ou cinema de autor) e o *cinema comercial* (ou cinema popular) não se sustenta ao olharmos essa produção. Ver Aumont e Marie (2003); Ramos (2008); e Bazin (2014).

Muitos dos filmes que tematizam os estigmas sociais o fazem a partir de uma abordagem singular, acentuando a possibilidade de transposição e transformação – para retomarmos os termos utilizados no trabalho – para além de seu reforço e manutenção. Narrativas divergentes se sobrepõem àquelas usualmente presentes nas mídias, apontando para novos regimes de visibilidade de atores sociais excluídos dos processos de representação e para outros deslocamentos desses atores nos espaços em que estão inseridos.

Essa tendência adquire contornos mais nítidos em 2010 e se confirma em 2011, trazendo temáticas urbanas e de situações limiares que não dizem respeito apenas às periferias das grandes cidades ou do país, mas também àqueles que, por razões diversas, encontram-se à margem da sociedade. O dia a dia é retratado como inusitado e radical não apenas em termos de crítica social à violência e à pobreza, mas nas vivências cotidianas em que cada um dos personagens tenta interagir com os demais, construindo narrativas que intercalam momentos de transgressão ou consolidação de estigmas. Confirmamos, no biênio, a presença de coproduções com outros países, tendência que se manteve no período analisado.

Na diversidade dos lançamentos, notamos o deslocamento entre filmes ficcionais e não-ficcionais, tanto do ponto de vista da produção como da recepção. Essas imbricações se fazem presentes nos planos narrativo e discursivo, bem como nos modos como cada realizador apresenta tais elementos, tornando imprecisas as classificações. Desse modo, ao olharmos a produção brasileira somos levados a desafios que nos permitem analisar os filmes para além de categorias tradicionais. Em relação ao aumento expressivo de documentários,[3] dentro do que se convencionou como um *gênero* encontramos a possibilidade de organizar a produção brasileira por meio da demarcação temática presente em filmes realizados

3 O número de espectadores de produções ficcionais brasileiras ainda é bastante superior àqueles que assistem a documentários. Ainda assim, como veremos, o público destes últimos tem crescido consideravelmente.

nas últimas décadas. Tal definição pode ser compreendida como *estilos (ou estéticas) documentais*: documentários sobre questões sociais e políticas; documentários sobre esportes; documentários sobre música e/ou personagens musicais; documentários sobre temas variados.[4]

A respeito do primeiro grupo – questões sociais e políticas, que nos interessa mais de perto na relação com os estigmas sociais –, Ramos afirma que, desde o final dos anos 1990, "os dilemas do diálogo com o *outro popular* surgem como uma das correntes esteticamente mais densas do documentário brasileiro contemporâneo" (Ramos, 2008, p. 208), dado confirmado pelas análises. Os regimes de visibilidade (Rancière, 2009; Badiou, 2002) e as políticas da representação deste *outro* – ou, ainda nas palavras de Ramos, de um "outro popular criminalizado" – são aspectos que abordaremos posteriormente. Tal recorte não é exclusivo de documentários, sendo marcante também na produção ficcional. Entretanto, por eleger conflitos e questões sociais como sua tônica dominante (muitas vezes utilizando tal critério como fundante), os filmes de não-ficção apresentam inúmeras produções calcadas nesse viés.

Os documentários sobre música e/ou personagens musicais, por sua vez, de acordo com os exibidores, representam grande parcela do público deste gênero, fenômeno que vem se repetindo nos últimos anos, como vemos:

> Desse conjunto de dados é interessante constatar que o tema música já aparece no ano de 2003, com os filmes *Nelson Freire* (2003) e *Paulinho da Viola – Meu tempo é hoje* (2003),

---

4 Para informações e análises detalhadas de filmes documentários realizados no Brasil a partir dos anos 2000, ver *O documentário chegou à sala de cinema. E agora? O lugar do documentário no mercado cinematográfico brasileiro a partir de seus agentes: da produção à exibição (2000-2009)*, de Teresa N. Trindade (Unicamp, 2011). Ver, ainda, o site desenvolvido na Universidade Federal de Juiz de Fora (UFJF) com um levantamento abrangente da produção documental realizada no Brasil desde seus primórdios. Disponível em: http://www.documentariobrasileiro.org.

> ambos com um público na faixa dos 50 mil espectadores, sendo que a temática perde força em 2004 e retoma em 2005, marcado pelos lançamentos de *Vinícius (2005)* e *Coisa mais linda (2005)*, que juntos contabilizam mais de 300 mil espectadores (Trindade, 2011, p. 62).

Mesmo contando com apenas quatro lançamentos musicais, em 2008 o filme *O mistério do samba*, de Carolina Jabor e Lula Buarque, levou 30 mil espectadores aos cinemas. Em 2009, dos 40 documentários lançados, 13 eram musicais, crescimento notável em termos de produção e distribuição.[5] Além disso, os documentários mais assistidos em 2009 e 2010 (com 45 lançamentos) foram, respectivamente, *Simonal – Ninguém sabe o duro que dei* (cerca de 70 mil espectadores) e *Uma noite em 67* (cerca de 80 mil), dirigido por Renato Terra e Ricardo Calil. Considerando a listagem geral de filmes, *Simonal* ocupou a 16ª posição e, *Uma noite em 67*, a 17ª. Em termos de adesão, tal fenômeno pode ser explicado pelo fato de o documentário musical não se limitar à divulgação comercial ou ao registro de turnês mas, ao contrário, apresentar "narrativas audiovisuais em longa-metragem que articulam em sua tessitura representações sobre os sujeitos sociais que constroem e sobre aspectos histórico-culturais das épocas retratadas" (Silva, 2012, s/p).

Em relação ao público dos filmes brasileiros, os dados da Agência Nacional do Cinema (Ancine) trazem números precisos sobre os lançamentos.[6] Em 2010, segundo o "Informe de acompanhamento de mercado" (Ancine: Informe Anual, 2010),[7] os lançamentos verificados no

---

5 Para uma aproximação ao conjunto de documentários musicais contemporâneos e suas principais características, ver Silva (2012).

6 Os números apresentados foram extraídos dos sites FilmeB e Ancine, disponíveis em: http://www.filmeb.com.br e http://www.ancine.gov.br. Acesso em: 16/01/2019.

7 Para acesso aos dados completos, ver "Informe de acompanhamento de mercado" (resultados de 2010). Disponível em: http://www.ancine.gov.br.

Brasil totalizam 224 filmes de ficção, 45 documentários e 13 animações. Entretanto, quando observamos os dados referentes ao público, notamos uma inversão: embora representem apenas 4% dos lançamentos, os filmes de animação conquistaram 18% do público: "A média de espectadores por filme de animação lançado foi de 1.764.895, bem acima dos 414.806 espectadores por título dos filmes de ficção e dos 11.180 espectadores por documentário" (Ancine: Informe Anual, 2010). Em termos porcentuais, os documentários correspondem a menos de 1% de participação de público. Entre os filmes nacionais, temos, em 2010, 43 filmes de ficção, 32 documentários e nenhum filme de animação.

Ainda segundo a Ancine, o público total de cinema no Brasil, em 2010, foi superior a 134 milhões de espectadores, com renda total do mercado de exibição de mais de R$ 1 bilhão, o maior público desde 1982, com um crescimento de 19% e de cerca de 30% na renda em relação a 2009: "Esse aumento se deveu, em grande parte, ao bom desempenho das produções brasileiras: o público do cinema nacional foi de 25.227.757 espectadores, 57% acima do registrado em 2009" (Ancine: Informe Anual, 2010), o melhor desempenho desde 2003. Entre os filmes exibidos em 2010, quinze ultrapassaram a marca de 100 mil espectadores, três a mais do que em 2009. Cinco deles conquistaram mais de 1 milhão de ingressos vendidos, a saber: *Tropa de elite 2 – O inimigo agora é outro,*[8] de José Padilha; *Nosso lar*, de Wagner de Assis; *Chico Xavier*, de Daniel Filho; *Muita calma nessa hora*, de Felipe Joffily; *Xuxa e o mistério de Feiurinha*, de Tizuka Yamasaki.

8 Segundo o Informe Anual da Ancine (2010), "com 11.023.475 espectadores, *Tropa de elite 2*, dirigido por José Padilha e distribuído de forma inovadora pela Zazen, foi o filme de maior público em 2010: quebrou um recorde de mais de 30 anos, superando o grande sucesso de *Dona Flor e seus dois maridos* (1976), que teve 10.735.524 espectadores nas salas de cinema. *Tropa de elite 2* superou em mais de 3,6 milhões o segundo filme mais visto do ano, *Shrek para sempre*". Na sequência, *Nosso lar* e *Chico Xavier* tiveram público de 4.060.304 e 3.412.969, respectivamente.

Os dados de 2011[9] confirmam a tendência de aumento de público desse biênio: naquele ano, o número total de ingressos vendidos chegou a 143 milhões, com renda bruta de 1,4 bilhão de reais. Os lançamentos totais contam com 266 filmes de ficção, 58 documentários e 18 filmes de animação. Para os filmes brasileiros, foram vendidos quase 18 milhões de ingressos, com arrecadação de 163 milhões de reais, números que figuram entre as três melhores bilheterias dos últimos dez anos.

Foram lançados, no total, 99 filmes brasileiros, sendo 57 filmes de ficção, 40 documentários, uma animação e um filme não classificado, o maior número da última década, sendo que sete títulos brasileiros venderam mais de 1 milhão de ingressos (Ancine: Informe Anual, 2011). Os filmes *De pernas pro ar*, de Roberto Santucci, *Cilada.com*, de José Alvarenga Junior, e *Bruna Surfistinha*, de Marcus Baldini, ficaram entre as vinte maiores bilheterias no país;[10] e os títulos *Assalto ao banco central*, de Marcos Paulo, *O palhaço*, de Selton Mello, *O homem do futuro*, de Cláudio Torres, e *Qualquer gato vira-lata*, de Tomás Portella e Daniela de Carlo, completam o grupo de filmes com mais de 1 milhão de ingressos. Ainda assim, os filmes brasileiros apresentaram uma queda de 30% em relação a 2010, tanto em termos de ingressos vendidos como de renda bruta.

De acordo com o Informe Anual da Ancine (2011), tal fato deve ser relativizado pois, em 2011, não houve filmes comparáveis, em termos de abrangência, a *Tropa de elite 2* ou *Nosso lar*, principais responsáveis pelos números de 2010. Nesse segundo ano, foram lançados 40 documentários. Entre eles, os mais vistos foram *Bahêa minha vida* (cerca de 75 mil espectadores), de Márcio Cavalcante, sobre os torcedores do time Bahia, *Lixo extraordinário* (quase 50 mil espectadores), de Karen Harley, João Jardim e Lucy Walker (coprodução Reino Unido), baseado em tra-

9 Dados completos em "Informe de acompanhamento do mercado" (resultados de 2011). Disponível em: http://www.ancine.gov.br.

10 Nessa ordem, o total de público foi de 3.095.894, 2.998.560 e 2.166.461 espectadores.

balho do artista plástico Vik Muniz, com material coletado no aterro do Jardim Gramacho (Rio de Janeiro), e *Rock Brasília – Era de ouro* (34 mil espectadores), de Vladimir Carvalho, sobre a geração dos jovens de *Brasília* dos anos 1980, época que mudou o cenário do rock brasileiro.

Os dados, como em outros anos, apresentam uma lista abrangente de produções que consideramos pertinentes à questão dos estigmas. Dentre elas, elegemos alguns filmes que julgamos os mais representativos para as análises. Os números sobre 2010 e 2011 totalizam 174 filmes, dos quais destacamos 37 títulos relacionados aos estigmas sociais, em 2010, e 40 títulos em 2011. O número total é de 77 filmes (no triênio anterior, o total foi de 71 filmes), ou seja, quase a metade dos filmes lançados nos dois anos, um aumento significativo em relação ao período anterior.

Dos 37 filmes de 2010 que tematizam os estigmas sociais, 25 deles são documentários, dado que aponta para, ao menos, dois aspectos: a ênfase do cinema brasileiro de não-ficção em questões sociopolíticas e o aumento dessa produção. É neste ano que temos forte presença de documentários musicais, destacando – exatamente por sua relação controversa aos estigmas, com acento em sua reafirmação ou subversão – *Dzi Croquettes*, de Tatiana Issa e Raphael Alvarez, *O homem que engarrafava nuvens*, de Lírio Ferreira, *Uma noite em 67* e *Rita Cadillac*, de Toni Ventura.

Os documentários de personagens (ou biográficos) também encontram lugar marcante, muitos voltados a histórias musicais, tais como *Bezerra do Silva – Onde a coruja dorme*, de Marcia Derraik e Simplício Neto, *Fabricando Tom Zé*, de Décio Matos Junior, *Jards Macalé – Um morcego na porta principal*, de Marco Abujamra e João Pimentel, e *Seu Jorge – América Brasil, o documentário*, de Pedro Jorge e Mariana Jorge. Outras abordagens, menos frequentes, são tratadas: espaciais ou geográficas (*Avenida Brasília Formosa*, de Gabriel Mascaro, e *Elevado 3.5*, de José Sodré, Maíra Buhler e Paulo Pastoreto); esportivas (*Soberano – Seis vezes São Paulo*, de Carlos Nader e Mauricio Arruda, e *Todo poderoso*, de Ricardo Aidar e André Garolli); literárias ou poéticas (*Só dez por cento é mentira*, de Pedro Cezar, filme singular valendo-se da criação e escrita do poeta Manoel de Barros, morto em 2014, para revelar sua vida e obra artística).

Dessa extensa lista, é importante notar a variedade de enredos e estilos; ainda que seja possível agrupar os filmes por certas características comuns – o uso de entrevistas, o recurso à história e imagens de arquivo são frequentes –, os filmes se diferenciam bastante em termos de distribuição e recepção, não apenas quanto ao número de ingressos e arrecadação, como também aos circuitos culturais para os quais se voltam, muitos deles relacionados à valorização ou sujeição dos personagens retratados.

Dos filmes de ficção, destacamos a combinação de um modo lírico de narrar com o enredo juvenil – seja por nostalgia ou conquista – presente em *Antes que o mundo acabe*, de Ana Luiza Azevedo, *As melhores coisas do mundo*, de Laís Bondanzky, e *Viajo porque preciso, volto porque te amo*, de Marcelo Gomes e Karim Aïnouz. Ainda que os dois primeiros estejam mais claramente associados, os três filmes abordam ritos de passagem, em sentido literal ou figurado, enfocando as desventuras vividas pelos personagens, que se deparam com os seus conflitos e as alternativas que a eles se mostram. De modo mais contundente, em *400 contra 1 – Uma história do crime organizado*, de Caco Souza, *5 x favela – Agora por nós mesmos*, uma produção coletiva, *Sonhos roubados*, de Sandra Werneck, e *Tropa de elite 2*, os estigmas sociais surgem de modo controverso.

Mesmo com diferenças relevantes em termos de produção e recepção (não podemos esquecer que *Tropa 2* se destaca não apenas em 2010, mas na trajetória do cinema brasileiro como um todo), os quatro filmes não se furtam ao enfrentamento de polêmicas e tabus comumente escamoteados na sociedade, nem à inovação formal, demonstrando a inseparabilidade entre política e estética quando se trata da produção audiovisual. Violência, crime, tráfico, poder público, força policial, pobreza, políticas sociais, engajamento e alternativas de participação surgem como temas prementes por meio de imagens fragmentadas e dispersas da contemporaneidade. Um dos filmes, *5 x favela*, amplia esse escopo ao efetuar, de modo direto, a filmagem com aqueles que comumente são personagens atuando também como realizadores.

O ano de 2011, de um total de 40 filmes e diversos títulos de destaque, apresenta 20 documentários. Ainda que, em números absolutos, haja um decréscimo em relação a 2010, a potência dos filmes de não-ficção permanece na amostragem voltada aos estigmas sociais, atingindo pela primeira vez metade dos filmes selecionados e trazendo títulos desafiadores às análises, não só na escolha dos temas, mas, especialmente, pela maneira incomum de abordá-los. Desses documentários, entretanto, não há algum que se distancie de modo marcante dos demais mas vemos, ao contrário de 2010, a presença de um realizador experiente e reconhecido, Eduardo Coutinho, com o filme *As canções*. É interessante apontar que o filme de Coutinho, mesmo ao tratar do tema da música, não se caracteriza como um documentário musical, ainda que evoque essa ênfase crescente no cinema brasileiro à época. Dentre esses, temos *Elza*, de Izabel Jaguaribe e Ernesto Baldan, *Mamonas para sempre*, de Claudio Kahns, e *O samba que mora em mim, de* Geórgia Guerra-Peixe (coprodução Portugal).

De temática esportiva, o filme *4 x Timão – A conquista do tetra corinthiano* (sobre o time paulista Corinthians), de Di Moretti, e *Bahêa minha vida* (documentário mais visto em 2011) estão entre os destaques. Finalmente, daqueles diretamente voltados à temática dos estigmas, apontamos: *O céu sobre os ombros* (documentário que traz personagens incomuns, como uma travesti que dá aulas em uma universidade em Minas Gerais), de Sergio Borges; *Quebrando o tabu* (sobre a liberalização das drogas, com participação do ex-presidente Fernando Henrique Cardoso), de Fernando Andrade; *Lixo extraordinário* (trabalho de Vik Muniz em um aterro sanitário no Rio de Janeiro); *Família Braz – Dois tempos* (acompanhando uma mesma família durante dez anos, mostrando sua ascensão social e as transformações no país), de Dorrit Harazim; e *Top models – Um conto de fadas brasileiro* (colocando-se em lugar estigmatizado ao tratar do universo de modelos brasileiras famosas no exterior), de Richard Luiz.

Entre as produções ficcionais, diversos hibridismos compõem os filmes; em termos temáticos, deslocamentos cotidianos, modos de viver e relações interpessoais constroem uma espécie de lirismo narrativo que se reflete em *Amor?* (que parte de histórias reais para se transformar em ficção), de João Jardim; *Estamos juntos* (sobre a história de um casal em crise), de Toni Venturi; *Meu país* (que retrata conflitos familiares de três irmãos por meio da doença mental de um deles), de André Ristum; *Bollywood Dream – O sonho bollywoodiano* (sobre atrizes brasileiras que sonham atuar na Índia), de Beatriz Seigner (coprodução Índia e Estados Unidos); e *O palhaço* (retratando o universo onírico dos antigos circos mambembes). O filme *Família vende tudo*, de Alain Fresnot, é reportado por exibir, de modo raramente tão claro, o reforço de estigmas sociais sob o gênero humorístico.

Encontramos, de forma marcante, filmes que agregam em sua estética elementos documentais, reafirmando o espaço da não-ficção no cinema brasileiro, e uma exceção em termos de bilheteria: o filme *Bruna Surfistinha* levou aos cinemas mais de 2 milhões de espectadores. Desenvolvido a partir de uma história verídica, contada em livro pela garota de programa que se torna conhecida por meio de seu blog, o alcance desse filme não se repete em outros mas, de certo modo, sintetiza a densa imbricação entre realidade e ficção manifesta nesses filmes. Um deles, *Bróder*, de Jefferson De, se apropria e ressignifica os modos de narrar presentes em obras emblemáticas, tais como *Cidade de Deus* e *Tropa de elite*, ao retratar os dilemas enfrentados nas periferias urbanas. De modo mais explícito, *Vips*, de Toniko Melo, e *Vips, histórias reais de um mentiroso*, de Mariana Caltabiano, polemizam as fronteiras entre documentário e ficção nos filmes e nos debates extra fílmicos.

Considerando o biênio 2010-2011, selecionamos para análise quatro filmes. Diferentemente do período anterior, elegemos dois documentários por ano, e não um filme documental e um ficcional, por considerarmos relevantes os dados apontados sobre a produção brasileira de não-ficção. Não nos valemos, portanto, de critérios quantitativos, posto que, em 2010, *Tropa de elite 2* levou mais de 10 milhões de pessoas aos cinemas e, em 2011, sete filmes venderam mais de 1 milhão de ingressos. De forma diversa, elegemos documentários que propõem novas maneiras de pensar os circuitos de reforço e/ou transposição de estigmas e sua relação com as formações discursivas mais ou menos hegemônicas presentes na sociedade.

Os filmes *Uma noite em 67* e *Dzi Croquettes* foram escolhidos para 2010. Ambos são documentários musicais que extrapolam a tematização sobre a música ou seus protagonistas, reconstruindo um momento político e social do Brasil e propondo sobre ele uma leitura original. *Dzi Croquettes,* além disso, traz estranheza nas imagens e na forma de mostrá-las, com enfoques controversos sobre moral, costumes, sexualidade. De modo análogo, elegemos dois documentários para 2011, *As canções* e *O céu sobre os ombros.* O primeiro, dirigido por Eduardo Coutinho, torna-se relevante não apenas em relação à temática dos estigmas, mas também como filme modelar para certa produção documental que, a todo momento, evoca o modo de filmar desse realizador para dele aproximar-se ou afastar-se. O segundo filme foi escolhido por se contrapor a isso: lançado na internet e distribuído de modo independente, propõe uma maneira própria de filmar documentários e impõe-se, com força, por sua temática incômoda.

Na sequência, vemos uma síntese dos filmes do último biênio[11] para, em seguida, articulá-los entre si, completando as considerações sobre os filmes do período 2007-2011 e preparando as análises dos

11 As fichas técnicas e sinopses dos filmes foram consultadas, em diferentes momentos, em http://www.adorocinema.com.br.

próximos anos (2012-2014). Os documentários *Uma noite em 67* e *Dzi Croquettes,* além de *Rita Cadillac, Só dez por cento é mentira,* e os longas-metragens *5 x favela* e *Tropa de elite 2*, de 2010, juntamente com os filmes *As canções, O céu sobre os ombros, Bahêa minha vida, Quebrando o tabu,* e também *Bróder* e *Bruna Surfistinha,* de 2011, serão apresentados a partir de suas redundâncias e ressonâncias. Lembramos, uma vez mais, que dois eixos principais articulam as leituras dos filmes: a diluição das fronteiras entre realidade e ficção; e o reforço ou transposição de estigmas sociais. Acreditamos que a temática dos estigmas não se apresenta de modo gratuito, mas possibilita novas combinações de elementos referenciais e ficcionais.

TABELA XI
FILMES DE FICÇÃO E NÃO-FICÇÃO (2002-2011)

Ano	Filme de não-ficção	Filme de ficção	Observações
2002	-*x*-	*Cidade de Deus* *Uma onda no ar*	Filmes ficcionais analisados, com grandes diferenças em termos de produção, temáticas e recepção.
2003	*Ônibus 174*	*Carandiru*	O documentário *Ônibus 174* é de 2002 e foi selecionado por seu impacto e relevância.
2004	*De passagem*	*O prisioneiro da grade de ferro*	Serão feitas referências aos documentários *Entreatos* e *Peões*, e ao filme *Cazuza.*
2005	*A pessoa é para o que nasce*	*Cidade baixa*	Serão feitas referências ao documentário *O fim e o princípio* e ao filme de ficção *Meu tio matou um cara.*
2006	*Falcão – meninos do tráfico*	*Os 12 trabalhos*	Serão feitas referências ao documentário *Estamira* e ao filme de ficção *Árido movie.*

2007	*Juízo*	*Tropa de elite*	Será feita referência ao filme *Saneamento básico*, que traz um documentário inserido em sua ficção, e ao documentário *Jogo de cena*.
2008	-x-	*Última parada 174* *Meu nome não é Johnny*	Selecionamos para 2008 dois filmes de ficção, pois houve poucos lançamentos de documentários relacionados ao tema.
2009	*Garapa*	*O contador de histórias*	Destacamos em 2009 o grande número de documentários, bem como as referências que serão feitas aos filmes *Moscou*, *Filmefobia* e *Simonal*.
2010	*Dzi Croquettes* *Uma noite em 67*	-x-	Além do aumento de filmes lançados em 2010, os documentários mantêm a tendência de crescimento; aos filmes selecionados acrescentamos *Tropa de elite 2*.
2011	*As canções* *O céu sobre os ombros*	-x-	Em 2011, 50% da produção é documental; temos um novo filme de Eduardo Coutinho e filmes de ficção com grande bilheteria, como *Bruna Surfistinha*.

Entre os documentários, *Uma noite em 67* recria, com imagens de arquivo e entrevistas atuais com os músicos que estiveram no festival – e que, naquele momento, eram ainda desconhecidos ou iniciantes –, a etapa final do Festival da Música Popular Brasileira da TV Record, gravado em 21 de outubro de 1967. Os principais prêmios daquele ano traziam concorrentes como Caetano Veloso, Gilberto Gil, Edu Lobo e Chico Buarque, além de Os Mutantes, Roberto Carlos e Sérgio Ricardo. As apresentações de músicas como "Roda Viva", "Alegria Alegria", "Domingo no Parque" e "Ponteio" não se prestam apenas à compilação de um momento representativo do cenário musical brasileiro, mas a sua rememoração.

O filme guarda caráter histórico ao registrar a formação do tropicalismo, as divisões artísticas e políticas na época da ditadura e o surgimento de artistas que se consolidariam a partir daquela década e continuam, até o tempo presente, ocupando lugar de destaque na chamada música popular brasileira. Mas vai além ao ressignificar esses eventos à luz do atual momento, demonstrando, justamente, o aspecto fugidio dos fatos históricos, continuamente recriados no contraponto entre passado e presente, memória e atualidade, dinâmica à qual voltaremos posteriormente. De modo análogo, mas ainda mais surpreendente, especialmente se considerarmos suas imagens a partir da tentativa de transpor certos estigmas sociais, *Dzi Croquettes* empreende o mesmo movimento, apresentando um determinado contexto social, cultural e político para recriá-lo com elementos apenas possíveis a partir de dados do presente.

O primeiro filme atesta o estranhamento, inscrito não apenas na figura dos jovens músicos – eles mesmos transgressores –, mas de um momento histórico de grande repressão política que contrastava com a liberdade presente naquelas manifestações artísticas. O segundo documentário, *Dzi Croquettes*, procura reinscrever, também no contexto musical e das rupturas sociais nele antecipadas, a história de um grupo performático que, ainda hoje, seria considerado ousado não apenas por seus padrões artísticos, mas pela maneira com que seus integrantes viviam, rompendo tabus morais, comportamentais e sexuais. O grupo teve seu primeiro show apresentado em 1972, período similar àquele de *Uma noite em 67*, com homens travestidos de mulheres sem mostrar formas ou corpos femininos, confirmando o espírito de contracultura presente na época e a irreverência como modo de contestação política.

Voltados para a recriação de um contexto histórico específico – não por coincidência, o mesmo período – os dois filmes se encontram também nos elementos estéticos utilizados, com vasta pesquisa em imagens de arquivo e entrevistas que funcionam como elos não apenas da própria narrativa, mas do trânsito entre passado e presente. Os filmes, ainda que não recriem de modo ficcional suas histórias, imprimem a elas um caráter *ficcionalizante* pela releitura e ampliação dos eventos retratados, bem como dos personagens mostrados que, vistos aos olhos do presente, não podem mais ser olhados como os jovens que vemos nas imagens antigas, atualizando nossa percepção.

É justamente a jornada de seus personagens que Eduardo Coutinho, uma vez mais, retrata no filme *As canções*. Entrevistando homens e mulheres selecionados para cantar músicas que marcaram suas vidas, Coutinho volta ao ambiente teatral para encenar, dessa vez, histórias afetivas pontuadas por canções que acompanham as trajetórias desses sujeitos, quase todos tão estranhos quanto aqueles jovens músicos e artistas incomuns dos outros dois documentários. Aparentando ser um documentário musical sem que este seja seu mote, *As canções* não pretende reconstituir a história de um país mas, ao contrário, o significado da própria música nessa história, como se pudesse nos dizer, afinal, porque são feitos tantos filmes sobre essa arte e porque nos dispomos a vê-los. São as próprias canções e as memórias afetivas que se inscrevem por meio dos personagens que ocupam o palco do filme, protagonizado por contadores de histórias que podem ressignificar essas memórias.

O documentário que apresenta os momentos mais importantes da vida e da carreira de Rita Cadillac, também por meio de depoimentos, entrevistas, imagens inéditas e material de arquivo, interessa-nos, sobretudo, pela forma um tanto desconfortável de construir sua personagem. Como em *O céu sobre os ombros*, não apenas o tema, mas também os sujeitos retratados parecem perturbadores pela simples visualização de suas figuras. Rita Cadillac, supostamente pertencente ao mundo artístico, causa tanto incômodo quanto a travesti, prostituta e professora; o atendente de telemarketing, torcedor fanático de futebol, skatista e integrante do movimento *Hare Krishna;* e o escritor angolano, de tendência suicida e que nunca teve um emprego, pai de uma criança portadora de doença mental, todos eles personagens de *O céu sobre os ombros.* Figuras anônimas da periferia de Belo Horizonte (MG), no filme a cidade não tem caráter geográfico ou espacial, mas subjetivo e temporal, na inscrição de personagens sempre deslocados e, desse modo, sempre em deslocamento, como se não pudessem encontrar seu lugar. A eles ninguém lhes dá ouvidos e, tampouco, à sociedade interessa que tais figuras, voluntária ou compulsoriamente alijadas do sistema de produção vigente, tenham qualquer sentido de pertença ou de presença.

Alheios ao mundo transcendente e mobilizador da arte ou da política, os personagens assumem sua condição de exclusão ao mesmo tempo em que tentam se desvencilhar dos estigmas, todos aparentes, que carregam. De estética naturalista, o filme busca um olhar sobre a realidade que dê conta de suas incongruências e possa mostrá-las em sua radicalidade, sem visar a domesticação dos sujeitos retratados. Produzido pelo coletivo de realizadores mineiros Teia,[12] o documentário se distingue nos modos de criação e distribuição de outros filmes recentes, tendo veiculação intensa na internet (inclusive com a inserção de trechos que não fazem parte do filme) e a exibição em festivais e salas alternativas.

A indistinção entre realidade e ficção se faz presente na filmagem e na montagem, tornando impossível, ao espectador, estabelecer o que é factual – ainda que as imagens tenham inscrição documentarizante, não há explicações, entrevistas ou contextualizações como na maior parte

12 Criado em 2003, o Espaço Teia, em Belo Horizonte (MG), ganhou prêmios em festivais brasileiros e seus filmes foram exibidos internacionalmente em Sundance, Locarno e Roterdã. Na época do lançamento, temos entre seus integrantes Helvécio Martins Jr., Pablo Lobato, Clarissa Campolina, Marília Rocha, Leonardo Barcelos e Sérgio Borges, voltados para a experimentação de imagens em filmes de estética documental, mas que exploram também os limites da ficção. Mais informações: http://www.teia.art.br/br/teia. Acesso em: 07/10/2018.

dos documentários. Nesse aspecto, *O céu sobre os ombros* radicaliza o que outros documentários já haviam experimentado nas oscilações entre referencialidade e ficcionalidade. Mais do que isso, entretanto, importa-nos enquanto atitude radical frente à tematização e figurativização de estigmas sociais, posto que trata de personagens desviantes que não carregam a menor perspectiva de assimilação: vê-los é aceitar tal radicalidade, explícita no corpo ou na mente que não se pretendem normatizados, tampouco normalizados mas, ao contrário, buscam operar justamente nas contradições e identidades multifacetadas de cada um.

A fala que se apresenta é um balbucio, uma busca do discurso em encontrar seu giro, seu lugar, mas é no vazio deste eixo ordenador que as histórias são contadas. É nesse ponto que, por contraste, *O céu sobre os ombros* se aproxima de *Rita Cadillac*: enquanto o primeiro assume o deslugar de seus sujeitos, o segundo tenta, ainda que sem a força histórica presente em *Uma noite em 67* e *Dzi Croquettes* – "desajustados" que hoje encontram seu lugar como ícones da contracultura – explicar sua personagem para que não se apresente como tão marginal e estranha aos padrões sociais ou, nos termos de Foucault, às formações discursivas de seu tempo.

De modo diverso, mas encontrando eco na indistinção entre realidade e fantasia – e na fidelidade a certa *autenticidade* dos personagens retratados – o documentário *Só dez por cento é mentira* apresenta a biografia inventada e os versos do poeta mato-grossense Manoel de Barros, contados através de depoimentos do escritor, de estudiosos e de leitores da sua obra. Filme único no cenário recente, a exemplo da trilogia literária *Memórias inventadas,* a história que vemos narrada é, ela mesma, *imaginada*, seguindo a inspiração do verso que dá nome ao filme: "Noventa por cento do que escrevo é invenção. Só dez por cento é mentira". Afirmação genial e coerente com o universo poético de Manoel de Barros, um duplo sentido se estabelece, ao dizer que a literatura é *apenas* invenção (não é a realidade) e que *apenas* a invenção é verdadeira (pois não faz parte da mentira). Desafiando, ironicamente, uma das tradições do documentário, um incômodo acompanha o filme de modo mais direto, pois, a exemplo de *O céu sobre os ombros*, jamais sabemos se o que vemos são entrevistas "verdadeiras" ou "mentirosas", se os personagens são "reais" ou "imaginados", se os lugares e objetos existem "de fato" ou são "cenários".

Nos dois filmes, para obter informações referenciais é necessário recorrer a elementos extra fílmicos (textos, notícias, sites). As figuras desconcertantes de *O céu* se repetem em *Só dez por cento*, ainda que neste último possam ser melhor assimiladas por pertencerem, em princípio, ao mundo fabuloso da poesia. Em ambos os casos, são preconceitos, estereótipos e estigmas que ganham forma no corpo dos personagens, verídicos ou imaginados, e dos sujeitos retratados em sua singularidade. A afirmação de que, no campo do discurso, qualquer narrativa é sempre invenção, recoloca os modos de ver e dar a ver tais imagens, alargando o campo do documentário e o da ficção ao propor uma questão outra: as *margens da invenção* e as possibilidades de *imaginar as margens* sem que estas percam sua potência de transformação.

De modo mais explícito, os temas tratados em *Bahêa minha vida* e *Quebrando o tabu* são, neles mesmos, recortados por processos de estigmatização. O primeiro é um longa-metragem que retrata, a exemplo de outros, a paixão dos torcedores baianos por seu time. Além disso, aponta aos não-torcedores aspectos incongruentes dessa paixão, vista como fanatismo pelos que não compartilham de tal prática social. O segundo, embora traga com muito destaque a figura bastante conhecida do ex-presidente Fernando Henrique Cardoso, o que pode comprometer a abordagem do tema, pretende debater possíveis soluções para o grave problema do tráfico e da violência – além dos danos sociais e individuais – associados ao uso das drogas.

Interessante notar que, de modo inverso aos filmes anteriores, ainda que seus temas sejam voltados aos estigmas e as abordagens proponham processos de transformação, podemos considerar mais conservadoras essas perspectivas, pois seus discursos encontram um lugar estabilizado, ainda que diverso do usual. Ou seja, para além da tematização, que pode se aproximar ou distanciar mais ou menos dos discursos circulantes, também a figurativização deve acompanhar tal movimento, ou o efeito de deslocamento pretendido tende a se esvaziar.

Nesse sentido, retomamos a diferenciação entre preconceitos, estereótipos e estigmas: enquanto os primeiros circulam em torno da afirmação ou contestação dos discursos manifestos, o último diz respeito a embates entre formações discursivas em posições hegemônicas ou contra-hegemônicas. Os preconceitos e estereótipos visam acomodação e restabelecimento da ordem social, fazendo com que mesmo aqueles considerados *outsiders* sejam mantidos em seus lugares, sem perturbá-la; os estigmas, por sua vez, são desestabilizadores, pois podem propor reordenamentos e a irrupção de uma nova ordem, que só encontrará lugar se houver ruptura nos discursos correntes.

É nesse ponto que os dois últimos documentários possibilitam uma ligação com os quatro filmes ficcionais que gostaríamos de pontuar, começando por *5 x favela – Agora por nós mesmos* e *Bróder* para, num segundo momento, tratar de *Tropa de elite 2 – O inimigo agora é outro* e *Bruna Surfistinha*, excepcionais por se constituírem como filmes de grande visibilidade tanto no campo da produção, como da recepção e da crítica, especialmente *Tropa 2*, fenômeno ao qual nos referimos anteriormente.

A partir de procedimentos diversos, que respondem por mudanças mais efetivas nos circuitos de produção – especialmente em relação aos primeiros cinco anos da amostragem –, os filmes *5 x favela* e *Bróder* contam com propostas originais que nos são apresentadas no plano das imagens (modos de filmar, estilo de montagem, efeitos visuais) e no plano narrativo (maneiras de tematizar questões sociais, multiplicidade de pontos de vista, foco nos sujeitos retratados),[13] o que reverbera também na recepção crítica dos filmes. O primeiro, produzido por Cacá Diegues e retomando seu filme *5 x favela*, de 1962, foi feito por moradores de periferias urbanas usualmente retratados por olhares externos e que, na maior parte das vezes, são vistos como *outros* de suas próprias narrativas. Jovens de comunidades do Rio de Janeiro tornaram-se diretores de suas histórias, por meio de diversos coletivos culturais que promovem palestras, cursos debates e projeções.

Na contramão do que se convencionou chamar, na primeira metade da década de 2010, "cinema de favela", além da abordagem de estigmas o filme apresenta a realidade das comunidades como parte integrante do Brasil (tanto em termos culturais como sociais) e narra com frescor aquele cotidiano em suas contradições e dificuldades, mas também com perspectivas e propostas frente aos problemas. Composto por cinco episódios, o filme revela facetas pouco exploradas, mesclando de modo não convencional elementos referenciais e elementos próprios da narrativa ficcional, sem se pretender documental, e introduzindo novos cenários subjetivos e afetivos no dia-a-dia da periferia das grandes cidades.

O filme *Bróder*, rodado na periferia da zona sul de São Paulo, em Capão Redondo, conta sua história por meio de três garotos, amigos de infância, que seguem rumos diferentes quando adultos: um se torna jogador de futebol, o segundo traficante e o terceiro se mantém na favela, tentando sobreviver por meio de trabalhos mal remunerados. As imagens mimetizam o estilo documental muitas vezes presente nos filmes voltados aos estigmas, com forte acento realista, mas utilizam também a linguagem fragmentada dos videoclipes, inserindo no enredo elementos factuais e mesclando atores amadores ou profissionais. *Bróder* venceu o Festival de Gramado de 2010, a exemplo do *O céu sobre os ombros,* vencedor do Festival de Brasília em 2011.

---

13 Sobre formas e figuras no cinema, ver artigo de Buscombe (2005) a respeito dos gêneros cinematográficos.

Tanto *5 x favela* como *Bróder* aproximam-se dos documentários selecionados pela espontaneidade das atuações, gestos e falas dos personagens, evocando um certo *improviso encenado* que possibilita aos atores constituírem as verdades dos sujeitos retratados sem distinção entre naturalismo ou interpretação, e ressaltando marcas presentes nas favelas para além da tríade pobreza-crime-violência, ênfase pouco recorrente em filmes de ficção, mesmo entre aqueles que propõem a reconfiguração de estigmas, tais como *Bruna Surfistinha* e *Tropa de elite 2*. Aproximando-se dos documentários e dos filmes de ficção acima mostrados, *Bruna Surfistinha* reconstitui, em uma narrativa convencional, a história de uma jovem de classe média paulistana, estudante de um colégio tradicional da cidade, que resolve se tornar garota de programa.

Ao narrar suas histórias em um blog, tornou-se conhecida e lançou o livro *O doce veneno do escorpião*, em 2005, *best seller* que projetou sua autora. De modo semelhante a outros filmes, a maneira de retratar a personagem ousa tocar em tabus morais e sexuais arraigados na sociedade, mas também reforça os modos usuais de percebermos tais barreiras. Ao mesmo tempo em que denuncia preconceitos e estereótipos dirigidos às mulheres nessa condição, sobretudo as que afirmam escolher livremente tal profissão, o filme não problematiza suficientemente essa situação, mantendo inalterados os estigmas sociais que retrata.

O filme transgride, ao encenar a história de modo bastante direto, mas também apazigua, ao recolocar a ordem, presente na história da personagem, por meio de seu desfecho: o casamento e a *mudança de vida* de Bruna Surfistinha, agora Raquel Pacheco, seu nome de batismo, confirmam a narrativa de superação da protagonista, interpretada por Deborah Secco. Ao chegar aos cinemas, Raquel já é uma "ex-prostituta" e "ex-garota de programa", oferecendo sem grandes riscos sua história e, de modo didático, trilhando a jornada de sua redenção após percalços, erros e desvios.

Com mais de 2 milhões de espectadores, o longa ficou em terceiro lugar entre as maiores bilheterias do cinema brasileiro em 2011

– número que parece pequeno se comparado a *Tropa de elite 2*, com seus mais de 11 milhões de espectadores –, mas que é surpreendente no circuito de filmes nacionais, especialmente se considerarmos a temática controversa e a abordagem franca com que é tratada. A transformação do herói após ser desafiado em sua jornada, enfrentando obstáculos, inimigos e provações, e encontrando sua recompensa ao final, harmonizando o conflito inicial, pode ser percebida também em *Tropa de elite 2*. Ao contrário do primeiro *Tropa*, que contentou e descontentou público e crítica, alcançando grande bilheteria em ambiente de forte polêmica, *Tropa 2* restabelece não apenas a ordem na diegese fílmica como também assume elementos extra fílmicos para com eles dialogar.

Seu personagem principal, capitão Nascimento (agora coronel), realiza seu retorno ao mesmo tempo em que o diretor do filme, José Padilha, procura responder a seus críticos. Abandonando as cenas de ação em favor de uma suposta realidade social representada nas imagens, *Tropa 2* se aproxima da referencialidade não apenas em sua temática, mas também nos modos de debater a sociedade brasileira. O título já sinaliza esse movimento com a expressão "o inimigo agora é outro": na narrativa, a corrupção política, que antecipa a onda de protestos iniciada em 2013 e com efeitos duradouros na condução do país, alguns bastante devastadores; na realização do filme, aqueles que o acusarem de conservadorismo político e reacionarismo social.

Em camadas sobrepostas, a tensão realidade/fantasia ganha corpo, bem como a problematização dos estigmas sociais. O filme responde, em forma de *tese,* às críticas anteriormente dirigidas a ele e aponta uma síntese para as polêmicas em torno de sua narrativa. Entretanto, esvazia sua potência contestadora ao sintetizar, nas imagens finais, uma única fonte como causadora – e, portanto, portadora de respostas – de mazelas sociais, mas é contundente ao explicitar problemas graves presentes nas grandes cidades brasileiras, especialmente em bairros mais carentes, nos quais há poucas alternativas para seus moradores, que se deslocam entre o crime organizado, a força policial corrupta e o descaso do poder público.

Os filmes analisados apresentam, a despeito de sua diversidade, pontos de conexão na maneira como articulam aspectos documentais ou ficcionais, bem como na tematização e figurativização de estigmas sociais, o que nos possibilita ensaiar tais considerações a respeito de seus aspectos nodais para, a seguir, pensá-los por meio dos conceitos de *convergências das mídias* (especialmente audiovisuais) e *hibridismos de gêneros* no cinema brasileiro da última década.

2. Convergências e hibridismos em gêneros impuros

Após percorrer a variedade de filmes apresentados, podemos ensaiar algumas perspectivas nas quais pensar suas narrativas como constituintes de um *gênero impuro*. Nesse sentido, entendemos a polifonia do termo *narrativa* na seguinte acepção:

> Parto do princípio de que a narrativa é um código e se ordena segundo as regras de três níveis: o da fábula, o das personagens e o da maneira de contar. Portanto, ancorado nesse molde, tenho para mim, na esteira dos estudos de narratologia, que a narração constitui a instância em que o narrador, enquanto sujeito manipulador, têm mais possibilidades de desenvolver sua imaginação criativa. Disso se tem prova quando o leitor centra seu interesse não exclusivamente nas peripécias ou desempenho dos atores, mas também na maneira de arranjar esses elementos (Peñuela Cañizal, 2007, s/p).

Evocamos o conceito de *gênero impuro* como aquele que recorta um conjunto de filmes híbridos em relação às formas genéricas que os constituem e, ainda assim, distinto das categorias de *cinema periférico, paracinema* ou *cinema trash*, bem como de gêneros específicos tais como terror, comédias românticas, western ou ficção científica. Tomando os gêneros não como tipologias rígidas mas, ao contrário, como formas baseadas em *transposições* – tanto em termos de seus modos de criação como de circulação –, propomos apontar relações entre os conceitos de *convergências das mídias* e *hibridismos de gêneros*, considerando, sobretudo, as novas linguagens audiovisuais resultantes de tais processos. Retomaremos, nessa abordagem, os conceitos de *remediação* (a partir dos estudos de mídias digitais) e de *intertextualidade* (a partir dos estudos de discurso) para analisar um cinema brasileiro urdido ao redor de *fragmentos de gêneros*, estabelecendo articulações entre apropriações e remixagens na cultura audiovisual contemporânea, sem se reportar a uma suposta obra original.[14]

As contaminações se fazem em várias direções: do cinema para a televisão e, anteriormente, desta para o cinema, acentuando as interseções entre convergências e hibridismos. Tais fluxos discursivos "não são novos, embora tenham chegado ao paroxismo com as tecnologias digitais" (Figueiredo, 2010, p. 12), já que os trânsitos e pilhagens do teatro para o cinema, do rádio para a televisão, do jornal para o livro e, mais recentemente, do livro para o cinema, do roteiro para o livro, da televisão para o cinema, do cinema para os videojogos e destes para o celular – todos eles atravessados pela internet – contaminam não apenas os espaços legitimados, mas também as bordas da cultura. Ao compartilhar uma *cultura de bordas* mais abrangente, relacionada a diversas manifestações artísticas, os filmes híbridos mobilizam processos de convergências midiáticas, subvertendo gêneros cinematográficos[15] e formatos televisivos integrantes da cultura audiovisual.

---

14 Em artigo anterior, desenvolvemos esses conceitos em relação ao cinema brasileiro de bordas, constituído por filmes realizados na periferia dos sistemas de produção e recepção (Soares, 2011a).

15 O debate sobre gêneros cinematográficos (e, de modo mais extenso, sobre gêneros audiovisuais, incluindo a televisão) pode ser aprofundando a partir de diversos autores. Destacamos, entre eles, Altman (2006) em sua teoria dos gêneros audiovisuais, estabelecendo uma análise semântica e sintática como possibilidade de estudo do sistema de produção, dos textos fílmicos

A questão que se coloca, e que exploramos a seguir, indaga: de que maneira esses filmes estabelecem interseções com as *narrativas migrantes* das mídias? Em meio à profusão de conceitos mobilizados para demarcar os limites das convergências midiáticas, Figueiredo apresenta aportes para a problematização dos padrões estéticos dominantes nos contextos histórico e tecnológico em que estão inseridos. Para a autora, "merece atenção especial o fenômeno de deslizamento das narrativas de um meio para outro, de um suporte para outro – o processo contínuo de reciclagem das intrigas ficcionais, recriadas para circular por diferentes plataformas" (Figueiredo, 2010, p. 11), síntese produtiva que abrange, em uma única expressão – *narrativas migrantes* – um cenário conceitual mais amplo. Tal encenação diz respeito, sobretudo, às

> alterações na hierarquia cultural provocadas pela intensificação desse movimento de intercâmbio, tanto no que diz respeito à literatura, cujo prestígio esteve sempre estreitamente relacionado à aura do suporte livro, quanto no que se refere ao cinema, em decorrência da expansão de narrativas audiovisuais transmidiáticas, cujo conteúdo se desdobra em filmes veiculados nas salas de cinema, em videojogos, histórias em quadrinhos, seriados televisivos (Figueiredo, 2010, p. 12).

Continuamente em migração, a noção de uma *cultura de bordas* é tributária de debates em diversos campos do conhecimento, especialmente literatura e psicanálise. Ferreira, em artigo publicado em 1989 (e reeditado em 2010), assim a define:

> Com isso quero enfatizar a exclusão do centro, aquilo que fica numa faixa de transição entre uns e outros, entre as culturas tradicionais reconhecidas como folclore e a daqueles

e do sistema de recepção. Além dele, lembramos as contribuições de Berry-Flint (1999) e Neale (1980) sobre os gêneros cinematográficos; e de Mittel (2001; 2004) e Odin (2000; 2012) sobre gêneros televisivos.

> que detêm maior atualização e prestígio, uma produção que se dirige a públicos populares de vários tipos, inclusive àqueles das periferias urbanas (Ferreira, 2010, p. 30).

A autora trata da obra de um *escritor de bordas*, Rubens Lucchetti, pretendendo "lançar questões referentes a este tipo de autor, tentar entendê-lo num conjunto" (Ferreira, 2010, p. 32) com o intuito de "perceber a delimitação de circuitos, seguir fenômenos de produção e recepção entre públicos populares urbanos no Brasil" (Ferreira, 2010, p. 32). Um debate emergente, revisitado nas reflexões sobre culturas da convergência, ganhara corpo ao enfatizar sua vocação para

> pensar em problemas teóricos mais amplos e recolher elementos para uma teoria do texto e da comunicação popular, que tem várias gradações possíveis entre a predominância do popular ou do "massivo", quando a recepção se embute diretamente no que se produz e as mediações são muito tênues (Ferreira, 2010, p. 32).

Na literatura, impunha-se de outro modo a dinâmica alto/baixo, com o embate entre textos considerados eruditos e aqueles tidos como *triviais*. A *trivialização*, segundo Ferreira, abriu brechas para uma *criatividade fecunda* e uma *adaptação imaginosa* de fórmulas e clichês – dinâmica enfatizada ao pensarmos nas convergências e hibridismos atuais. A atualidade dessas questões interpela tanto as renitentes narrativas em migração, como as pregnantes narrativas híbridas, nas quais "prevalecem os modos do sistema popular (oralidade, corporalidade, exterioridade etc.), mas esses modos estão irremediavelmente 'contaminados' pelas formas do sistema massivo que mais se aproximam deles'" (Lyra, 2008). As bordas do cinema não se desvelam como lugar estruturado entre centro e periferia, mas emergem *entre* os discursos que as conformam. Sobre os filmes triviais, Lyra e Santana afirmam:

> Esse tipo de filmes emerge de formas de produção, gêneros e técnicas comumente voltadas para o sentimento e a ação. Entre eles, estão os melodramas dos anos 30 e 40, as chanchadas dos anos 50 e 60, as pornochanchadas dos anos 70 e 80 e toda uma série de filmes, como os filmes de ficção científica, os filmes de horror, os policiais baratos, os filmes domésticos, as comediazinhas românticas e outros que fazem emergir uma experiência de cinema vinculada ao corpo, ao entretenimento trivial e ao divertimento distanciado de toda e qualquer preocupação subjetivamente cognitiva (Lyra; Santana, 2006, p. 14).

Muitas das características atribuídas à literatura trivial encontram eco nas formulações sobre gêneros cinematográficos. Ao tomarmos como referência filmes contemporâneos, deparamo-nos com conceitos que vêm atualizar as noções vigentes sobre os trânsitos entre as culturas popular, massiva e erudita, agora articuladas em torno de uma *cultura midiática* (Kellner, 2001). Caracterizada pela crescente hibridização das mídias e pela formação de redes, tal noção pode ser ampliada, relacionando-a às formas sincréticas presentes nas mídias. Nesse movimento, as relações entre os polos de produção e recepção se transformam, trazendo regimes de identificação e cooperação por meio de contratos comunicacionais específicos.

Ao pensar os gêneros como *matrizes* e *territórios* (Borelli, 1996), assumimos a possibilidade de migração de um campo cultural para outro, dialogando nas fronteiras da literatura, da oralidade, do audiovisual. Mais do que isso, afastamo-nos da discussão tradicional sobre gêneros canônicos ou hegemonias genéricas. Além das migrações culturais, se considerados em seu caráter transitório os gêneros possibilitam, no campo do audiovisual, transposições entre mídias ou, nas palavras de Jenkins, a emergência de uma narrativa *transmidiática* "que se desenrola através de múltiplos suportes midiáticos, com cada novo texto contribuindo de maneira distinta e valiosa para o todo" (Jenkins, 2008, p. 135).

Estudos recentes tematizam esses *novos formatos narrativos audiovisuais* (considerando seus aspectos de interatividade, colaboração, não-linearidade, fragmentação e hipertextualidade).[16] Entre eles, citamos a *teoria da remediação*, de Bolter e Grusin (1999), que estabelece como eixos definidores das *convergências midiáticas* de Jenkins processos de imediação (em que o meio se torna *transparente*, como se não houvesse mediação) e de hipermediação (em que a consciência do meio se faz presente, explicitando a *opacidade* da representação) a partir de diferentes modos de apropriação, remodelação e transformação. Com relação aos conceitos de "transparência" e "opacidade", Xavier (1984) enfatiza as possibilidades de representação pressupostas no cinema a partir do *efeito-janela* propiciado por sua tela (transparência) e do *efeito da tela* como superfície visualmente composta (opacidade).

De acordo com o autor, em diferentes obras os dispositivos colocam-se de modo mais ou menos revelador. No caso da *transparência*, são mobilizados visando gerar maior ilusão; no caso da *opacidade*, os dispositivos interpelam o espectador, possibilitando distanciamento ao ressaltar a própria presença dos sujeitos. Notemos que os conceitos se colocam em relação às possibilidades de construção do *discurso cinematográfico*, e não à possibilidade de *tudo dizer* como algo intrínseco ao cinema. Mas o que essas definições trazem em comum na diversidade de suas denominações?

Se retomarmos a noção de intertextualidade, estendendo-a aos conceitos de dialogismo, polifonia e heterogeneidade como apresentados por Bakhtin (1987), encontramos possibilidades nas quais pensar os processos atuais como potencialização das relações de um dis-

16 Youngblood antecipara as noções de convergência e transmidialidade na obra *Expanded cinema* (New York: Dutton, 1970), apontando processos de contaminação entre diversas formas de arte, especialmente vídeo e cinema, mediados pela crescente determinação das tecnologias digitais (efeitos especiais, arte por computador, ambientes multimídia).

curso – imagético, verbal – com outros. Conceitos centrais à obra de Bakhtin, estabelecemos aqui suas definições gerais, articulando-os à noção de *intertextualidade:* o dialogismo apresenta-se como princípio constitutivo da linguagem, enquanto a polifonia diz respeito às vozes polêmicas presentes em um discurso, colocando em causa a unicidade do sujeito falante. Há, portanto, gêneros dialógicos monofônicos (uma voz predomina sobre as outras) e gêneros dialógicos polifônicos (várias vozes polemizam entre si). A heterogeneidade diz respeito à presença (mostrada ou constitutiva) de outros discursos no discurso, já que este encontra sua unidade ao ser delimitado e constituído pela instância do outro (Brait, 2005).

De acordo com Stam, os gêneros discursivos seriam um aspecto específico da intertextualidade, definida como uma rede de "possibilidades infinitas e abertas geradas pelas práticas discursivas de uma cultura, não apenas em termos de influências reconhecidas, mas também por meio de um processo de 'disseminação'" (Stam, 2000, p. 154). As transposições *entre mídias*, portanto, levam-nos à ampliação da noção de convergências, que diriam respeito não apenas a aspectos tecnológicos mas, sobretudo, a práticas culturais, apontando *imprecisão* e *imiscuição* de fronteiras. E conduzem-nos a um traço destacável em grande parcela da produção audiovisual brasileira: a *impureza* de suas formas.

A partir da crescente valorização de processos de *hibridização cultural* assumimos a concepção de Stam (1997) de que, à luz dos estudos pós-coloniais, a apropriação de um discurso existente por aqueles antes por ele subjugados inverte os vetores de dominância. Concepções estéticas, tais como *realismo Fantástico, estética da fome, cinema imperfeito, incapacidade criativa de copiar, estética do lixo, antropofagia, tropicália* colocam-se como posturas alternativas que revalorizam, por inversão, o que era anteriormente visto como negativo (Stam, 1997, p. 275).[17] Temos, assim, uma importante assunção do hibridismo como *mestiçagem* produtiva:

> As práticas cinematográficas de oposição tanto no Primeiro como no Terceiro Mundo têm explorado uma variedade de estéticas alternativas. Essa variedade inclui filmes e vídeos que desafiam as convenções formais do realismo dramático em favor de abordagens e estratégias tais como o carnavalesco, a antropofagia, o realismo mágico, o modernismo reflexivo e a resistência pós-moderna. Tais estéticas alternativas muitas vezes remetem a práticas não realistas, a tradições culturais não-ocidentais que possuem ritmos históricos diversos, outras estruturas narrativas e diferentes visões sobre o corpo, a sexualidade, a espiritualidade e a vida coletiva (Shohat; Stam, 2006, p. 407).

Em relação aos filmes destacados, a *estética do lixo*, tomada a partir da noção de hibridismos de gêneros, parece-nos um ponto nodal no qual amarrar as convergências midiáticas buscadas. O cinema, desse modo, afirma-se como *locus* privilegiado no qual realizar essa estética multitemporal, fundada em três aspectos: a) hibridismo constitutivo; b) multiplicidade cronotópica; c) elogio dos detritos/restos. Sem nos determos demasiadamente sobre eles, apontamos algumas de suas características.

No primeiro caso, ressaltamos a valorização da impureza – ou da contaminação – como constitutiva de certo discurso contemporâneo que se estende também ao cinema. A esse respeito, Said já apontara que a palavra *contaminação* refere-se a "uma certa ideia da literatura e, na verdade, de toda a cultura, como algo híbrido (no sen-

17 Para desdobramentos, ver do mesmo autor *Introdução à teoria do cinema* (2003), especialmente o capítulo "A busca de uma estética alternativa", no qual afirma que "os filmes alinhados com essas práticas de resistência não são nem homogêneos nem estáticos; variam ao longo do tempo ou de região a região" (Stam, 2003, p. 180). Ver, ainda, *Crítica da imagem eurocêntrica* (Shohat; Stam, 2006), notadamente o capítulo "A estética da resistência".

tido complexo que Homi Bhabha atribui à palavra) e emaranhado ou entrelaçado, sobreposto, com elementos habitualmente considerados estranhos" (Said, 1995, p. 389).

Antes dele, Bakhtin estabelecera relações entre uma estética do *grotesco* e modos de ressignificação cultural que subvertem antigas oposições (bom/mau, limpo/sujo, belo/feio), instaurando formas de comunicação em que normas e barreiras sociais são temporariamente suspensas, violando regras habituais da vida coletiva, como nos festejos populares do carnaval. Para o autor, "o exagero, o hiperbolismo, a profusão, o excesso são, segundo opinião geral, os sinais característicos mais marcantes do *estilo grotesco*" (Bakhtin, 1987, p. 265)[18]. O termo *carnavalização,* em Bakhtin, merece nossa atenção por sua relação com as noções de hibridismo e contaminação:

> Esse processo de reunião, sob o termo de "carnaval", de fenômenos locais heterogêneos, o fato de que fossem designados por um mesmo termo, correspondia a um processo real. Com efeito, ao desaparecerem e degenerarem, as diferentes formas da festa popular levavam ao carnaval alguns de seus elementos: ritos, atributos, efígies, máscaras. E por causa disso, o carnaval tornou-se o reservatório onde se guardavam as formas que não tinham mais existência própria (Bakhtin, 1987, p. 190).

A releitura do hibridismo como sintoma do momento atual – destacada por Stam em filmes –, desloca a concepção usual que as-

18 Retomamos a definição de uma *mitologia do escandaloso* em analogia com o *estilo grotesco*: "A mitologia do escandaloso que, desde o século XIX, confirma-se com um conjunto de estudos que propõe como objeto o infame, o monstruoso, o repugnante e aquilo que causa arrepios de horror, apresenta o espetáculo desse duplo movimento pelo qual o causador da repulsa é também o que atrai, como o pretendia a máquina oculta no grego *skandalon* – o laço da armadilha que abriga a isca" (Freitas, 2002, *mimeo.*).

sociava o *mestiço* à degeneração e à infertilidade. Tomado enquanto diversidade produtiva, os processos de hibridização apontam para um jogo de identificações que desafia a concepção de identidades ontologicamente constituídas, no qual a pureza abre espaço à contaminação. Posturas fixas cedem lugar a *posicionalidades*, nas quais a identidade do sujeito torna-se um "processo em andamento (...) sempre sendo formada" (Hall, 2001, p. 39), possibilitando, como anunciara Stam, que "fronteiras rígidas se tornem porosas e que limites demarcados se transformem em imagens fluidas" (Stam, 1997, p. 276).

Seguindo a leitura de Stam, o discurso anterior do *imperialismo das mídias* cede lugar às *formas de reciprocidade e apropriação por parte da audiência*, abrindo caminho para outras bricolagens – ainda que neste encontro as tensões permaneçam presentes, apontando para questões relativas a disputas de poder e hegemonias. Entre as diversas acepções de hibridismo, algumas modalidades são apontadas: imposição colonial, assimilação obrigatória, apropriação de cima para baixo, subversão de baixo para cima, exploração comercial, cooptação política, dominação cultural (Stam, 1997, p. 276), revelando suas assimetrias, descontinuidades e a multiplicidade espaço-temporal que caracteriza o segundo aspecto da *estética do lixo*.

Finalmente, no terceiro modo, temos uma espécie de *redenção estratégica* daquilo usualmente tido como *sujo, baixo, descartável, imperfeito, residual* (a exemplo da carnavalização), como se os detritos, restos e sobras pudessem engendrar mudanças sociais a partir das margens de seus discursos (Stam, 1997, p. 277). Sobreposições entre o antigo e o novo fazem-se presentes, numa espécie de "temporalidade dissonante que combina um passado comunitário imaginário com um também imaginário futuro utópico" (Stam, 1997, p. 279), impondo rupturas com as convenções da narrativa linear, e com o peso do tempo cronológico e do espaço físico.

O cinema se manifesta, assim, como "espaço privilegiado para expressar hibridismos culturais e temporais" (Stam, 1997, p. 279).

Temporalmente, mostra-se híbrido em sentido intertextual (pois agrega formas e tradições imagéticas de todos os tempos) e também em termos técnicos (já que mistura diversos tempos e espaços tanto em sua produção como em sua recepção). A tessitura das imagens audiovisuais constitui-se, portanto, como uma *tapeçaria* feita de sobreposições, justaposições, inserções digitais, multiplicidade de imagens e sons (sintéticos ou captados). Considerando a *estética do lixo*, o cinema define-se como um discurso transgressor em seus diversos modos de manifestação e disseminação. Como anuncia Machado, trata-se, no caso brasileiro, de um "hibridismo das alternativas" (Machado, 1997, p. 215). Nas reverberações percebidas entre cinema e história, crítica e estética, jornalismo e literatura, delineamos contornos nos quais compreender tal proposição.

As tensões entre "referencialidade" e "ficcionalidade" ou, de modo mais complexo, entre *verdade* e *ficção*, têm acompanhado teorizações em diversos campos. De acordo com Watt, na literatura as diferenças entre o romance realista e o romantismo, forma narrativa que o antecede, levaram "os historiadores a considerarem o 'realismo' a diferença essencial entre a obra dos romancistas do início do século XVIII e a ficção anterior" (o que não quer dizer que todas as formas anteriores perseguiam o *irreal*). O autor prossegue: "Em filosofia, por sua vez, o termo 'realismo' aplica-se estritamente a uma visão da realidade oposta à do uso comum, ou seja, para os escolásticos realistas as verdadeiras 'realidades' são os universais, classes ou abstrações, e não os objetos particulares, concretos, da percepção sensorial" (Watt, 1990, p. 12-13). Assim, "o romance realista se aproxima do atual significado de realismo, afastando-se de sua origem clássica e medieval e rejeitando os universais" (Watt, 1990, p. 14).

A aparente oposição entre textos literários e/ou científicos acompanha também os debates em antropologia, como se atribuir a esta um caráter metafórico implicasse no enfraquecimento de sua capacidade de verossimilhança, posto que a credibilidade de seus relatos adviria da extensão das descrições. Ao contrário dessa visão limitante sobre o modo como se "estabelecem os fatos" na ciência – para lembrar a discussão proposta por Geertz –, podemos enunciar que "a capacidade dos antropólogos de nos fazer levar a sério o que dizem tem menos a ver com uma aparência factual, ou com um ar de elegância conceitual, do que com sua capacidade de nos convencer de que o que eles dizem resulta de haverem realmente penetrado numa outra forma de vida" (Geertz, 2005, p. 15). Ou seja, as peculiaridades da escrita antropológica estão relacionadas à crença dos antropólogos "realmente haverem, de um modo ou de outro, 'estado lá'. E é aí, ao nos convencer de que esse milagre dos bastidores ocorreu, que entra a escrita" (Geertz, 2005, p. 15).

A esse propósito, o historiador Gay (2010), em *Represálias selvagens*, "mostra como, por ser de ficção, um texto não está impossibilitado de expor profundas verdades humanas, bem como, por ser realista, um texto não está isento de expressar a mais intensa subjetividade do autor" (Telles, 2010, p. 5). Telles afirma, ainda, que "as antinomias entre o realismo literário e a realidade atingem um ponto de tensão máxima no chamado 'romance histórico'", pois este, mesmo oferecendo ao historiador "uma grande massa de informação sobre os costumes, a moral, as formas dos relacionamentos pessoais e a organização social", não pode ser considerado como "sociologia" ou "estudo histórico", já que no realismo literário as alterações inseridas pelo autor deslocam o próprio conceito e, muitas vezes, fazem com que as narrativas se voltem para a realidade *psíquica* de seus personagens (Telles, 2010, p. 5).

Buscando desconstruir a oposição simplista entre *realismo* e *idealismo*, presente em muitas das análises sobre os discursos referenciais, propomos pensar as mídias – particularmente o jornalismo –[19] como *formas narrativas*. Tal proposição implica um deslocamen-

19 Destacamos a presença de programas jornalísticos televisivos não-convencionais, entre eles *Profissão Repórter* (em exibição desde 2006), e posteriormente *Brasileiros* e *Globo Mar* (a partir de 2010, já encerrados), todos vol-

to no modo de conceber as práticas midiáticas e de articulá-las nas oscilações entre *verdade* e *ficção*. Antes de tratarmos dessa questão, entretanto, uma pequena distinção entre narrativa e discurso deve ser retomada: partimos da definição clássica de narrativa como "relato de uma transformação" e de discurso como "laço social". Se narrar é contar uma história, a partir de uma concepção de narrativa que integra a fábula, os personagens e o relato,[20] podemos pensar o jornalismo como um dos lugares em que se constroem *narrativas midiáticas*.

Em entrevista sobre o livro *Duas vidas*, uma biografia de Gertudre Stein, Janet Malcolm declara:

> Biografia é um gênero problemático, viciado. Escrevi em algum lugar (...) que nunca há dúvidas sobre os "fatos" na ficção. Eles são o que os escritores dizem ser. Há apenas uma versão. Não há alternativa. Na não-ficção, que inclui biografia, há diversas versões possíveis sobre o que "realmente" aconteceu (Malcolm, 2008, s/p).

Dessa forma, podemos afirmar que o *factual* e o *ficcional* – como pode ser percebido não só no jornalismo, mas também no cinema, na teledramaturgia ou nos *reality shows* – são campos que têm borrado, cada vez mais, os limites entre suas fronteiras, afastando-se da distinção

---

tados para grandes reportagens e veiculados na *Rede Globo*. Além destes, o *Globo Repórter* segue na grade da emissora, bem como programas similares em outros canais.

20 A esse respeito, ver Peñuela Cañizal (2007, s/p): "Enquanto disciplina, a narratologia começa a ganhar corpo com os estudos estruturais feitos por Propp sobre o conto popular russo e por Lévi-Strauss sobre os mitos. Cresceu com os pensadores da Escola de Tartu e com os semioticistas da chamada Escola de Paris. A fase estruturalista cedeu passo a outras formulações e, no contexto atual, os autores que contribuíram para a renovação de velhos modelos são, sem dúvida, Gaudreault e Jost. É de se reconhecer também a importância de Branigan e Bordwell".

comumente atribuída entre relatos *verdadeiros* ou *falsos*, *reais* ou *imaginários*, permeando também os estudos do audiovisual.[21]

Verdade e realidade apresentam-se, assim, como interdependentes nos discursos referenciais e naqueles que tomam a representação fiel e objetiva do mundo histórico como seu modo de operação. Os discursos referenciais (entre eles, o discurso da história) assumem, muitas vezes, o apagamento de suas marcas enunciativas, como se a eles fosse possível *tudo dizer*, estabelecendo um "pacto de leitura" (Eco, 1994) calcado na naturalização de seus artifícios. Além disso, colocam-se como arautos da *verdade* de uma realidade que estaria fora deles, ocultando seu papel na construção e criação de realidades/verdades que não existiriam autonomamente. Ao contrário dessa visão totalizante, é na psicanálise que encontramos uma interessante aproximação à verdade em suas injunções com a realidade:

> A psicanálise nos aponta que a verdade é sempre não toda, impossível de ser apreendida em sua consistência. Não existe uma verdade única, sendo que cada um constrói a sua ficção sobre a sua história e em torno d'isso sustenta-se um saber que é transmitido e repetido "como se" fosse a verdade, mas é uma construção absolutamente particular (Vitorello, 2005, s/p).

A verdade, na concepção lacaniana, possui uma estrutura de ficção pois, assim como o amor, tem como função "criar uma tela protetora diante dos enigmas sem decifração. As verdades que se propagam e que se defendem por aí seriam, na melhor das hipóteses, meias-verdades, apresentando-se como tal na falta da verdade inteira, isto é, do

21 Para referências sobre os conceitos, ver: Odin, R. e Lyant, J. C. (éds.). *Cinémas et réalités*. Saint-Etienne: Université de Saint-Etienne, 1984; Nichols, B. *Representing reality*. Indiana: Indiana University Press, 1991; Rancière, J. "Les mots de l'histoire du cinéma" (entretien). *Cahiers de Cinéma*, novembre 1995; Mourão, M. D.; Labaki, A. *O cinema do real*. São Paulo: Cosac Naify, 2005.

que não se sabe mas se precisa saber" (Bernardo, 2004, p. 281). Dessa forma, partimos do princípio de que a realidade só o é enquanto realidade discursiva, não preexistindo à linguagem.

Em *Diálogos sobre a Nova História*,[22] Duby e Lardreau discutem o estatuto da História enquanto discurso narrativo e objeto científico. O debate se dá em torno do confronto entre "realismo" e "nominalismo", a partir do argumento que coloca o ponto de vista nominalista como aquele que afirma que o "passado", enquanto tal, "é sempre e apenas como a necessária espessura que cada presente atribui a si próprio, um dos modos segundo os quais o presente se apresenta inventando para si a profundidade de uma origem, e através disso se garante e se *autoriza*, propriamente (...)" (Duby; Lardreau, 1989, p. 13). O realismo, por sua vez, parte justamente da premissa de que "tudo é história" e que, portanto, não há passado, para subtrair o ponto de onde se fala:

> O realista pode fazer do passado um real. Não se tratará por certo de negar a existência de um passado que não passe dessa proliferação de discursos, puro imaginário e exibido pelo nominalista – bastará admitir que há um ponto, rigorosamente exorbitante em relação à série desses discursos, a partir do qual se pode construir numa Idade Média *real*, sobre a qual se pode dizer a verdade (...) (Duby; Lardreau, 1989, p. 14).

Na busca por encontrar um caminho do meio, no capítulo "Um nominalismo bem temperado" Duby e Lardreau trazem considerações interessantes sobre a construção do "real" pela história, chegando ao

22 Braudel usou pela primeira vez o termo "História Nova" em aula inaugural no *Collége de France* (1950). Dos historiadores da Escola dos Annales, temos os da primeira geração (Marc Bloch, Fernand Braudel e Lucien Febvre) e os da segunda (entre eles, de acordo com Peter Burke, Jacques Le Goff e Georges Duby), que trazem debates fundamentais a outros campos do conhecimento (Burke, 2004).

conceito de "vestígios"[23] como forma de recriação do passado pelo presente: "Alguns desses vestígios são inteiramente 'concretos', estão inscritos na paisagem; são objectos materiais que a arqueologia revela (...). Depois há outros vestígios, que são vestígios de discursos. Discursos que os contemporâneos produziam sobre si próprios; palavras, sinais postos ao lado uns dos outros, frases" (Duby; Lardreau, 1989, p. 36).

Ao se estabelecerem relações avulsas entre esses vestígios, a imaginação intervém e, dessa forma, "o vestígio só é vestígio com valor histórico a partir do momento em que já faz parte de um discurso" (Duby; Lardreau, 1989, p. 37). Essa afirmação de Lardreau, ao pontuar a observação de Duby, é nosso ponto de inflexão para chegarmos à origem desta proposta: se o vestígio se inscreve como tal apenas ao ser organizado em discurso, podemos afirmar, com as ciências da linguagem, que não existe realidade pré-discursiva.

Nesse sentido, "o discurso está sempre presente. Mesmo uma data só se torna facto (*sic)* de história no seio do discurso que *decidiu* exumá-la da triste repetição do calendário" (Duby; Lardreau, 1989, p. 37), ou seja, os fatos – ou aquilo que chamamos de realidade – são, na verdade "vestígios de discursos", enredando-se na cadeia imaginária de eventos instituídos na e pela linguagem. No debate entre historiador e filósofo, este prossegue afirmando que o fato de haver vestígios "mais ou menos reais" – de alguns terem mais pregnância, legitimidade ou credibilidade em relação à suposta realidade que pretendem articular – não implica na assunção de possibilidade de uma representação (ou reconstrução) fiel da realidade, tampouco remete à própria materialidade desses vestígios. O que se revela neste "mais ou menos de realidade" é justamente o fato de que alguns vestígios são mais condicionadores do que outros. Nas palavras de Lardreau:

23 Ver Clément (1973).

> Quero com isto dizer que os nossos discursos esbarram com alguns desses vestígios; daí que me pareça que o historiador toca, mesmo assim, em qualquer coisa que é da ordem de um limite, ou seja, se é verdade que o historiador pode produzir *n* discursos sobre vestígios, nem todos são possíveis. Por outras palavras, parece-me que a "realidade" desses vestígios de história deveria uma vez mais encontrar-se ao nível do discurso, do lado do discurso, como aquilo que torna certos discursos impossíveis (Duby; Lardreau, 1989, p. 38).

Ou, como afirma Foucault em *A ordem do discurso* (1996), conforme citado, Mendel – a exemplo de outros cientistas – sabia a "verdade", mas não estava de acordo com o "verdadeiro" de sua época. Duby complementa essa reflexão:

> Não se pode produzir um discurso qualquer sobre o passado nem, aliás, sobre seja o que for – e seria necessário voltar à minha comparação, pois, o romancista também não pode contar uma coisa qualquer, há limites que se lhe impõem, que são menos visíveis, mas que talvez sejam igualmente fortes, igualmente condicionadores (Duby; Lardreau, 1989, p. 39).

De modo análogo ao debate de longa data empreendido no campo da história, chegamos aos discursos que nos interessam para reconhecê-los, assim, enquanto *construtos*, ou "vestígios" (Soares, 2010). Uma vez mais, primeiramente no jornalismo e depois no cinema encontramos a matéria prima de nossa investigação, aproximando-os enquanto discursos fundados sobre a *referencialidade*, mas que possuem como elemento articulador a *ficcionalidade*. Nos autores citados ouvimos ecos para essas hipóteses, ao se referirem ao "edifício teórico "como uma espécie de "edifício de imaginação".[24]

---

24 Para aprofundamento dos conceitos, ver Mannoni (1979).

Ou seja, ao aproximar a referencialidade à ficcionalidade, a materialidade do mundo à imaginação, os teóricos da *Nova História* trouxeram para este campo do saber o *imaginário*. Se assumirmos, com Freud, a *escuta* como condição de possibilidade ao discurso do outro – uma espécie de *discurso dos vestígios* –, podemos extrair pontos de contato e de separação entre reportagens e documentários. No contraste entre esses dois discursos, ensejamos por outros caminhos a possibilidade de apresentar novos contrastes – como falado inicialmente – entre as *formas de narrar* (ficcionais) presentes nessas duas *formas discursivas* (referenciais).

Tomemos como exemplos paradoxais dois cineastas contemporâneos, Walter Salles e Eduardo Coutinho. Enquanto o primeiro, embora seja diretor de filmes de *ficção*, parece empreender uma busca pelo "real" fundada em uma suposta crença na realidade dos fatos e sua fiel representação, o segundo opera a partir da escuta de um discurso outro para articular uma espécie de *ficção subjetiva* em seus filmes *não-ficcionais*. Os dois diretores constroem de forma assimétrica sua relação com a realidade e os discursos que a constituem. De modo semelhante às ideias de Duby, Coutinho toma como "fonte" o desejo de seus entrevistados, demonstrando em cada filme (especialmente em *Jogo de cena*, de 2007, e *Moscou*, de 2009) que a realidade é sempre formada por *vestígios*. Ao par de opostos "realidade x ficção", outro se coloca, de modo não-contraditório e, antes, complementar: *mundo histórico/mundo imaginário*, em que o mundo histórico teria tanta *ficção* quanto o imaginário, e este teria tanta *realidade* quanto o mundo histórico.

Retomamos, assim, os termos "referencialidade" e "ficcionalidade" para nos referir aos discursos audiovisuais contemporâneos que tentam dar conta dos fatos e de sua suposta realidade. Buscando desdobrar os conceitos, propomos problematizar as noções de *fato* e *ficção*, deslocando a questão para as relações entre *verdade* e *fantasia*. Ao atribuir aos discursos referenciais a possibilidade de *tudo dizer*, de modo inverso ao que vimos em relação ao cinema, um duplo movimento se coloca: deles é exigido que sejam "verdadeiros" no sentido aristotélico, estabelecendo correspondência direta entre verdade e realidade, como se fosse possível excluir a distância sempre presente entre os signos e aquilo que designam.

Evocando definições anteriormente apresentadas, temos que a verdade como *alethéia* – "aquilo que deve ser lembrado" – cede lugar, a partir de Platão mas especialmente em Aristóteles, à concepção de verdade como *orthótes* – adequação do conceito à realidade –, muito próxima da definição que atualmente identifica *verdade* e *realidade* e, por outro lado, opõe *verdade* e *ficção*. Além desta, duas outras noções corroboram a forma como definimos, de modo geral, a *verdade* do mundo histórico: a palavra latina *veritas* (veracidade de um relato) e a palavra hebraica *emunah* (confiança numa promessa). Nessa acepção da verdade como algo que corresponde à realidade, o estatuto da ficcionalidade seria desde sempre barrado, pois não diria respeito à verdade dos acontecimentos ou dos discursos (muitos deles transformados em *fatos jornalísticos*, mas não em *atos discursivos*), mas à fidelidade de sua reprodução.

Nas tensões entre referencialidade e ficcionalidade, portanto, é que novamente propomos estabelecer o escopo teórico e metodológico para as reflexões sobre as narrativas midiáticas no jornalismo e no documentário contemporâneos.[25] Nas reportagens televisivas, o personagem

25 Os programas jornalísticos são uma constante na produção televisiva brasileira, especialmente os telejornais. Nesse momento, são consideradas produções jornalísticas que não estejam enquadradas nesse formato tradicional, buscando justamente os programas em que as questões do gênero jornalístico são problematizadas nas fronteiras com a produção ficcional televisiva. A possibilidade de pensar o cinema documentário como gênero é uma das questões exploradas. De modo abrangente, consideramos os documentários não apenas como gênero cinematográfico, mas como um discurso específico na produção cinematográfica, que pode trazer, assim como os filmes tidos como "ficcionais", variações em suas formas genéricas (musical, terror, comédia, romance, entre outros).

em destaque é geralmente o repórter, que cria a situação para sua ação; ele é objeto do registro da câmera (como em programas jornalísticos tradicionais, entre eles *Jornal Nacional* e *Globo Repórter*), e aqui se estabelece uma distinção em relação aos filmes ou reportagens documentais. Em vez de se colocar como testemunha de um acontecimento que deve ser reportado aos espectadores, o cineasta se coloca em cena como aquele que desencadeia a ação para que um outro surja. Se pudéssemos buscar, de modo simplificado, as definições de "cinema direto" e "cinema verdade", diríamos que o jornalismo convencional, ao tentar estabelecer uma relação imediata com *a realidade*, aproxima-se do primeiro; nos documentários, por sua vez, há espaço para instituir uma "verdade" que não venha da realidade, mas da materialidade do próprio filme.

Essas fronteiras, bem como aquelas entre ficção e realidade, tornam-se cada vez mais difusas quando tratamos de discursos referenciais, pois frequentemente somos confrontados, na televisão e no cinema, com reportagens e documentários que embaralham os limites entre mundo histórico e mundo imaginário. Essa temática, portanto, insere-se nos limites difusos entre formatos cada vez mais hibridizados em termos narrativos, tecnológicos, estéticos e éticos. A busca pelo estabelecimento das diferenças entre reportagens e documentários, e o interesse por reportagens que se constituam nesse intervalo – por vermos nelas uma possibilidade maior ao jornalismo televisivo –, coloca-se como eixo articulador das reflexões. Priorizamos reportagens que dialogam com documentários e deles se afastam, negando e reafirmando seu estatuto enquanto gênero jornalístico.

De modo semelhante, alguns documentários contemporâneos tomam a estética da reportagem em suas narrativas, ainda que produzidos para exibição no cinema e não na televisão. Podemos nos perguntar se esses movimentos de hibridização não levariam ao surgimento de discursos que se assemelham cada vez mais, ao buscar aproximações com outras formas narrativas. Talvez os *reality shows*, e sua crescente e variada proliferação, surjam na trilha dessas margens.

As proximidades e distanciamentos entre as narrativas de reportagens e de documentários são o *locus* no qual demonstrar que os discursos midiáticos contemporâneos se constituem a partir de hibridismos entre elementos factuais e ficcionais e, mais do que isso, a partir de uma reafirmação da possibilidade ou não de representação fiel (ou verdadeira) da realidade. A "paixão pelo real" (em expressão de Badiou, 2002), ou o "retorno do real" (Foster, 1999), fazem-se presentes em diversos discursos das mídias, de modo especial no jornalismo televisivo e no cinema documentário, sinalizando a presença marcante de elementos de realismo/naturalismo ou delineando o "deserto do real" e seu potencial catártico (Zizek, 2003).

Buscando aportes teóricos nos quais pensar as mídias como *narrativas*, é como *mediação* que elas se colocam. No caso do jornalismo,

> antes de registrar, informar, antes de ser colocado pelas condições que o caracterizam, por exemplo, periodicidade, universalidade, atualidade, difusão (...) o jornalismo é ele próprio um fato de língua. Seu papel e sua função na instituição social implica o de *organizar discursivamente*, o que, aliás, é a prática jornalística por excelência (Gomes, 2000, p. 19).

Considerando a língua como instituição social fundante, como afirmamos anteriormente, o campo da análise do discurso nos traz, em sua multiplicidade, interessantes contribuições para pensarmos as mídias *enquanto* narrativas. Maingueneau (1997) afirma que a linguagem não é concebida apenas como suporte para a transmissão de informações, mas como o que permite construir e modificar relações entre interlocutores, enunciados e referentes:

> É a própria noção de "comunicação lingüística" que, desta forma, é deslocada: o fato de que um enunciado supõe um enunciador, um destinatário, uma relação com outras enunciações reais ou virtuais, que esteja atravessado, pelo implí-

> cito etc.; tudo isto não é uma dimensão que se acrescentaria posteriormente a uma estrutura lingüística já construída, mas algo que condiciona radicalmente a organização da língua (Maingueneau, 1997, p. 20-21).

Dessa forma, podemos afirmar, com Kristeva, que a "linguagem é antes de tudo o mais uma prática. Prática cotidiana que preenche cada segundo da nossa vida, incluindo o tempo dos nossos sonhos, elocução ou escrita, é uma função social que se manifesta e se conhece no seu exercício" (Kristeva, 1974, p. 319). O termo discurso, por sua vez, designa a manifestação da língua na comunicação viva, como também qualquer enunciação que integre nas suas estruturas o locutor (ou enunciador) e o destinatário, com o desejo do primeiro de influenciar o segundo.

Em Maingueneau, entende-se como análise do discurso "a disciplina que, em vez de proceder a uma análise linguística do texto em si, ou a uma análise psicológica ou sociológica do seu contexto, visa articular sua enunciação sobre um certo lugar social" (Maingueneau, 1997, p. 13). A análise do discurso coloca-se, portanto, "em relação com os gêneros de discurso trabalhados nos setores do espaço social ou nos campos discursivos" (Maingueneau, 1997, p. 14). O discurso é considerado como *espaço heterogêneo*, sempre em movimento e cuja unidade se faz em relação a discursos outros, que se manifestam, muitas vezes, naquilo que é dito justamente em uma instância de *não-dito*, e/ou em marcas que facilitam ou indicam caminhos para identificação da cena enunciativa. Tal noção permite aproximar as perspectivas teóricas apresentadas aos objetos empíricos referidos.

A fim de dar conta da polissemia e da não estabilidade da noção de discurso, Maingueneau propõe uma possível delimitação a partir do conceito de "formações discursivas" de Foucault, definido como "um conjunto de regras anônimas, históricas, sempre determinadas no tempo e no espaço que definiram uma época dada, e para uma área social, econômica, geográfica ou linguística dada, as condições de exercício da função enunciativa" (Foucault, 1997, p. 136). Se as narrativas constituem uma prática discursiva, notadamente em sua diversidade midiática, podemos afirmar:

> Por este termo é possível entender o que Pêcheux chama de "superfície discursiva", que corresponde ao conjunto dos enunciados realizados, produzidos a partir de uma certa posição; mas também pode-se interpretá-lo como o sistema de restrições que permite analisar a especificidade desta superfície discursiva (Maingueneau, 1997, p. 24).

É, portanto, como elemento instituidor de realidades e por elas instituído que o discurso se apresenta. Essa visada aponta para a correlação e a reciprocidade entre processos de constituição social e textual, ponto crucial se considerarmos o fazer jornalístico, especialmente a *função testemunhal* que lhe é atribuída. A referencialidade presente em reportagens jornalísticas produz como efeito de sentido a exclusão do âmbito simbólico e o apagamento das marcas construídas no processo de mediação. Constituído na linguagem e imerso em uma ordem simbólica que o precede, ao sujeito não é possível ter acesso direto ao "real" (ainda que o jornalismo tente *apagar tal apagamento* para criar efeitos de realidade, objetividade e verdade).[26]

A esse respeito, Barthes afirmara que, em relação à referencialidade, "o real concreto se torna a justificativa suficiente do dizer", como se a realidade fosse de fato transparente: "Em outros termos, na história 'objetiva', o 'real' nunca é mais do que um significado não

---

26 Ver os mencionados conceitos de "transparência" e "opacidade" desenvolvidos por Xavier (1984). De modo paradoxal, eles apontam para uma falsa dicotomia, como se a *existência do real* pudesse opor-se à *suspeição do real*. As sobreposições entre uma visão positiva da história e sua perspectiva narrativa (White, 1994) problematizam essa visão: de um lado, há o "tudo ficcional" como forma de resistência à tentação do realismo, como se mostrar cada vez mais as formas de realização de um discurso fosse sinônimo de transparência. De outro, o excesso de ficcionalização termina por corroborar o realismo/naturalismo, modos próprios de expressão jornalística e documental.

formulado, abrigado atrás da onipotência aparente do referente. Essa situação define o que se poderia chamar de *efeito de real*" (Barthes, 1988, p. 156). É interessante notar, portanto, que nessa passagem de um lugar a outro, do fato ao relato, é um processo de *narrativização* que se inscreve no discurso jornalístico, no qual determinadas formas narrativas contribuem para produzir efeitos de sentido que corroboram seus pressupostos. Constituindo-se no intervalo desse processo, o jornalismo apresenta-se como dotado de uma heterogeneidade constitutiva, mas que se torna apagada em suas marcas enunciativas. No discurso cinematográfico, por sua vez, a heterogeneidade mostrada se revela em sua própria constituição.[27]

Por meio, portanto, de relatos, discursos indiretos, paráfrases, citações, aspas, pressuposições, vozes de autoridade, entre outros elementos que compõem o que a análise do discurso chama de "heterogeneidade mostrada", o discurso jornalístico estabelece espaços de polifonia e dialogismo, uma intensa conversação com outras vozes e outros discursos que o atravessam. Ao contrário do que se afirma, não é apenas em literatura ou cinema que notamos os sinais dessa heterogeneidade, mas no texto jornalístico que, paradoxalmente, tenta se negar como heterogêneo para estabelecer seus pressupostos – atualidade, objetividade, isenção –, negando suas próprias escolhas.

Ou seja, é na multiplicidade de vozes que compõem seu discurso que o jornalismo se afirma como narrativa unívoca, camuflando seus equívocos. No discurso documental, de modo mais evidente, há sempre um *outro* que se coloca como presente, de forma marcada ou apenas pressuposta. Independentemente de suas marcas visíveis, todo discurso é constituído a partir de um debate com a alteridade, com o outro que o constitui; no caso do discurso jornalístico, dife-

27 Ver os conceitos de "dialogismo", "polifonia" e "intertextualidade" como definidos por Bakhtin (2008).

rentemente do cinematográfico, esse debate é revelado em sua superfície e negado por seus fundamentos.

A polifonia e a heterogeneidade discursivas não se devem apenas à presença de sujeitos diversos em um mesmo enunciado, mas podem resultar da construção pelo locutor de níveis distintos no interior de seu próprio discurso. Por meio desse movimento, a possibilidade de articulação de um sentido estável – que levaria a uma interpretação sem ambiguidades – é problematizada (Maingueneau, 1997, p. 19-20). Se sentido e contexto não são preestabelecidos, mas interdependentes, a enunciação é sempre assimétrica, mobilizando saberes diversos. Aquele que interpreta os enunciados reconstrói seus sentidos a partir de indicações presentes nos enunciados produzidos, mas nada garante que o que ele reconstrói coincida com as representações do enunciador.

As polêmicas passagens que envolvem as formações discursivas não surgem, portanto, do exterior, mas presumem a partilha do mesmo campo discursivo e das leis que lhe são associadas. Se o discurso constrói, em um mesmo movimento, sua identidade e sua relação com outros discursos, *verdade* e *ficção* se entrelaçam em tramas complexas, possibilitando caminhos outros nos quais tecer as narrativas midiáticas. Após termos percorrido essa temática dos estigmas sociais no cinema, os aportes trazidos pelos conceitos nos permitem traçar considerações sobre o telejornalismo e a publicidade, articulando seus discursos.

Comecemos pelos relatos jornalísticos, que têm ocupado lugar de destaque entre os programas televisivos.[28] Há alguns anos, acompa-

---

28 O programa televisivo *Profissão Repórter* foi objeto de investigação de um grupo de pesquisadores integrantes do MidiAto (ECA-USP). Ao longo de dois anos, desenvolvemos leituras e análises sobre o programa que culminaram na realização do Simpósio *Profissão Repórter* em Diálogo, em 2011, que reuniu participantes de outras universidades brasileiras, além de representantes da equipe do programa. Para acesso aos artigos completos, ver o livro *Profissão Repórter em diálogo*, organizado por Rosana de Lima Soares e Mayra Rodrigues Gomes, publicado em 2012 pela Alameda Editorial

nhamos a progressiva substituição, em horário nobre da *Rede Globo*, do programa *Linha Direta* por *Profissão Repórter.* Ambos têm em comum, cada um a seu tempo, abordagens tidas como inovadoras em termos jornalísticos, valorizando o caráter narrativo de seus relatos. Ainda que considerando as divergências nas concepções sobre jornalismo e narrativa, os dois programas estabelecem diálogo com formas variadas comumente presentes em documentários televisivos ou cinematográficos. Por meio de uma abordagem baseada nas teorias da enunciação, procuraremos demonstrar que tais programas estão fundados sobre estratégias discursivas semelhantes, ainda que os efeitos de sentido junto a seus espectadores e os posicionamentos políticos em seus enunciados sejam distintos.

O programa *Linha Direta*[29] – no ar por vários anos e trazendo temas ligados, sobretudo, à violência, por meio de reconstituições e investigações policiais concebidas em contraposição ao chamado "jornalismo tradicional" – apresenta diferenças notáveis em termos expressivos e de conteúdo se comparado a *Profissão Repórter*, inicialmente um quadro dentro do programa dominical *Fantástico*, mas que já antecipava sua tônica na realização de *grandes reportagens* em formato documental, com aprofundamento dos temas tratados. Para além de mudanças nos contextos de criação e circulação dos discursos

---

(São Paulo). As ideias expostas a seguir foram expandidas a partir de artigo publicado no referido livro. Informações em: http://www.usp.br/midiato. Acesso em: 07/10/2018.

29 O programa semanal *Linha Direta* foi exibido, pela primeira vez, em 1990, e retomado de 1999 a 2007. Passando por diferentes fases, no início guardava semelhanças com outros programas jornalísticos de caráter popularesco, em que a ênfase em temas relacionados à violência e à segurança policial prevalecia de forma sensacionalista e pouco afeita às definições clássicas do jornalismo em televisão. Dentre suas formas narrativas, podemos destacar a reconstituição de crimes, o apelo à denúncia, a reencenação de casos exemplares, a simulação de processos investigativos. Para um estudo aprofundado do programa, ver Mendonça (2002; 2010).

jornalísticos – incidindo também em seus usos e apropriações –, muitas vezes notamos uma reiteração desses discursos no que diz respeito aos critérios e valores de noticiabilidade.

Apresentado pelo jornalista Marcelo Rezende, *Linha Direta* anunciava-se ao público em tom amedrontador: "Medo. Impotência. Desamparo. São sentimentos cada vez mais presentes no cotidiano de todos nós. Nós que vivemos no dia-a-dia cercados por uma violência cega, uma violência que nos oprime. A partir de hoje você está em *Linha Direta* com seu direito, em *Linha Direta* com a cidadania". Em meio a outros programas informativos em que terror e insegurança constituíam o cerne de suas narrativas, uma inovação estética era proposta: apresentar ao espectador, em episódios semanais sobre crimes hediondos, possibilidades de solução da violência por meio da punição ostensiva e de um discurso totalitário em termos políticos e sociais, atribuindo ao criminoso a responsabilidade pelos atos cometidos, provocada usualmente por sua ausência de caráter. Tributário de uma ideologia conservadora, o programa apelava aos que, como o apresentador, indignavam-se com o fato de que os "malfeitores" pudessem prevalecer sobre os "homens de bem" e apelavam para severidade no controle e na punição perpetrados pelo aparato policial e a violência de estado. Audiência assegurada à época, o programa manteve-se por muitos anos em horário nobre da *Rede Globo*.

De acordo com Mendonça, *Linha Direta* baseava-se em dois artifícios: "A simulação como produtora de uma verdade capaz de mobilizar o telespectador; e um conflito constante com a Justiça, na medida em que a sensação de insegurança, decorrente da alegada inoperância do sistema jurídico, é tomada como a razão principal para a existência dos casos apresentados" (Mendonça, 2002, p. 10). Em sua narrativa,

> ao contrário das determinações dos manuais de jornalismo, o programa utiliza recursos poucos ortodoxos na construção das simulações dos crimes hediondos. No entanto, o uso

> destas não poderá levantar dúvidas acerca da veracidade dos fatos apresentados. Portanto, o programa abre mão de alguns recursos característicos da objetividade fria do jornalismo tradicional, mas em momento algum irá abandonar seu papel de veiculador de (supostas) verdades (Mendonça, 2002, p. 10).

Com o declínio não apenas deste, mas de outros programas que faziam da violência e de seu suposto combate o motor de seus discursos, *Linha Direta* é paulatinamente substituído por outras formas audiovisuais. Em seus últimos meses de exibição, aproxima-se do formato documental de histórias policiais e científicas, até ser definitivamente excluído da programação da emissora, em 2007.[30] Nesse período, divide espaço com *Profissão Repórter* em horários alternados; no momento em que este se torna um programa autônomo, ocupa, por alguns meses, o mesmo horário do extinto *Linha Direta*, fato que nos motiva às considerações propostas.

Em sua teoria da enunciação, Benveniste (1989) demonstra o dinamismo das categorias de pessoa, espaço e tempo quando tratamos do discurso. De modo não exaustivo, tomamos tais conceitos para pensar formas enunciativas presentes em *Profissão Repórter*. Nas oscilações entre o "eu-aqui-agora" e o "ele-lá-então", notamos a presença/ausência desses elementos em telejornais. Não por acaso, o antigo *Aqui Agora*[31] evocava, em seu nome, o efeito de sentido de aproximação ao

---

30 Em 25/11/2010, o portal Comunique-se divulgou uma nota em que afirmava a volta do programa *Linha Direta* à grade da *Rede Globo*, em 2011, fato que não se confirmou, com apresentação do jornalista Roberto Cabrini, apresentador do programa *Conexão Repórter* (*SBT*). Disponível em: carlosferreirajf.blogspot.com/2010/11/roberto-cabrini-rede-globo-cogita.html. Acesso: 10/08/2011.

31 Exibido no SBT entre 1991 e 1997, retornando por um curto período em 2008, foi um dos primeiros telejornais a romper com o formato clássico, de inspiração norte-americana, adotado pela *Rede Globo*, trazendo propostas diversas desse modelo convencional. Com vários apresentadores que se revezavam na leitura das notícias, um de seus diferenciais era o forte acento em

telespectador, incorporando recursos antes incomuns no telejornalismo (narrador em primeira pessoa, presença no local e transmissão em tempo real), como se não apenas o repórter, mas também o apresentador e seu público estivessem vivenciando os fatos no momento de sua ocorrência, com a maior autenticidade possível.

Câmera na mão, entonação frenética, sons ruidosos e imperfeições na imagem, além de entrada de outros personagens (transeuntes, policiais, repórteres) corroboravam o efeito de objetividade jornalística pretendido, ainda que subvertendo os moldes usuais do jornalismo tradicional. Este, por sua vez, tem sido pautado pelo efeito enunciativo de distanciamento em relação ao telespectador, que se encontra frente a uma linguagem asséptica e, aparentemente, unívoca, ao receber relatos em terceira pessoa, com qualidade e apuro técnico inquestionáveis em termos de som e imagem. Podemos dizer que *Profissão Repórter* inova ao mesclar dois elementos singulares, como se pudesse agregar a vivacidade da narrativa próxima e a credibilidade de seu distanciamento.

Em notícia publicada em 07 de maio de 2006, no jornal *Folha de S. Paulo*, lemos sobre a chegada de um novo "quadro jornalístico" no programa semanal *Fantástico*: "Como o olhar de cada repórter pode influenciar na maneira de contar uma história na TV? A partir de hoje, o jornalista Caco Barcellos tenta responder à pergunta com um novo quadro no *Fantástico*, o *Profissão Repórter*, que mostrará o comportamento de oito jovens recém-formados na profissão e suas diferentes visões diante de um mesmo fato durante a produção de uma reportagem para televisão". Notemos que a frase inicial, sobre a "influência" do re-

---

temáticas relacionadas à violência e aos conflitos sociais, e o posicionamento explicitamente opinativo – e nem sempre politicamente correto – de seus apresentadores, em um período no qual a informação e o entretenimento ainda não se encontravam mesclados como ocorreria posteriormente na televisão. Seu slogan de estreia prometia um novo padrão jornalístico: "Um jornal vibrante, uma arma do povo, que mostra na TV a vida como ela é". Ver: http://www.arquivosbt.com/2008/07/aqui-agora.html. Acesso em: 10/10/2018.

pórter na maneira de contar uma história, aponta para uma mudança na concepção do jornalismo como "retrato da realidade" ou "janela para o mundo", modo usual de defini-lo. A notícia informa, ainda, que a ideia do programa é mostrar "que quem apresenta a notícia também está sujeito a ela, com uma carga de emoção e sua vivência social ou cultural",[32] propondo um outro lugar para o repórter.

Essa perspectiva é anunciada no chapéu, em que se lê que o "novo quadro mostra visão de oito jornalistas diante do mesmo fato", seguido do alerta de que não se trata de um *reality show*, mas de "uma nova forma de apresentar uma reportagem", nas palavras de Caco Barcellos, em que a "estrela" seria o próprio relato, e não o repórter. A referência aos *reality shows*, menos consolidados, mas já bastante numerosos naquela época, aponta para a necessidade de estabelecer uma fronteira entre o telejornalismo e outros gêneros televisivos informativos associados ao entretenimento, entre eles os próprios *realities*, os docudramas ou aqueles de caráter popularesco.

Profissão Repórter entra na programação, portanto, objetivando não apenas mostrar (e superar) os desafios da reportagem, mas também aqueles do próprio jornalismo em busca de outros caminhos, considerando também a crescente presença da internet na produção de notícias. Sua estreia oficial ocorrera em caráter experimental, com a exibição de um episódio especial, no *Globo Repórter*, sobre o trânsito de São Paulo. O jornalista Marcel Souto Maior, diretor do programa até o início de 2011, declarou à *Folha*: "Esperamos que o público se identifique com eles [os repórteres] e acompanhe a dinâmica do trabalho do repórter, pois passamos por desafios, dúvidas e conflitos éticos e pessoais. Normalmente, na TV, a gente esconde isso". É nesse ponto que retomamos a questão: como pensar, para além dos enunciados propostos – incluindo o formato e a temática do programa –,

32 A notícia "Barcellos testa formato no *Fantástico*" foi publicada sob a rubrica Telejornalismo e redigida por Marcelo Bartolomei (*Folha de S. Paulo*, caderno Ilustrada, 07/05/2006).

suas possíveis inovações enunciativas? Se a proposta visava estabelecer um contrato comunicacional próprio com o telespectador, possibilitando que este "trocasse de lugar" com o repórter ou, ao menos, identificasse qual seria esse "lugar outro", explicitando algo antes velado, podemos indagar sobre os modos de enunciação construídos em *Profissão Repórter*.

A categoria "pessoa" refere-se, em Benveniste, à relação com a alteridade e ao pacto estabelecido entre um "eu" e um "tu", lugares cambiáveis que podem ser assumidos ora por um dos sujeitos, ora por outro, numa relação indissociável. Em *Profissão Repórter*, podemos notar a ocupação desses lugares ora pelo jornalista Caco Barcellos (que alterna os papéis de repórter, narrador e enunciador), ora pelos repórteres (aprendizes que fazem as vezes de narradores e personagens), ora pelos entrevistados (sujeitos retratados nas matérias a partir de diferentes posicionamentos, em alguns momentos atuando como protagonistas, em outros como adjuvantes da própria reportagem, eixo central do programa). Ao assumirmos que a língua se articula em fala singular no ato de enunciação do discurso, notamos que não apenas os lugares do "eu" e do "tu", mas uma série de outros dêiticos são acionados no momento mesmo da enunciação – ele, ela, este, esta, aqui, lá, agora, então –, demarcando as relações da pessoa do discurso com o espaço e o tempo nele construídos.

Espaço e tempo estabelecem a experiência subjetiva dos enunciadores e coenunciadores do discurso, para além dos indivíduos que produzem e recebem as narrativas, ou nelas atuam. Se a realidade é criada por meio dos discursos, que não se colocam como sua representação direta mas, ao contrário, estabelecem regimes de visibilidade em relação aos diversos sujeitos, o jornalismo atua no sentido de cristalizar narrativas e, ainda, possibilitar sua dissolução, propondo construções múltiplas e diversas do mundo (Benveniste, 1989b, p. 70). Nessas construções, o tempo cronológico, o tempo dos acontecimentos e o tempo linguístico concorrem para o estabelecimento dessas narrativas, constituindo elemento fundamental quando consideramos o tempo sempre *atual* pressuposto no jornalismo. Definido como uma função do discurso, o tempo linguístico é sempre o presente, posto que ligado à instância da "fala colocada *em ato*".

Nos relatos jornalísticos, uma pergunta se coloca: se o tempo é pessoal e subjetivo, como tal experiência pode ser transmitida ao outro? De acordo com Benveniste, exatamente "porque a temporalidade que é minha quando organiza meu discurso é aceita pelo outro como sua" (Benveniste, 1989b, p. 77), podendo ser reconstruída, estabelecendo um *locus* comum, intersubjetivo, que coloca os enunciadores em relação e cria um espaço não fixo para sua atuação. Em narrativas jornalísticas, o tempo dos acontecimentos é identificado com o tempo linguístico no momento em que o discurso está sendo proferido (quem fala "hoje", refere-se ao tempo em que está falando); para tornar o "hoje" inteligível fora do tempo linguístico do presente, é preciso relacioná-lo a uma divisão explícita do tempo cronológico (uma data específica, por exemplo), estabelecendo uma disjunção entre os três modos temporais (Benveniste, 1989b, p. 78-79). O tempo cronológico é, assim, uma convenção que permite que o tempo linguístico seja apreendido pelos enunciadores do discurso ao mesmo tempo em que constrói uma temporalidade a ele intrínseca.

De modo semelhante, temos a construção do espaço e de suas marcações em reportagens jornalísticas, que só possibilitam a identificação de um local comum por meio de referências explícitas ou implícitas presentes nas imagens mostradas. Se tempo e espaço, assim como outros sistemas de significação, são construções históricas e simbólicas instauradas no instante da enunciação, a suposta transparência das narrativas jornalísticas é problematizada, apontando para o caráter provisório e ficcionalizante desses relatos. Assim sendo, pessoa, espaço e tempo não existem em si mesmos, ou em uma realidade a eles externa, mas são elementos discursivamente organizados por meio de articulações narrativas.

A enunciação, portanto, coloca em relação um conjunto de enunciados por meio de um ato singular de utilização da língua, sendo definida como o "ato mesmo de produzir um enunciado, e não o texto do enunciado, que é a fala" (Benveniste, 1989b, p. 82), e analisada a partir de três aspectos: a fala, as situações nas quais ela se realiza e os meios utilizados para tal realização. De acordo com Benveniste, esses elementos são caracterizados pela maior ou menor acentuação da "relação discursiva com o parceiro, seja este real ou imaginado, individual ou coletivo" (Benveniste, 1989b, p. 89), em que diversos recursos são utilizados não para gerar significados, mas para estabelecer laços sociais no discurso, como as imagens, figuras e expressões que se repetem em reportagens jornalísticas, especialmente televisivas.

Ao tomarmos as narrativas jornalísticas presentes em *Profissão Repórter*, observamos os modos pelos quais formas distintas articulam processos de enunciação, engendrando a troca de papéis entre repórteres e entrevistados, todos alçados à condição de personagens dos relatos apresentados aos telespectadores, também eles um "eu" e um "tu" instaurados no tempo-espaço do discurso jornalístico. Oscilando entre reafirmação e contestação dos princípios fundantes do jornalismo (tais como objetividade, imparcialidade e atualidade), assistimos nas telas a programas tradicionais, como *Jornal Nacional* e *Fantástico*, e a outros inovadores, como *Linha Direta* e *Profissão Repórter*. Vale ressaltar que, a partir desse movimento inicial, passaram a ocorrer mudanças significativas em produções jornalísticas convencionais, tanto em termos formais como editoriais, numa espécie de circularidade em que o ponto de partida se torna ponto de chegada, transformado pelos programas televisivos que surgiram para, justamente, problematizar os formatos tradicionais.

3. Estigmas sociais e subjetividades: (in)visibilidades encenadas

Entre os programas assumidos como não tradicionais (e também em alguns episódios de *Globo Repórter* ou em quadros específicos do *Fantástico*), as reportagens de *Profissão Repórter* apresentam características singulares em relação às demais, delas se diferenciando e com elas estabelecendo pontos de continuidade na grade de programação da *Rede Globo*, em que o jornalismo, ao lado da teledramaturgia, responde por um lugar de destaque. Nesse sentido, vemos a paulatina transposição, do ponto de vista da produção, de um relato jornalístico para outro, como se o próprio fazer jornalístico houvesse deslocado suas margens, interpelado pelas demandas do público. Do ponto de vista da recepção, os programas contribuem para reforçar o imaginário social que atribui ao jornalismo o estatuto de representação fiel da realidade, atestando seu caráter factual e ocultando seus vestígios.

A representação pretendida pelo jornalismo opera na disjunção entre fato e relato, acentuando uma vez mais a dicotomia entre "transparência" e "opacidade" (Xavier, 1984). Tanto o surgimento de *Profissão Repórter*, e sua consolidação, quanto o progressivo declínio de *Linha Direta*, até sua extinção, trazem importantes questionamentos sobre os relatos jornalísticos televisivos: seria essa transformação tributária da queda de audiência dos programas ditos sensacionalistas e de viés popularesco, de certa forma sintetizados em *Linha Direta*? Ou poderíamos vislumbrar nessa mudança a proposição de outro modo de pensar o fazer jornalístico contemporâneo, estabelecendo um lugar mais flexível e *ficcionalizante* em suas narrativas?[33]

Nos últimos anos, notamos na televisão o surgimento de programas de temática policial concebidos nos moldes do cinema brasi-

---

33 Utilizamos o termo *ficcionalizante* para diferenciar tal perspectiva da ficção literária ou do aspecto fictício atribuído ao imaginário. Tomamos a concepção de Odin (2012), que estabelece o que chama de "leitura documentarizante" e "leitura fictivizante", baseadas na maneira como o espectador reconhece o "eu" enunciador presente no discurso fílmico. O autor afirma que tanto o "documento" como a "ficção" dizem respeito a uma realidade construída por meio de narrativas e, desse modo, filmes de ficção possuem caráter referencial e filmes documentários apresentam aspectos fabulares. Eliminando as fronteiras que parecem separar esses gêneros, Odin alerta para a inconsistência em buscar definições, nos discursos audiovisuais, por meio desses conceitos.

leiro (entre eles, a telenovela *Vidas opostas*, da Record, uma das precursoras dessa tendência, entre 2006 e 2007, e a série *Força tarefa*, da Globo, de 2009 a 2011), bem como de programas jornalísticos voltados para a mostração de seus bastidores e modos de construção. O slogan de *Profissão Repórter* sintetiza esse movimento ao prometer *dar a ver* "os bastidores da notícia, os desafios da reportagem", evocando uma visão clássica de jornalismo e de seus protagonistas. Dessa forma, apelo sentimental, oposição entre realidade e narrativa, reconstituição dos fatos, humanização da reportagem, entre outros elementos presentes nos programas populares, parecem se transformar em *Profissão Repórter* ao assistirmos à encenação da reportagem, contada para o telespectador por meio de personagens, estabelecendo pontos de contato e ruptura entre o programa e seus espectadores.

Tomando como referência os conceitos apontados, podemos afirmar que, na diversidade de suas tematizações e figurativizações, os dois programas ocupam uma posição próxima em relação aos procedimentos enunciativos neles engendrados e à concepção de jornalismo que a emissora quer apregoar, mas assinalam importantes mudanças que acompanham as transformações no lugar ocupado pelo jornalismo junto à sociedade e no contexto de recepção. Tal percepção será demonstrada por meio de episódios voltados para a tematização de conflitos sociais, recorrentes em *Profissão Repórter*, selecionados a partir da amostragem ampliada. Em 2 de junho de 2008 o programa se tornou autônomo, como lemos em chamada no site oficial: "A partir desta terça-feira, o *Profissão Repórter* passou a ser semanal! No primeiro programa dessa nova fase, Caco Barcellos e sua equipe de jovens jornalistas acompanharam o drama dos brasileiros que vivem à espera de um coração".[34]

---

34 O levantamento inclui os episódios exibidos até meados de 2011. A íntegra dos episódios e outras informações relativas às temporadas de *Profissão Repórter*, de 2008 até o momento, encontram-se disponíveis em: http://memoriaglobo.globo.com. Acesso em: 31/08/2018.

De um total de 149 episódios pesquisados,[35] identificamos três fases (em termos de formato) e três momentos (em termos narrativos) nos quais situar o programa. Inicialmente, *Profissão Repórter* foi criado como um quadro dominical no programa *Fantástico* (09/03/2006-09/03/2008; 02/09/2008; 15/09/2009). Posteriormente, tornou-se um programa Especial, sendo exibido em dias esporádicos (14/12/2006; 28/12/2006; 30/08/2007; 18/10/2007; 13/12/2007). Finalmente, torna-se programa semanal, com horário fixo na grade, a partir de junho de 2008, sendo exibido até o presente momento, com algumas variações de dias da semana e horários de veiculação.

Em termos narrativos, notamos, na primeira fase (2006-2008), ênfase na discussão sobre o jornalismo e seus bastidores, tendência crescente na época, em que as reportagens se voltavam para a profissão e seus repórteres aprendizes, caracterizando uma espécie de metajornalismo que se desvelava aos olhos do público. Tal ênfase colocava-se como contraponto à rigidez dos telejornais tradicionais, em que os aspectos de produção não eram revelados ao público. No momento subsequente (2008-2009), a ênfase nos bastidores se torna acentuada, como se o programa assumisse, para além do protagonismo das próprias reportagens, a possibilidade de mostrar, radicalmente, a realidade e as maneiras de relatá-la. Esses procedimentos foram percebidos também em outras produções televisivas, que passaram a incluir a própria televisão como personagem de suas histórias. Notemos que é nesse período que o esgarçamento da linguagem de *Linha Direta*, com sua tônica na cobertura supostamente "verdadeira" dos fatos, conduz ao término deste programa.

A partir de 2010 e ao longo de 2011, percebemos um amadurecimento das reportagens (e dos repórteres), transformando *Profissão Repórter* em um programa consolidado, que divide com outros o es-

35 Para listagem completa, ver capítulo "*Profissão Repórter*, um panorama" (publicado em Soares; Gomes, 2012), no qual é apresentado o banco de dados da pesquisa sobre o programa.

paço privilegiado, no jornalismo, da realização de *grandes reportagens* em forma de narrativas aprofundadas sobre pautas menos usuais no telejornalismo. Notemos que, no último período, outros programas compartilham desse cenário, alguns deles incorporando estratégias narrativas de *Profissão Repórter* anteriormente deles ausentes. Essas estratégias, muitas vezes, fazem-se presentes também em outros telejornais da *Rede Globo*, apontando para um caminho inverso, em que os novos formatos reverberam naqueles mais usuais.

Nesse processo, outro aspecto se destaca: as pautas tornam-se cada vez mais semelhantes entre os diversos programas (renunciando à tentativa inicial de diversificação) e sua abordagem passa a ser feita de modo mais unívoco (preocupando-se cada vez menos em mostrar as diversas maneiras de narrar uma história ou a crítica a reportagens realizadas), para voltarem a se destacar em anos mais recentes. Desde 2012 e especialmente a partir de 2015, as singularidades de sua abordagem se reafirmam, pois para além de inovações na concepção ou elementos estilísticos, acentua-se o caráter de grande reportagem narrativa e posicionada, tratando temas atuais ausentes da mídia tradicional, visando também a interação com o espectador e a possibilidade de relatos a partir do ponto de vista dos repórteres, como trataremos posteriormente.

Entendemos que a assunção de reprodução da realidade é uma das bases fundantes do jornalismo, sendo essencial à sua definição. A fim de problematizarmos essa premissa, indagamos se seria possível, ao telejornalismo, narrar de outro modo sem perder sua credibilidade junto ao público. Dois eixos são priorizados nesse momento: 1) a relação entre os planos da enunciação e dos enunciados nos episódios tratados (ou entre seu dizer e seus ditos); 2) a questão dos contratos comunicacionais (ou pactos de leitura) estabelecidos entre enunciador e coenunciador (ou entre autor-modelo e leitor-modelo), não apenas no plano empírico, entre realizadores e audiência, mas considerando as relações entre referencialidade e ficcionalidade presentes no discurso hibridizado desse programa telejornalístico.

Para empreender o trajeto, recortamos do *corpus* de 149 episódios aqueles que tratam de conflitos sociais e temas correlatos, privilegiando o ano de 2008, época em que o programa passa a ser exibido sem a presença de *Linha Direta*. Julgamos ser esse o período mais adequado para a abordagem, pois notamos que, de forma metonímica, *Profissão Repórter* preenche a lacuna supostamente deixada pelo desgaste sofrido por *Linha Direta*, apresentando-se de modo mais condizente com o telejornalismo contemporâneo e seus discursos, especialmente no que diz respeito ao uso frequente de estratégias metalinguísticas e à maior interação com o público.

As temáticas tratadas apontam para questões recorrentes: violência, polícia, crime, morte. Ainda que tais aspectos estivessem presentes nos meses iniciais do programa, tornam-se mais preponderantes até 2011, estabelecendo aquela que julgamos ser sua principal articulação enunciativa: as relações sempre ambíguas, quase sempre antagônicas, entre os diversos grupos sociais, e os embates daí decorrentes. Ou seja: é por meio da explicitação das disputas entre cada um e todos os outros e, portanto, de relações de identidade e alteridade, que *Profissão Repórter* estabelece sua enunciação, reconfigurando, de modo crítico, os conflitos tematizados em *Linha Direta*.

Vale a ressalva de que sob o ponto de vista dos enunciados os dois programas se afastam consideravelmente, até mesmo pelas radicais mudanças em termos históricos e contextuais que separam sua produção. Se *Linha Direta* surgia como lugar de explicitação das diferenças por meio de soluções extremas e segregadoras, com um discurso conservador baseado em formas políticas reacionárias (muitas delas reiteradas em outros programas televisivos ainda hoje), *Profissão Repórter* se sustenta no eixo de defesa e respeito às diferenças, lançando um olhar humanizado e inclusivo em relação aos temas abordados, operando, frequentemente, na manifestação de disputas como algo intrínseco à sociedade e na busca por compreender o ponto de vista do *outro* narrado nas matérias.

Selecionamos dentre as temáticas as rubricas "Policial" e "Cotidiano", e os subtemas "Periferia" e "Violência". Destes, elegemos o subtema "Violência" como aquele no qual pontuar alguns episódios que corroborem a argumentação apresentada de que, ao ser desafiado em seu aspecto predominantemente referencial – como consequência da ficcionalização explícita encenada nos telejornais popularescos –, outro formato jornalístico se apresenta, guardando as formas narrativas antes excluídas dos jornais tradicionais mas reafirmando, em seu "modo de fazer",[36] o caráter verossímil e credível dos discursos jornalísticos. Entre os subtemas apontados nos episódios de *Profissão Repórter*, "Violência & Conflitos" apresenta 28 ocorrências. Destas, 25 referem-se ao subtema "Violência", com a seguinte distribuição temática: "Policial" (15 episódios), "Cotidiano" (7),[37] "Educação" (1), "Esporte" (1), "Comportamento" (1).

Não houve aumento significativo de episódios se considerarmos a temática "Policial" e o subtema "Violência" no período anterior ou posterior ao cancelamento de *Linha Direta*, mas notamos variação nas abordagens das reportagens, sobretudo nos títulos dos episódios – que se tornam mais contundentes –, como vemos a seguir: a) Episódios exibidos até maio de 2008 (*Fantástico* e Especial): "Julgamento que virou circo" (11/06/2006), "Violência contra a mulher" (13/08/2006), "O roubo de carros nas grandes cidades" (17/09/2006), "Estudantes

36 Não por acaso, a expressão intitula o livro de William Bonner sobre o *Jornal Nacional*: *Jornal Nacional – Modo de fazer* (São Paulo: Globo, 2009), em que não se pretende apresentar "a receita tradicional, imutável, de um bolo", mas "mostrar, de maneira clara, mesmo para quem não seja profissional do jornalismo, como é construído, dia a dia, o telejornal de maior audiência do Brasil" (*apresentação*). Nesse caso, os "bastidores" colocam-se em primeiro plano e parecem anular seu efeito de opacidade, ocultando os procedimentos enunciativos das narrativas jornalísticas.

37 Dois episódios originalmente inseridos em "Cotidiano" foram realocados em "Violência" para efeitos da pesquisa: "Violência entre casais" (22/09/2009) e "Violência contra mulher" (20/07/2010).

africanos no Brasil" (04/01/2007), "A cidade mais violenta do país" (03/04/2007), "O caos na praça da Sé" (05/06/2007), "*Profissão Repórter* apura crime que chocou interior paulista" (09/03/2008). b) Episódios exibidos a partir de junho de 2008 (Regular): "Hospital de guerra" (23/06/2008), "Na linha de tiro" (22/07/2008), "Heliópolis" (10/06/2009), "Guerra entre gangues" (28/07/2009), "A vida na cadeia" (18/08/2009), "Violência entre casais" (22/09/2009), "Violência contra mulher" (20/07/2010), "Bope" (21/12/2010).

Para as análises, privilegiamos três episódios exibidos em 2008 sob a rubrica "Violência/Policial",[38] apontando algumas de suas constâncias. Os episódios "*Profissão Repórter* apura crime que chocou interior paulista" (*Fantástico*), "Hospital de guerra" (Regular) e "Na linha de tiro" (Regular) tratam, respectivamente, da história da investigação que levou ao esclarecimento do assassinato do jornalista Luis Carlos Barbon, crime cometido em um bar do interior de SP; do acompanhamento da rotina em um hospital no meio da luta entre traficantes e policiais nos morros cariocas; e, um mês depois, do drama de quem vive no fogo cruzado entre polícia e tráfico, no Rio de Janeiro e em Recife.[39]

---

38 Em 2008, foram exibidos 28 episódios (apenas dois antes de junho). Destes, cinco fazem parte da editoria "Policial" e três foram inseridos no subtema "Violência". Além dos já citados, em "Policial" temos os episódios "Desaparecidos" (26/08/2008) e "Os bastidores de um julgamento polêmico"/"Acusados de matar jovem voltam para a cadeia" (25/11/2008). Em relação às demais editorias, temos a seguinte distribuição: "Cotidiano" (11 episódios), "Comportamento" (6 episódios), "Saúde/Bem estar" (3 episódios), "Cultura" (2 episódios), "Esportes" (1 episódio). Notemos que, na temática "Cotidiano", diversos episódios também poderiam ser pensados na relação conflitos/violência.

39 Ver: http://www.g1.globo.com/platb/programaprofissaoreporter. Acesso em: 31/08/2018.

09 de março de 2008 – "*Profissão Repórter* apura crime que chocou interior paulista"

Gabriela Lian, Nathália Fernandes, Felipe Gutierrez, Caco Barcellos

> *"O jornalista Luis Carlos Barbon foi assassinado num bar movimentado em Porto Ferreira (SP). Dez meses depois, a equipe de Profissão Repórter se divide para contar a história desta investigação que levou ao esclarecimento do crime".*

Este episódio, que integra um dos quadros do *Fantástico*, tem lugar na cidade de Porto Ferreira, localizada no interior de São Paulo. O assassinato de um jornalista local é o mote da reportagem, com ênfase, assim como as duas seguintes, nas rubricas "Cotidiano" e "Policial", tônica que perpassa quase a totalidade dos episódios de *Profissão Repórter* até o momento da coleta. Tributário da primeira fase do programa, tem a reportagem iniciada por Caco Barcellos, em tom assertivo, atribuindo aos "jovens repórteres" papel de protagonistas na narrativa que vai "contar, de todos os lados, a história dessa investigação, que levou, nessa semana, ao esclarecimento do crime".

Seguindo os acusados, procurando pistas e ouvindo amigos e parentes das vítimas, os jornalistas encenam, como em um docudrama, não apenas a reconstituição da investigação, mas também se tornam autores das revelações encontradas e do processo de desvendamento do crime. Talvez pela justaposição entre a vítima retratada, o jornalista assassinado enquanto se encontrava em um bar, e os jornalistas que partem em busca da solução do crime, esse episódio destaca o papel dos repórteres no estabelecimento da justiça. Isso pode ser atestado pelo uso frequente de câmeras portáteis, filmadas enquanto filmam, criando um efeito em cascata. O jornalista, ausente, é construído como personagem por meio de depoimentos de pessoas próximas a ele e pela narração, que destaca seu caráter heroico ao denunciar a prostituição e o aliciamento de menores por parte de policiais.

Construindo um efeito de estranhamento junto ao espectador, duas repórteres mulheres são destacadas para conversar com as famílias dos policiais acusados, que se recusam a falar com as jornalistas. Caco Barcellos nos alerta de que aquela seria "a primeira reportagem policial" das duas jovens. A sequência final do episódio denuncia a proteção destinada aos acusados quando estes são autoridades (no caso, policiais) e as dificuldades, justamente por essa razão, em se entrevistar suas famílias. Em pelo menos dois momentos é Caco Barcellos quem interfere e aconselha as jovens repórteres, mimetizando uma espécie de discussão de pauta com as aprendizes.

Ao contrário da maioria dos episódios - em que a intervenção de Caco Barcellos se faz no momento da edição -, como não há imagens ou entrevistas captadas pelas repórteres o cenário da rua serve como estúdio no qual orientar as jovens. É o próprio jornalista quem encerra o programa, de modo inconclusivo, já que o inquérito deve continuar. Essa reportagem, integrante da primeira fase do programa, anuncia seus princípios e enfatiza o caráter pedagógico da proposta inicial, visando formar não apenas os jovens repórteres, mas o próprio público e, de modo mais amplo, os fundamentos do jornalismo.

25 de junho de 2008 - "De cara para a violência"

Gabriela Lian, Felipe Gutierrez, Júlia Bandeira, Caio Cavechini, Thais Itaqui, Natalia Fernandes, Caco Barcellos

> *"Foram 24 horas no Getúlio Vargas, no Rio de Janeiro. Cercado por 21 favelas, perto do Complexo do Alemão, o hospital é o que mais atende a vítimas de tiro no Brasil".*

A metáfora da guerra é mais uma vez evocada em "Hospital de guerra", modo como é nomeado esse episódio. Situações de crime e violência são enfatizadas, e nas histórias contadas - todas sobre pacientes em estado grave no atendimento emergencial do hospital

Getúlio Vargas, no Rio de Janeiro – vemos imagens escuras, enquadramentos oblíquos e cenas fora de foco.

No início, a narração de Caco Barcellos, em tom bastante sério, alerta: "Nossos jovens repórteres nunca estiveram tão perto da violência", enquanto a legenda indica "6ª. feira à noite", e uma repórter caminha pelo hospital sombrio, como se estivesse entre escombros de um local destruído. O imaginário da guerra, presente também no episódio seguinte ao mostrar as periferias de Recife e Rio de Janeiro, e os tiroteios que levam à morte de inocentes, faz-se notar nas cenas que destacam "mais um dia de guerra entre polícia e traficantes no Rio de Janeiro". O eixo narrativo se constrói em torno do socorro às vítimas no hospital Getúlio Vargas, especialmente no acompanhamento de pessoas feridas por tiros (acidental ou deliberadamente, no caso de supostos criminosos) atendidas no serviço de emergência do hospital. Durante 24 horas, a equipe de *Profissão Repórter* acompanhou, nas palavras do narrador Caco Barcellos, "a luta de médicos e enfermeiros para salvar vidas".

Diferentemente de outros episódios, o cenário é composto por meio da construção do local como um hospital de guerra, improvisado, tenso e precário. A estética de *reality shows* televisivos passados em hospitais se mistura com aquela presente na cobertura jornalística de conflitos armados, mescladas com uma banda sonora diversa e insistente, repleta de choros, gritos, vozes sem identificação. Em diversos momentos, a narração enfatiza que o Getúlio Vargas é um "centro de saúde especializado em violência" devido à sua localização singular, na Penha, zona norte do Rio de Janeiro, perto do mesmo Complexo do Alemão – composto por 21 favelas – mostrado no episódio sobre a escola localizada na linha de tiro da polícia e do tráfico. Esses mesmos atores são retratados no programa, intercambiando os lugares de vítimas e algozes, e a complexa rede que os conecta. Na troca de tiros entre policiais e traficantes, os feridos são variados, incluindo, além deles, pessoas comuns habitantes do local. No hospital, são mostradas cenas normalmente privadas, trazendo ao espectador imagens reservadas sobre a rotina hospitalar.

Entrevistas com profissionais da área médica são misturadas às imagens que, embora de cunho realista, não parecem documentais. Ao contrário, a edição frenética, as cenas desfocadas, o uso de filtros em tons avermelhados e amarelados, o *close* nos rostos dos personagens e o forte apelo emocional criam a ilusão de que se trata de uma reconstituição teledramatúrgica. Nesse episódio, a exemplo do anterior, notamos a presença de Caco Barcellos como uma espécie de vigilante do poder público: quanto mais tensas se tornam as imagens ao mostrar o "mundo cão" do crime e de um hospital a ele relacionado, mais a intervenção dos repórteres se faz sentir de forma intensa.

Em meio às muitas vítimas dos tiros trocados entre policiais e traficantes, vemos diversas câmeras que filmam os repórteres, atuando não apenas como jornalistas, mas também como personagens misturados àqueles presentes na cena. Em dado momento, dois repórteres, vestidos com roupas cirúrgicas, filmam uma operação, mostrando lugares aos quais nem mesmo os pacientes têm acesso. Ao final, Caco Barcellos apresenta o balanço do pronto socorro: 248 pessoas atendidas, quatro mortes. As cenas mostradas, oscilando entre moradores da comunidade, policiais feridos ou mortos em combate e pacientes suspeitos (tratados com mais violência que os demais), não seriam jamais exibidas caso se tratasse de um hospital de elite, especialmente no que diz respeito à forte presença policial e à quantidade de armas no interior do hospital.

22 de julho – "A vida na linha de tiro"

Julia Bandeira, Gabriela Lian, Caio Cavechini, Caco Barcellos

> *"Conheça o drama de quem vive no fogo cruzado entre a polícia e o tráfico. No Rio de Janeiro, inocentes são mortos em operações policiais desastradas. Um relógio conta os homicídios em Recife".*

O episódio "Na linha de tiro" apresenta quatro microrreportagens: *cena do crime*, sobre homicídios em Recife, uma das cidades mais violentas do Brasil; *na mira do tráfico*, sobre um juiz federal jurado de morte, que necessita de proteção policial 24 horas por dia; *na mira dos pistoleiros*, sobre vítimas de conflitos de terra no Pará; e *fogo cruzado*, sobre tiroteios entre policiais e traficantes na cidade do Rio de Janeiro. As histórias são narradas de forma intercalada, e todas se caracterizam por enfatizar cenários urbanos fora do eixo sul-sudeste ou, no caso da reportagem no Rio de Janeiro, em áreas suburbanas.

Se tomarmos as categorias de pessoa, espaço e tempo, notaremos, nas quatro narrativas, a ênfase em estigmas da pobreza e da violência, recorrente também nos outros episódios destacados. No primeiro bloco, Recife e Rio de Janeiro são mostrados como lugares de crime e violência deliberada, numa espécie de "faxina social" (expressão usada no programa) que aponta para a ausência do poder público na periferia das grandes cidades. Começando por Recife, vemos nas imagens uma população humilde e acuada pelo alto número de homicídios nos bairros populares, em semanas recentes, fazendo com que as imagens evoquem, uma vez mais, as zonas sitiadas de países em guerra ou guerrilha urbana.

A marcação do tempo presente se faz por meio de entrevistas com pessoas comuns, afetadas pelos crimes, e com policiais que acompanham esses eventos, especialmente na remoção das vítimas. O uso de câmeras desfocadas, ainda uma vez, e a recorrência de *closes* nas entrevistas, quase sempre em cenas noturnas, imprimem um caráter de urgência ao quadro relatado pelos repórteres, que se movimentam pelos bairros da Grande Recife.

O drama de pessoas inocentes mortas em disparos de policiais contra traficantes e a morte de policiais durante sua rotina de trabalho integram a segunda reportagem do programa, alternada com aquela sobre Recife. Nos eventos relatados na matéria, são enfatizados jovens negros e crianças de uma escola pública do Rio de Janeiro localizada ao lado do Complexo do Alemão. O apelo sensacionalista se faz de modo evidente na construção dos personagens, em sua maioria crianças. Histórias de alunos feridos, depoimentos de crianças e entrevistas com professores afastados do trabalho por distúrbios psicológicos causados pela violência frequente são mostrados por meio de imagens recortadas, edição acelerada e enquadramento em primeiro plano, alternando imagens da escola e de seus arredores marcadas pelos tiros trocados entre policiais e traficantes. A presença policial, bem como o desamparo dos moradores, são recorrentes nestas duas reportagens, de Recife e Rio de Janeiro.

A terceira e a quarta reportagens compõem o segundo bloco do programa, relatando o cotidiano de um juiz federal – que conta com sistema de vigilância 24 horas por dia – e os aparatos de segurança por ele utilizados (colete à prova de balas, grupo de vinte policiais como guarda-costas, armamento pesado para defesa). A condenação de vários traficantes na fronteira do Brasil com o Paraguai, em Ponta Porã, é a causa das ameaças que o juiz, hoje atuando em Campo Grande (MS), recebe. A declaração, dada por ele, de que o lugar no qual se sente mais seguro é o presídio, é repetida ao longo da reportagem. O foco no personagem e a presença menos intensiva dos repórteres marcam o modo de contar essa narrativa. Com motivações diferentes, mas também ameaçadas de morte, pessoas envolvidas em conflitos e disputas de terra no Pará são destacadas na última reportagem do episódio, apresentando denúncias e mobilização popular.

Esses dois últimos episódios, separados por aproximadamente um mês, retomam, do ponto de vista da enunciação, elementos semelhantes para construir enunciados voltados a temáticas diversas. Tanto em relação ao uso de recursos imagéticos – planos, edição, enquadramentos, iluminação, trilha sonora –, como nos elementos narrativos – cenários, temporalidade e personagens –, vemos a retomada de estratégias comuns, especialmente ao mostrar regiões distantes e empobrecidas de grandes metrópoles e ao construir as reportagens em torno de heróis, vilões e vítimas – especialmente "policiais" e "criminosos". Os repórteres também desempenham papel semelhante nos episódios (ambos integrantes da fase em que o programa é apresentado regularmente), atuando não apenas como profissionais, mas interagindo com os personagens criados por eles próprios nas narrativas mostradas. Uma sobreposição – ou dobradura – se faz perceber nesse movimento em que repórteres entrevistam personagens e, além disso, tornam-se personagens de si mesmos.

Partindo desses elementos, procuramos apontar que, embora antagônicos em termos de suas temáticas e pressupostos, *Linha Direta* e *Profissão Repórter* projetam, junto ao público, um mesmo imaginário acerca do fazer jornalístico, reunindo estratégias discursivas e procedimentos narrativos antes pouco presentes em programas televisivos informativos. A partir dos episódios destacados, pudemos demonstrar que o programa *Profissão Repórter* se insere, desde a fase inicial, como um programa jornalístico inovador em termos de produção e de seus enunciados; entretanto, do ponto de vista de sua enunciação, produz junto ao público efeitos de sentido semelhantes àqueles de programas jornalísticos tradicionais, como os telejornais exibidos em horário nobre ou outros programas de reportagem.

Nos últimos cinco anos, notamos que os formatos híbridos têm contaminado, retroativamente, os telejornais e programas esportivos jornalísticos convencionais, transformando-os em produtos cada vez mais narrativizados e próximos de estratégias próprias da ficção. Buscando refletir sobre esses formatos em suas injunções com outras formas audiovisuais, confrontamos programas que corroboram seu estatuto referencial com aqueles que apresentam formas narrativas predominantemente encenadas. Ainda que os programas voltados para reconstituições e dramatizações se aproximem, mesmo que de modo reverso, dos chamados formatos sensacionalistas (Borges; Enne, 2007) ou popularescos (Venancio, 2010), neles o jornalismo assume determinadas estratégias discursivas a fim de criar efeitos de sentido que o aproximem das narrativas de entretenimento. Entretanto, no plano da enunciação, temos a reafirmação de uma suposta "transparência" do discurso jornalístico (que, ao tentar *revelar-se*, encobre ainda mais essas estratégias), como se nele não houvesse os artifícios presentes na ficção.

Se tomarmos os formatos jornalísticos por meio das relações entre entretenimento e ficção, poderemos identificar movimentos de recuo e avanço nas relações com o sensacionalismo, desde os telejornais aparentemente neutros da *Rede Globo* até o popularesco *Aqui Agora* (SBT). Nos formatos sensacionalistas, é como se a ficcionalidade fosse exacerbada nos exageros narrativos que os transformam em um jornalismo quase-*Fantástico*. Programas televisivos como *Cidade Alerta*, da Rede Record, *Repórter Cidadão*, da Rede TV, e *Brasil Urgente*, da Rede Bandeirantes, apresentados por locutores carismáticos - entre eles José Luiz Datena, Marcelo Rezende e Roberto Cabrini, que evocam o estilo radiofônico de Gil Gomes e Afanásio Jazadji –, encontram-se no limiar entre sensacionalismo e jornalismo, ultrapassando as questões sobre referencialidade e ficcionalidade propostas.

A suposta crença na verossimilhança, visando produzir um efeito de sentido de que o que se conta é *verdadeiro*, parece ter se esgotado, enquanto estratégia narrativa, quando os jornais sensacionalistas chegaram ao limite ético, apelando para histórias absurdas que acabaram afastando sua audiência e levando ao esvaziamento de sua fórmula. É como se, nesse momento, esses jornais *narrativizados* (e, na definição clássica do jornalismo, mais *ficcionalizados*) tivessem deixado de ser a presentificação dos fatos justamente por não guardar, da ficcionalidade, sua aparência de realidade e efeitos de naturalização. Ao se tornarem "pura ficção", esses jornais perderam espaço televisivo e precisaram deslizar para outras possibilidades, também não contempladas no jornalismo tradicional, afastando-se da referencialidade própria do telejornalismo.

Se o jornalismo não pode ser tão *fabuloso* quanto a ficção - como pretendiam os programas ditos sensacionalistas –, um limite se impõe, limite este rompido por *Linha Direta* e resgatado por *Profissão Repórter*, restaurando o lugar da *verdade dos fatos* no jornalismo e renovando seu compromisso com o público, que passou a desacreditar aqueles telejornais. É nesse ínterim que o programa aglutina dois elementos: o caráter referencial do jornalismo tradicional e o caráter narrativo do jornalismo popularesco, combinados de modo original em *Profissão Repórter*, ampliando as fronteiras do jornalismo. Ao fazê-lo, o programa assegura a possibilidade de mostrar a realidade de modo *verossímil*, ainda que diferenciado das formas enunciativas convencionais do jornalismo, por meio da proliferação de imagens e da ampliação dos relatos, imprimindo polifonia e multiplicidade a suas narrativas.

Gostaríamos de encerrar essas considerações com a assunção de que *se toda verdade tem estrutura de ficção*,[40] como postulado por Lacan, programas referenciais também são engendrados pela ficcionalidade neles presente. A oposição se daria nos interstícios entre referencialidade/verdade e ficcionalidade/invenção. Os limites entre mito/fantasia, realidade/fato e fabricação/ficção não são apenas sobrepostos, mas colocam-se, nos discursos audiovisuais, como indissociáveis. Desse modo, o jornalismo se constitui, também ele, como um *mito*, caracterizado *como fato e como ficção*. O mesmo movimento pode ser notado se observarmos alguns filmes publicitários veiculados na televisão aberta brasileira relacionados aos estigmas sociais, apontando para outras interseções e reconfigurações presentes na cultura audiovisual contemporânea.

Selecionamos peças publicitárias que trazem a presença de atores/atrizes negros/as e/ou referência direta a espaços, experiências e vivências cotidianas periféricas, buscando mapear os lugares de redundância ou ressonância nelas presentes por meio de efeitos de sentido produzidos em torno do reforço ou transposição de estigmas.

40 A esse respeito, ver: "Não se trata, pois, de questionar ou desnudar a mentira, mas de ratificar sempre a verdade. Lacan diz que a ficção mítica mantém uma relação singular com alguma coisa que está sempre implicada atrás dela – a verdade. (...) Em toda ficção corretamente estruturada, pode-se constatar essa estrutura que, na própria verdade, pode ser designada como a mesma da ficção" (França, 2009, s/p).

Notemos que tais discursos, a exemplo das reportagens, operam no plano histórico e dizem respeito a contextos políticos e sociais concretos. As propagandas serão analisadas em suas recorrências a partir de três eixos: tematização de imagens e imaginários nelas presentes, políticas da representação da identidade negra e emergência de novos regimes de visibilidade nos discursos audiovisuais.[41]

Voltando-se a um grupo social historicamente discriminado, as peças publicitárias anunciam e silenciam a presença de seus sujeitos. Nossa análise pretende desenvolver os modos pelos quais as tematizações e figurativizações de preconceitos e estereótipos são ressignificadas em tais filmes, sobretudo por meio da problematização de seus enunciadores e coenunciadores, e pelos lugares de fala a partir das quais tais discursos são proferidos. Um dos possíveis elementos constituintes desses discursos é o humor, ou um efeito de comicidade, apontando para interditos e, assim, para um jogo ambíguo entre deslocamento e permanência de estigmas, já que ao mesmo tempo em que incluem novos interlocutores na cena audiovisual, destacam seu lugar deslocado por meio de elementos narrativos operando à margem dos sistemas tradicionais.

Ao articular os conceitos de "identidade" e "consumo cultural", estendemos a questão proposta à problematização do estatuto do sujeito na contemporaneidade. Nas palavras de Hall, "uma vez que a identidade muda de acordo com a forma como o sujeito é interpelado ou representado, a identificação não é automática, mas pode ser ganhada ou perdida" (Hall, 2001, p. 21). Desse modo, os regimes de visibilidade encenados pelas mídias constituem as identidades, tornando explícitas suas formas de articulação, que se tornam, nas palavras de Hall, "politizadas": "Esse processo é, às vezes, descrito como constituindo uma mudança de uma política de identidade (de classe) para uma política de *diferença*" (Hall, 2001, p. 21).

---

41 Ver sobre o tema o livro *O negro nos espaços publicitários brasileiros*, organizado por Leandro Leonardo Batista e Francisco Leite (São Paulo: Cone, 2011).

O percurso ensaiado – ou um itinerário – remete aos mapas e seus traçados, que apontam para a cartografia do lugar sem, contudo, especificar os aclives e declives que de fato o configuram, obstáculos estes que só encontramos ao tentar, efetivamente, percorrer os caminhos delineados no itinerário que o mapa traz (Gomes, 2002, p. 12). Se considerarmos as dissoluções experimentadas pelos sujeitos na contemporaneidade, veremos novas formas de subjetividade permeadas por práticas cotidianas de consumo cultural (não apenas material, mas também simbólico), contidas em narrativas múltiplas e pontos de interseção entre as diversas posicionalidades de sujeito.

O consumo cultural – e os discursos publicitários nele articulados – incide sobre a subjetividade e gera um deslocamento que possibilita ao sujeito pequenas construções de sua identidade, "diariamente" revisitadas. O consumo individualiza e socializa os sujeitos; é desse processo ambíguo que deriva a identidade, constituindo-se como prática social: "A identidade surge não tanto da plenitude da identidade que já está dentro de nós como indivíduos, mas de uma falta de inteireza que é preenchida a partir de nosso exterior, pelas formas através das quais nós imaginamos ser vistos por outros" (Hall, 2001, p. 39). Mais do que se configurar como simples ato de comprar, o consumo é caracterizado como uma forma de interação, uma apropriação individual que insere cada um em um todo social, relacionando identidade e sociabilidade. A relação entre identidade e consumo cultural configura uma subjetividade não apenas individual, mas também coletiva:

> Quanto mais a vida social se torna mediada pelo mercado global de estilos, lugares e imagens, pelas viagens internacionais, pelas imagens da mídia e pelos sistemas de comunicação globalmente interligados, mais as identidades se tornam desvinculadas – desalojadas – de tempos, lugares, histórias e tradições específicos e parecem "flutuar livremente" (Hall, 2001, p. 75).

O conceito de "performatividade" desloca a ênfase na identidade da descrição como aquilo que é para a ideia de *tornar-se*, para uma concepção da identidade como movimento e construção subjetiva. A questão do consumo nas sociedades contemporâneas mostra-se, assim, multifacetada e extrapola as discussões simplistas que a localizam com o mero ato de adquirir produtos, bens e serviços, caracterizando--o como uma das formas privilegiadas para a operação do par identidade-identificação em relação aos sujeitos, ou seja: por meio do consumo cultural, cada um reconhece-se como singular e como pertencente a um grupo determinado, estabelecendo vínculos sociais:

> O amor por si mesmo só conhece uma barreira: o amor pelos outros, o amor por objetos. Se nos grupos o amor a si mesmo narcisista está sujeito a limitações que não atuam fora deles, isso é prova irresistível de que a essência de uma formação grupal consiste em novos tipos de laços libidinais entre os membros do grupo (ideais) (Freud, 1997, s/p).

Tal perspectiva retoma, assim, a distinção estabelecida por Freud entre o "eu ideal" (aquele que procura estabelecer diferenças e semelhanças a partir do próprio indivíduo) e o "ideal do eu" (que opera a partir de ideais culturais compartilhados). O processo de estabelecimento de laços sociais está baseado, portanto, no que o autor chama de "identificação". A identificação opera a partir de dois mecanismos básicos: o reconhecimento de si mesmo (*identidade*) e o reconhecimento dos outros (*identificação* ou *identidade social*):

> Cada indivíduo é uma parte componente de numerosos grupos, acha-se ligado por vínculos de identificação em muitos sentidos e construiu seu ideal do ego segundo os modelos mais variados. Cada indivíduo partilha de numerosas mentes grupais – as de sua raça, classe, credo, nacionalidade etc. – podendo também elevar-se sobre elas, na medida em que possui um fragmento de independência e originalidade (Freud, 1997, s/p).

A esse respeito, um interessante paradoxo se explicita: o sujeito contemporâneo, ao mesmo tempo em que tem (e deseja ter) uma vida cada vez mais regrada e regulada, também busca o espanto, o inesperado – ainda que de forma segura e confiável (como nos perigos-sem-perigos oferecidos pelos esportes radicais, por exemplo). O consumo se inscreve, atualmente, nesse intervalo entre a busca pelo já-conhecido e a aspiração pelo ainda-não visto, regulado pela relação do indivíduo com o tempo e o espaço atuais:

> Assim, somos levados a propor, como uma das leituras possíveis da divisão do sujeito, o fato de um sujeito estar sob o ascendente de dois mandamentos antinômicos: o primeiro é esse mandamento que me é dado para que me torne Outro que aquele que sou (...). O segundo, o da censura, que prescreve ao sujeito: "não se deixe *siderar*" (...), "vontade de não mudar" (Didier-Weill, 1997, p. 127).

Daí a importância que a discussão sobre a questão das imagens e do olhar adquire em relação à temática tratada. O olhar, em sua complexidade, não se refere apenas ao indivíduo que olha os objetos do mundo, mas também às relações que apontam para aquele que é, permanentemente, olhado por esses objetos-sujeitos. Temos, assim, o olho, o olhar e a visão; o ver e o ser visto; o ver-se vendo (o mundo); o ver-se sendo visto (pelo mundo): "O que vemos só vale – só vive – em nossos olhos pelo que nos olha. Inelutável porém é a cisão que separa dentro de nós o que vemos daquilo que nos olha. Seria preciso assim partir de novo desse paradoxo em que o ato de ver só se manifesta ao abrir-se em dois" (Didi-Huberman, 1998, p. 29).

Nas relações eu-outro, nas oscilações entre aceitação e rejeição, identificação e projeção, articula-se uma crítica aos ditames da sociedade de consumo vista como uma estrutura monolítica, estabelecendo que o ato de comprar não se coloca apenas como dominação, manipulação ou subjugação dos indivíduos, mas também como espaço de experimentação. Um recorrente debate a respeito da deterioração da identidade do sujeito contemporâneo, submetido a uma sociedade de consumo narcísica e individualista, desloca-se quando tratamos das relações entre identidade e consumo cultural: ainda que haja uma suposta deterioração da *individualidade* (marcada também, em alguns casos, pelo aumento do *individualismo*), ela pode ser recriada nesse processo por meio de ressignificações discursivas.

É nessa dualidade que a dinâmica identidade e consumo cultural se interpõe. Não se trata, pois, apenas de fragmentação e exclusão, mas também de reagrupamento e inclusão em novos moldes. Essas microrrevoluções, ou *revoluções moleculares* (Guattari, 1987), incidem sobre a constituição da subjetividade em meio às rápidas transformações vividas especialmente no campo da tecnologia, da biologia e da ecologia, em que as mídias potencializam transformações históricas, econômicas, culturais e sociais. Tais transformações passam a espalhar-se pelo tecido social a partir de formas renovadas e inusitadas dos sujeitos procederem a suas escolhas a partir de inúmeras possibilidades combinatórias, constituindo o campo do simbólico a partir de um imaginário individual e coletivo, particular e social.

Nesse sentido, o apagamento da presença do negro na publicidade televisiva brasileira ou sua presença por meio das ausências explicitadas nas propagandas audiovisuais, constituem outro modo de inserção, ressaltando, pela falta, aquilo que insiste em ocupar um lugar no simbólico. Se considerarmos o consumo cultural – e a publicidade em sentido ampliado –, podemos conceber, por meio dele, o estabelecimento de uma identidade social por meio da demarcação de diferenças de cada sujeito em relação aos demais, imprimindo a esse processo a dinâmica identificações/diferenciações:

> Primeiramente, a identidade não é uma essência; não é um dado ou um fato – seja da natureza, seja da cultura. A identidade não é fixa, estável, coerente, unificada, permanente.

> A identidade tampouco é homogênea, definitiva, acabada, idêntica, transcendental. Por outro lado, podemos dizer que a identidade é uma construção, um efeito, um processo de produção, uma relação, um processo performativo. A identidade é instável, contraditória, fragmentada, inconsistente, inacabada. A identidade está ligada a estruturas discursivas e narrativas. A identidade está ligada a sistemas de representação. A identidade tem estreitas conexões com relações de poder (Silva, 2000, p. 97).

O mesmo e o outro se articulam de forma intrínseca, trazendo à cena midiática figuras de alteridade que confirmam e confrontam as hierarquias sociais estabelecidas. O consumo cultural configura-se, assim, em seu sentido *agregador* de relações sociais e subjetividades. Novas práticas de consumo apontam, portanto, para novos modos do ser e de agir no mundo, numa dinâmica entre exclusões e inclusões que moldam os sujeitos. As questões de identidade referem-se àquilo que está fora e àquilo que está dentro de um determinado contorno do social.

As relações entre imagem e consumo cultural, e os afastamentos e proximidades entre imagem e imaginário, apontam para um paradoxo: ao mesmo tempo em que percebemos a *erosão* do papel do imaginário, temos, por outro lado, a *explosão* contemporânea das imagens (Durand, 2001). Tal movimento nos remete às práticas midiáticas em suas injunções com as tecnologias de comunicação, retomando também a discussão sobre o olhar e a visão. O consumo cultural caracteriza-se, então, não apenas como *consumo de objetos*, mas também como *consumo de imagens tornadas objetos*, configurando as chamadas *imagens cênicas* que irão se presentificar nos filmes publicitários televisivos.

Em artigo publicado no jornal *Folha de S. Paulo*, o psicanalista Contardo Calligaris estabelece uma interessante distinção a respeito da subjetividade nas diferentes épocas: primeiro, tivemos a prevalência do ser (em que apenas aqueles vindos de famílias já tradicionais, registradas em seus sobrenomes, poderiam ter visibilidade social); em seguida, passamos à era do ter (tempo de novos ricos e suas extravagâncias). Um terceiro tempo aponta para a ascensão do parecer: não era preciso ser, nem ter, mas apenas parecer-ser e parecer-ter (aqui notamos proximidade com os simulacros de Baudrillard, 1991; ou a hiper-realidade de Eco, 1984). Embora ainda tenhamos a sensação de nos encontrarmos nesse terceiro tempo, Calligaris aponta para o surgimento de novas formas de sociabilidade e de subjetividade, articuladas em torno do *fazer*, resgatando um sentido de coletividade e de comunidade (como nos movimentos da sociedade civil, nas ongs, no voluntariado) (Calligaris, 2002). Mas como pensar tais distinções em relação ao consumo cultural e suas transformações?

Se tomarmos a temática proposta – apontar anúncios publicitários televisivos em que a figura do negro ganha lugar –, encontraremos algumas recorrências, que serão privilegiadas nesse momento por meio da articulação de dois grupos: as propagandas de *xampu* e as propagandas de *produtos esportivos*. Vale ressaltar que o foco de interesse não diz respeito à análise fílmica ou de conteúdo desses anúncios, mas aos eixos temáticos neles articulados. As tematizações e figurativizações presentes na cultura audiovisual serão pontuadas, portanto, a partir da presença/ausência de personagens negros em filmes publicitários televisivos.

Antes de tratar desses aspectos, é importante ressaltar que a premissa colocada se apresenta, de fato, como uma impossibilidade: personagens negros e negras são, com poucas exceções, inexistentes na propaganda televisiva, bem como em outros espaços publicitários. Fato facilmente constatável, uma indagação se coloca a partir dele: seria tal ausência absoluta, explicável apenas pelo racismo e por hierarquias étnicas historicamente constitutivas da sociedade brasileira? Ou podemos tomar, a exemplo de Shohat e Stam na análise de filmes musicais norte-americanos da década de 1940, a ausência do negro na publicidade brasileira como uma forma de presença? A questão da alteridade – e das formas de representação do "outro" – são pensadas pelos autores na perspectiva da intertextualidade, buscando "apontar o multiculturalismo reprimido, mesmo nos textos dominantes" (Shohat; Stam, 2006, p. 314).

Ainda que concebidos a partir de representações dominantes, os grupos marginalizados (ou estigmatizados) exercem influência cultural explicitada por meio de contradições, sincretismos e hibridismos que circulam nas imagens construídas pelo cinema e, em nossa visão, também pelas mídias. Os autores afirmam ser possível empreender análises de filmes em que as figuras de negros são silenciadas, pois acreditam que "reconstruindo as vozes culturais abafadas ou reduzidas a um sussurro, começa-se a ouvir outras vozes" (Shohat; Stam, 2006, p. 316). Tal proposição vai ao encontro daquela proposta por Orlandi: "Falar em 'efeitos de sentido' é pois aceitar que se está sempre no jogo, na relação das diferentes formações discursivas, na relação entre diferentes sentidos". Daí "a necessidade do equívoco, do sem-sentido, do sentido 'outro' e, consequentemente, do investimento em 'um' sentido. Aí se situa o trabalho do silêncio" (Orlandi, 1997, p. 21). Desse modo, os espaços silentes falam e expressam, por meio de significantes em deslocamento, inúmeros significados.

Essa perspectiva contribui para a problematização dos estigmas sociais referentes aos negros na sociedade: a ausência destes atores sociais em inúmeros fóruns denota os modos de inclusão/exclusão no qual estão inseridos. Lembramos, assim, que na dinâmica social, tudo aquilo que é excluído, por um lado, inclui-se em outro, de maneira distinta, ainda que de forma perversa. Desse modo, a ausência também constrói um discurso, e em alguns exemplos, tratados a seguir, é a visibilidade que se torna depreciativa. Em relação aos dois grupos de anúncios, um intrincado jogo se imprime.

No caso das propagandas de xampu, majoritariamente voltadas para mulheres, a inclusão se faz de modo tendencioso. Ao mesmo tempo em que evocam, na figura de celebridades (dentre elas, a atriz

Thaís Araújo se coloca como um símbolo), uma forma de inserção e visibilização pelo glamour (oferecido pela moda e pela indústria cosmética), qualificam os cabelos negros (crespos, cacheados, ondulados) de "rebeldes", "indisciplinados", "sem vida", "difíceis de pentear", "volumosos", adjetivos que deslizam dos penteados afros para as próprias mulheres que "lutam" para "combater" tais "problemas".

As metáforas bélicas, bem como um aparato de ataque aos fios não lisos (até recentemente chamados de "cabelos ruins"), evocam uma vasta gama de estereótipos e preconceitos relacionados aos cabelos, como se não ter cabelos "finos, lisos e fáceis de lidar" se tornasse um problema crucial, impondo aos cabelos não lisos o padrão de penteados e ditames da estética branca dominante. Não causa surpresa descobrir que o penteado de Thaís Araújo na novela *Viver a vida* (2009-2010) – em que foi bastante frisado o fato da personagem principal da novela de Manoel Carlos, Helena, ser uma atriz negra – não era natural: a atriz, de cabelos crespos curtos, realizou um aplique (ainda que crespo) para tornar o cabelo afro mais "aceitável". O penteado, para chegar àquela forma, passou por processos de alisamento, amaciamento e relaxamento de fios, práticas conhecidas pelas mulheres que frequentam salões de cabeleireiro.

Paradoxalmente, entretanto, na época da novela diversas mulheres com cabelos crespos afirmaram ter tido a chance de "assumir" seus cachos, sem os ditames das escovas e chapinhas térmicas utilizadas para alongar os fios. Revestidas de um discurso transformador – "assuma seus cachos", "black is beautiful", "cabelo negro é cabelo bom", slogans comuns nessas campanhas –, tais filmes publicitários televisivos não deslocam, de fato, os estigmas que pretendem combater, tampouco os preconceitos associados às mulheres negras. Ao contrário, reforçam estereótipos por não problematizar o eixo hegemônico em torno do qual propor tais discursos.

Nas propagandas de produtos esportivos, por sua vez, notamos a presença maciça de jogadores de futebol, ídolos de brancos e negros, bem-sucedidos em sua profissão, o que os torna, também, celebridades com fama, dinheiro e sucesso. Predominantemente protagonizadas por homens, as propagandas esportivas – dentre as quais o futebol se destaca, mas também aquelas que ressaltam modalidades do atletismo, tais como corrida e salto – operam de modo diferenciado em relação àquelas de xampu: mesmo que positivadas por um discurso de superação, vitória e conquista, seu tom eufórico não esconde o reforço dos estigmas e, nesse caso, de processos de dominação e discriminação.

Aos negros é assegurada a possibilidade, ainda que excepcional, de ascender socialmente por meio de esporte ou música. Ao fazê-lo, tais atores sociais apontam para certa mobilidade, mas fixam os lugares que lhes foram designados, deixando de buscar transformação nas estruturas sociais. Por um movimento engenhoso, sua visibilidade os torna, novamente, invisíveis, mantendo-os silenciados, pois em tais propagandas não são os negros que se afirmam enquanto grupo, mas sua forma de inserção os embranquece, como se a superação da pobreza fosse também a superação da cor negra. Ao ascenderem socialmente, aproximam-se do grupo branco que reconhece seu status, além de serem exaltados por seus atributos físicos, força muscular e vigor.

Em termos de processos de construção de identidades negras, a escassa presença de negros em propagandas televisivas reafirma sua ausência, posto que silencia a possibilidade de identificação, por parte de outros cidadãos negros, dessas figuras ali representadas. Para os brancos, por sua vez, tanto nas propagandas de xampu, como nas esportivas, as mulheres e os homens nelas retratados não são figuras de alteridade, mas a repetição do mesmo sob outras cores e formas, sobretudo pela valorização do sucesso econômico presente na sociedade. Para os negros que não alcançam esse destaque, tais propagandas não possibilitam qualquer forma de rearticulação de suas subjetividades, já que não fornecem imagens representativas (sejam elas femininas ou masculinas) que possam assumir um lugar dissonante. Em geral, quando negros e negras aparecem em filmes publicitários televisivos vemos um processo redundante em que os estigmas a eles associados são reiterados, ao contrário de alguns filmes cinematográficos que buscam, justamente, a construção de uma identidade negra para os negros.

Entre eles, podemos citar o diretor afro-americano Spike Lee e seu filme *Faça a coisa certa* (de 1989), e o herói negro John Shaft, personagem de um antigo seriado reeditado em filme, que deu continuidade à história contada, em 1971, por Gordon Parks. Retomamos o contexto de seu lançamento: "O filme original marcou uma época e uma geração. Antes de Shaft os heróis americanos eram todos parecidos com John Wayne, Burt Lancaster, Kirk Douglas: todos brancos". E mais: "Os negros norte-americanos não se viam no cinema, muito menos como heróis. A ideia de se ter um detetive negro, que agia e se vestia como negro, foi revolucionária para o cinema americano" (Baptista, 2011, s/p). O filme policial, lançado em 2000 e realizado por John Singleton, evoca a possibilidade – por que não? – de haver um super-herói negro, caminhando altivamente pelas ruas do Harlem, a exemplo dos garotos negros e pobres descritos por Kehl (2003) ao caminharem nas ruas de uma metrópole como São Paulo.

Ainda que nas propagandas de xampu para cabelos negros haja ênfase em aspectos étnicos (de manter, cuidar e realçar os cachos), o que faz com que as mulheres negras apareçam e permaneçam enquanto tal, é um padrão de beleza universal que se busca nos tratamentos (os cabelos lisos, ao contrário, dificilmente precisam ser "tratados"). No caso das propagandas esportivas, os atletas nelas retratados não aparecem como negros, tampouco evocam aspectos étnicos, mas, como dissemos, alcançam uma condição de sucesso justamente por se destacarem de seu grupo de origem. Ao tratarmos, portanto, da articulação entre publicidade televisiva e estigmas sociais, alguns deslocamentos podem ser percebidos nas relações de poder entre grupos hegemônicos e contra-hegemônicos, problematizando dicotomias e polarizações a respeito de disputas étnicas e/ou raciais no Brasil. É no sentido de contribuir com o debate que propomos as considerações seguintes.

Em seu artigo "As máquinas falantes", Kehl trata das relações entre o "eu" e o "corpo", apontando três maneiras de concebê-las: 1) o corpo como propriedade do eu (corpo bioquímico); 2) o corpo que se confunde com o próprio eu (corpo psicológico); e 3) o corpo como objeto social (corpo psicanalítico). Elegendo a terceira perspectiva, a autora afirma que cada um é fruto de uma formação que o antecede e o determina, ou seja, o campo do simbólico. Desse modo, somos forjados naquilo que o Outro nos destina, o que torna também "o corpo próprio como corpo do Outro".

Se os corpos não existem fora da linguagem, como afirma Kehl, as práticas discursivas determinam a aparência, a expressividade e até mesmo a saúde dos corpos, possibilitando deslocamentos nas hierarquias entre os grupos sociais. A autora toma como exemplo os corpos dos jovens pobres no Brasil, afirmando algo controverso:

> De duas ou três décadas para cá, os corpos dos jovens pobres brasileiros não se distinguem, a não ser pela cor da pele, dos corpos dos jovens da elite. Não são mais os corpos humilhados, cabisbaixos, submetidos. (...) Até mesmo na fome e na privação os jovens pobres de hoje ostentam corpos altivos, belos, erotizados. (...) Mas o padrão de beleza imposto pelo imaginário televisivo e publicitário poderia excluir os pobres e negros, como de fato exclui. *A inclusão deles não é efeito de imagem, é efeito de discurso.* É efeito do apelo à autoestima dos negros (Kehl, 2003, p. 246, *grifos nossos*).

Se assumirmos que os "corpos se modificam por efeito do que se diz sobre eles e do novo lugar social que se produz para os jovens pobres a partir dessa 'rede de apoio' discursiva que faz apelo a um modo diferenciado de estar 'dentro da própria pele'" (Kehl, 2003, p. 264), podemos conceber, considerando as formas expressivas da cultura midiática, que a música ocupa lugar central nessa transformação empreendida por meio dos discursos circulantes. Ao apontar o deslizamento nas cadeias significantes que definem os sujeitos, a autora abre caminho para refletirmos sobre a questão, já que a trilha sonora de filmes publicitários, mas também aquela utilizada em outros formatos, estabelece lugares de presença da cultura negra, ainda que de forma implícita.

Em um diálogo com o hip-hop e, mais especificamente, com o rap – expressão musical de afirmação identitária de jovens negros e pobres das periferias urbanas – Kehl afirma, no artigo "As frátrias órfãs" (2008), no qual analisa as músicas do Racionais MC's e sua relação com os fãs, ser este um lugar de voz desses excluídos:

> O tratamento de "mano" não é gratuito. Indica uma intenção de igualdade, um sentimento de frátria, um campo de identificações horizontais, em contraposição ao modo de identificação/dominação vertical, da massa em relação ao líder ou ao ídolo. A força dos grupos de rap não vem de sua capacidade de excluir, de colocar-se acima da massa e produzir fascínio, inveja. Vem de seu poder de inclusão, da insistência na igualdade entre artistas e público, todos negros, todos de origem pobre, todos vítimas da mesma discriminação e da mesma escassez de oportunidades (Kehl, 2008, p. 96).

Por meio da leitura das músicas e de seu posicionamento radical, a autora aponta a postura extrema adotada por Mano Brown, nos anos 1990, ao não dialogar com a mídia e manter-se avesso à dinâmica da indústria musical: o artista não se volta para a classe média branca que critica duramente, mas para os garotos pobres da mesma periferia onde nasceu e ainda vive. A classe média, quando chega a ele (como o fez), não é por meio de convite ou concessão, mas de maneira paradoxal:

> Acontece que os Racionais não estão interessados nem em reinar sobre a miséria (o que seria isto? Uma forma mais sedutora de dominação?) nem em esconder a miséria para inglês ver. Seu público alvo não é o turista – são os pretos

> pobres como eles. Não, eles não excluem seus iguais, nem se consideram superiores aos anônimos da periferia. Se eles excluem alguém, sou eu, é você, consumidor de classe média – "boy", "burguês", "perua", "babaca", "racista otário" – que curtem o som dos Racionais no toca-cd do carro importado "e se sente parte da bandidagem" (KL Jay) (Kehl, 2008, p. 97).

Trazemos alguns questionamentos: será que essas músicas tratam o outro "negro" assumindo as diferenças na perspectiva de uma alteridade radical ou, ao contrário, buscando sua domesticação e a manutenção de lugares hegemônicos? Ao falar, supostamente, de um *lugar outro* (o lugar do "não branco") mas alcançar, também, o público "branco", não estaria o rap esvaziando a potência transgressora de suas canções? Será possível, como afirma Kehl, distinguir entre "música de branco" e "música de negro", como preza a cultura norte-americana, bastante diversa da brasileira em termos artísticos e políticos no que diz respeito ao movimento negro? Segundo Kehl, ao contrário de ser incorporado à produção homogeneizante das mídias, o rap permanece como lugar de demarcação de estigmas, aquilo que, por colocar-se *fora do lugar*, irrompe e perturba certa ordem instaurada pelas dominâncias discursivas presentes na sociedade. Dessa forma, por meio da cena musical temos o estabelecimento de identidades e subjetividades que afirmam um modo singular de ser, estar e fazer.

Em 2011, vimos surgir, na cena midiática musical, o rapper Criolo Doido (Kleber Gomes), compositor há 23 anos. Com uma proposta contundente, o artista fala a partir de seu lugar e instaura um discurso de ruptura que incomoda os habitantes da metrópole paulista ao escancarar seus lugares de exclusão. Ao enunciar, categoricamente, "não existe amor em SP",[42] Criolo nos atinge e mobiliza, tangenciando

42 A música "Não existe amor em SP" abriu caminho para a divulgação do primeiro álbum, *Nó na orelha*, de Criolo Doido (como é conhecido no rap), que desde seu lançamento consolidou sua carreira, atuou ao lado de diver-

os estigmas de pobreza e etnia de modo extremo, e deslocando – em vez de fixar – os lugares sociais usuais. Se o estigma é aquilo que se encontra *deslocado*, e por isso nos desafia, uma última questão se coloca: como diferenciar, por meio da análise, uma contestação acomodada e uma postura crítica transformadora? Seguindo sua vocação, as artes nos desarmam, dissolvendo posições enraizadas, como se por meio delas fosse possível pontuar o real que insiste, por estar ainda alheio, em pertencer a um imaginário sempre redutor, sempre precário, mas único espaço possível de trocas simbólicas.

Como vimos, a temática do negro na publicidade televisiva brasileira, a exemplo de outras questões voltadas aos estigmas, apresenta-se de forma enigmática. Como uma *paisagem na neblina*, a exemplo do filme do cineasta grego Theo Angelopoulos (1988), inscrevemos um possível itinerário (uma cartografia) a partir de sinais, pegadas, traços. Por transitar entre fronteiras, o risco de se perder no caminho é sempre maior. O matemático Gödel, nos anos 1930, já nos alertara desse perigo em seu *teorema da incompletude:* quanto mais abrangente o campo conceitual, menores as certezas apresentadas pelos conceitos – se abrimos muito o campo, ganhamos em abrangência, mas perde-

---

sos cantores de MPB e recebeu inúmeros prêmios e indicações, permanecendo na cena musical paulistana com grande destaque. Lançado na internet e posteriormente em cd e vinil, aquela canção do disco alcançou 25 mil downloads em três dias. O rapper, de 35 anos, nascido no Grajaú e criado em Santo Amaro, zona sul de São Paulo, foi capa dos principais jornais do país, que lhe atribuíram o mérito de "mudar" o circuito usual do rap feito na periferia de São Paulo, e também o próprio gênero, "ampliando o circuito do rap nacional". A música tem tom melancólico ao denunciar as desigualdades sociais da capital paulista. Sobre um suposto desencanto presente em sua canção, o compositor responde: "Uma coisa é desesperança, outra é enxergar a realidade. Falar disso de um modo contundente não significa que você está desesperançoso" (*O Estado de S. Paulo*, "Pedrada verbal", 26/03/2011). Ver: http://www.pressreader.com. Acesso em: 31/08/2018.

mos em precisão; se fechamos o campo, ganhamos em precisão mas delimitamos por demais os objetos.

A abrangência do campo e a precisão conceitual tornam-se, assim, inversamente proporcionais; cabe estabelecer limites e alcances, riscos e passagens desse precário equilíbrio. À inquietação da pesquisa – quais as políticas da representação e os regimes de visibilidade dos estigmas sociais nas mídias? –, respondemos com uma nova indagação, para além de dualismos e simplismos, mas sem nos perdermos na neblina.

III
Novos Realismos nas Mídias

"No fundo, obedeço ao desígnio de me aproximar da vida dos signos na sociedade, buscando suas origens ou, na esteira de Bakhtin, vivendo o deslumbramento da sua constante ressurreição. É visceral minha necessidade de acariciar a pele expressiva dos significantes e participar, se possível, do diálogo que os referentes sussurram atrás da opacidade dessa cortina epidérmica".

Eduardo Peñuela Cañizal, *Como pensam as imagens*

1. Políticas da representação e regimes de visibilidade em práticas culturais

Após tratarmos de discursos jornalísticos, televisivos, publicitários e cinematográficos articulados em torno de estigmas sociais, reafirmamos a crescente hibridização de gêneros audiovisuais, tendência que pode ser percebida no aumento de formatos no entremeio desses campos, especialmente quando se trata de produções realizadas sob a rubrica da *reality tv.* Como apontado anteriormente, as análises privilegiam os modos de construção da representação de estigmas sociais por meio dos processos de identificação e de partilha do sensível evocados nessas imagens.

Para além da demarcação entre esses gêneros, estabelecemos parâmetros analíticos em relação à cultura audiovisual contemporânea, em que televisão e cinema dialogam com formas presentes na internet e, de algum modo, em material impresso, radiofônico e visual. Os processos de criação e circulação de imagens têm se destacado nas reflexões sobre as mídias audiovisuais e também sobre a dinâmica de novas subjetividades e sociabilidades, determinadas pelas tecnologias da comunicação em múltiplas plataformas.

Se tomarmos como pressuposto que as mídias se constituem como lugar de *mediação*, podemos afirmar que suas narrativas não cumprem uma função apenas informativa, mas *performativa*. Ao considerarmos a reportagem televisiva (ou *grande reportagem*) como um dos gêneros presentes no discurso jornalístico, podemos estabelecer aproximações entre essa forma e os documentários cinematográficos (ou mesmo televisivos). Assim como o jornalismo, o documentário possibilita nosso recorte a respeito da questão dos estigmas sociais. Não observamos, nesse momento, filmes de ficção (mesmo aqueles que adotam procedimentos e recursos estilísticos ou visuais do documentário), mas reafirmamos que os discursos, sejam eles factuais ou fabulares, são sempre *narrativos* – e, portanto, *ficcionais*. A presença de temas políticos e de crítica social estabelece, como vimos, a articulação com os estigmas.

Dessa forma, os estigmas se destacam a partir de três eixos: a) como temática, justamente por estarem diretamente relacionados às narrativas referenciais; b) por se mostrarem como enfoque recorrente a partir do acompanhamento das obras; c) como forma de recortar as produções audiovisuais na televisão e no cinema. Em relação aos filmes, como apontado, uma tendência se fortalece: a constituição de um gênero específico no cinema brasileiro, híbrido em sua origem e não apenas no que diz respeito a aspectos formais ou temáticos, rompendo antigas dicotomias e experimentando novos parâmetros nos quais pensar as narrativas audiovisuais. A questão se estende às reportagens televisivas, pois nelas reconhecemos a mesma tendência e notamos, como nos documentários, pontos de ancoragem semelhantes tanto na seleção da amostragem, como nos conceitos mobilizados para as análises.

No que diz respeito aos discursos das mídias, encontramos um ponto de inflexão fundamental. Ao observar os resultados anteriores, vimos que a temática dos estigmas pode ser problematizada sob uma vertente peculiar: ao tomarmos os conceitos de *redundância* e *ressonância*, referimo-nos à variação (e não à oposição) entre estigmas de *manutenção* ou *transformação*, observando que muitos desses discursos realizam o movimento entre esses polos. Mais do que uma distinção, redundância e ressonância podem ser pensadas como processos de construção de imaginários. Em alguns casos, notamos um alto grau de redundância e de repetição dos lugares sociais estabelecidos. Os estigmas de reforço operam como marcadores desses lugares, articulando narrativas reiteradas mesmo entre diferentes veículos e produtos. Em outros casos, as imagens revelam graus maiores de ressonância, oferecendo aberturas e transposições.

Confirmamos que os eixos articuladores dos estigmas sociais constituem espaço privilegiado para análise dos discursos das mídias, entre eles as narrativas audiovisuais. Isso se dá pelo fato de percebermos uma forte ênfase em temáticas relacionadas à exclusão, pobreza, violência, conflitos, e aos modos de superá-los. De modo geral, os estigmas são marcas visíveis (embora nem toda marca seja um estigma, todo estigma carrega uma marca) que despertam nos outros sentimentos contraditórios. Dizer isso é afirmar que, em sua origem, os estigmas não são, necessariamente, positivados ou negativados. É a atribuição de juízos de valores que os hierarquiza em termos de aceitação ou rejeição, variando de acordo com contextos históricos e culturais.

Em relação ao último período (2012-2014), analisamos os filmes de ficção e não-ficção lançados em salas de exibição no país. Nesse triênio, ao contrário dos anteriores, acompanhamos as vinte maiores bilheterias de cada ano, informação resultante de uma melhor sistematização dos dados. Devido a mudanças no mercado, no circuito exibidor e no público, notamos no período a consolidação de certos gêneros, como lemos em relatório da Ancine: "O público e a renda dos cinemas em 2012 superaram os números dos anos anteriores, alcançando 146,5 milhões de bilhetes vendidos e gerando mais de R$ 1,6 bilhão. Os títulos brasileiros fecharam o ano com uma participação no público total correspondente a 10,62%. No último trimestre do ano, essa participação alcançou mais de 22% como consequência do lançamento de quatro dos cinco títulos brasileiros que venderam mais de um milhão de ingressos em 2012" (Ancine: Informe Anual, 2012). Ainda assim, os filmes estrangeiros totalizaram 90% de renda e público nas salas de cinema no Brasil em 2012, em que três franquias ultrapassaram 8 milhões de espectadores (*Os vingadores – The avengers, A saga crepúsculo: Amanhecer – Parte 2, A era do gelo 4*).

Na sequência, tecemos alguns comentários gerais e, ainda que os filmes de ficção sejam predominantes, destacamos duas produções documentais para cada ano a fim de estabelecer parâmetros semelhantes àqueles anteriormente apresentados. A amostragem final para análise foi constituída de modo não aleatório pelos anos de lançamento dos filmes, dos quais selecionamos os que tratam da temática dos estigmas sociais a partir de diferentes abordagens, enredos e estilos. Notemos que, nesse triênio, a produção de comédias populares se consolidou e representa a totalidade das bilheterias que atingiram mais de 1 milhão de espectadores para filmes nacionais.[1] A produção de documentários, embora constante e expressiva, não alcançou destaque em termos de público, ao contrário do que ocorreu em outros anos.

Segundo dados da Ancine,[2] no ano de 2012 foram lançados 83 títulos nacionais. Destes, as comédias populares foram as que alcançaram maior público: *Até que a sorte nos separe*, de Roberto Santucci (3,3 milhões); *E aí, comeu?*, de Felipe Joffily (2,5 milhões); *Os penetras*, de Andrucha Waddington (2,2 milhões). É interessante destacar que o filme *Gonzaga, de pai para filho* (Breno Silveira), uma cinebiografia, teve 1,5 milhão de pessoas, à frente da comédia *De pernas pro ar 2* (Roberto Santucci), com 1 milhão. Outros 17 filmes alcançaram mais de 100 mil espectadores, entre eles *Paraísos artificiais* (Marcos Prado), com temática juvenil e 397 mil espectadores, e o filme ficcional *Xingu* (Cao Hamburger), que conta, de modo inovador, a saga dos irmãos Villas-Boas na criação do Parque Indígena do Xingu, com 378 mil.

Entre os filmes considerados independentes, com maior destaque junto à crítica, citamos *Eu receberia as piores notícias dos seus lindos lábios* (Beto Brant), com 46 mil espectadores, e *Febre do rato* (Claudio Assis),

---

1 Dados pesquisados em http://www.ancine.gov.br (lançamentos por ano até meados de 2015). Para fichas técnicas completas, elenco, sinopses e demais informações sobre os filmes, ver http://www.adorocinema.com.br. Em 2013 e 2014, nenhum filme documentário ficou entre os vinte primeiros mais vistos. *Elena* (2013), o documentário de maior público, teve 58 mil espectadores. *O nascimento do parto*, em segundo lugar, teve 27 mil espectadores. Em 2014, *o* documentário *Tarja branca*, na 37ª. posição, teve 26,5 mil espectadores; e *O mercado de notícias*, teve 26 mil.

2 Para obter aos dados completos, ver "Informe de acompanhamento de mercado" (resultados de 2012, 2013 e 2014). Disponível em: http://www.ancine.gov.br. Acesso em: 16/01/2019.

com 25 mil. Alguns filmes, entretanto, não encontraram seu público: *O contestado – Restos mortais* (Sylvio Back), *Vale dos esquecidos* (Maria Raduan) e *Expedicionários* (Otavio Cury) estão entre os menos vistos, o primeiro com 2 mil pessoas e os dois últimos com menos de 500 pessoas.

Os documentários apresentam, em 2012, uma característica peculiar: confirmando sua força dentro da produção nacional, os três primeiros filmes mais vistos pelo público são documentários de temática musical: *Raul, o início, o fim e o meio* (Walter Carvalho), com 170 mil pessoas, destaca-se como uma obra de grande alcance, especialmente junto aos fãs do cantor, marcando uma inovação na produção documental biográfica. Na sequência, temos *A música segundo Tom Jobim* (Nelson Pereira dos Santos), com 74 mil espectadores, e *Tropicália* (Marcelo Machado), com 70 mil. Além destes, *Vou rifar meu coração* (Ana Rieper), documentário sobre a música brega romântica – que se destaca do ponto de vista dos estigmas, pois trata os cantores com sobriedade e traz o ponto de vista de pessoas vinculadas a esse gênero – alcançou 11 mil pessoas. Ainda tratando da cena musical, o filme *Futuro do pretérito: Tropicalismo now!* (Ninho Moraes e Francisco Cesar Filho) distingue-se por seu experimentalismo, mas teve pouca presença no circuito de exibição. Entre as temáticas mais voltadas à crítica social, *5 x pacificação* (Cacá Diegues; vários), e *Muito além do peso* (Estela Renner), tiveram, nessa ordem, 4,6 mil e 2,7 mil pessoas, debatendo temas sociais importantes e contextualizando suas narrativas na atualidade.

Em 2013, há um recorde histórico no número de lançamentos nacionais (127 títulos), com destaque para as distribuidoras brasileiras e crescimento do mercado de salas de exibição, ainda que em sua maior parte voltadas para filmes estrangeiros, sobretudo norte-americanos. Dos filmes nacionais, 10 deles tiveram público de mais de 1 milhão de pessoas e 24 com mais de 100 mil pessoas, um número considerado expressivo se comparado aos anos anteriores. São eles: *Minha mãe é uma peça*, de André Pellenz (4,5 milhões); *De pernas pro ar 2*, de Roberto

Santucci (3,7 milhões); *Meu passado me condena,* de Julia Rezende (3,1 milhões); *Vai que dá certo,* de Mauricio Farias (2,7 milhões); *Somos tão jovens,* de Antonio Carlos da Fontoura (1,7 milhão); *Crô,* de Bruno Barreto (1,6 milhão); *Faroeste caboclo,* de René Sampaio (1,4 milhão); *O concurso,* de Pedro Vasconcelos (1,3 milhão); *Mato sem cachorro,* de Pedro Amorim (1,1 milhão); *Até que a sorte nos separe 2,* de Roberto Santucci (1 milhão). Dos filmes voltados à questão dos estigmas sociais e com número expressivo de público, interessa-nos abordar, ainda que guardadas as diferenças entre eles, *Flores raras* (Bruno Barreto), com 397 mil espectadores, e *O som ao redor* (Kleber Mendonça Filho), com 94 mil espectadores e reconhecimento por parte da crítica especializada.

Dos lançamentos, as maiores bilheterias mantêm a tendência de comédias populares, consolidando este gênero cinematográfico junto ao público, estabelecendo interfaces com a televisão (não apenas no formato ou enredo, mas também em relação aos atores)[3] e dialogando com as chanchadas brasileiras que, de algum modo, são atualizadas nessas obras, nas quais escolhas narrativas e formas estéticas mais tradicionais se fazem presentes. Temos, assim, um contraste entre as chamadas "produções populares" e os "filmes independentes", dentre eles os documentários.

Destes, em 2013 apenas *Elena* (Pietra Costa) obteve público de mais de 50 mil pessoas. Ainda que notemos um aumento quantitativo de 2012 para 2013 (de 34 para 50 títulos), houve queda de quase 50% do público de documentários, segundo dados da Ancine. Mesmo com esse cenário, *O renascimento do parto* (Eduardo Chauvet) alcançou 27 mil pessoas, denunciando a grave situação obstétrica mundial e, sobretudo, brasileira, na realização de cesáreas; e *O dia que durou 21 anos* (Camilo

3 É curioso observar que o ator Leandro Hassum atuou em quatro dos filmes brasileiros de maior público, além da recorrência dos diretores neles envolvidos (não apenas em sequências, mas em títulos diversos), diferentemente do que ocorreu em anos anteriores.

Tavares), sobre a suposta colaboração americana no golpe militar brasileiro, contou com 25 mil espectadores.

De temática musical, *Jorge Mautner*, de Pedro Bial (9,6 mil espectadores), e *A luz do Tom*, de Nelson Pereira dos Santos (8,8 mil), foram os mais vistos após os três filmes acima apontados. De temática política, *Dossiê Jango* (Paulo Henrique Fontanelli) alcançou 8 mil pessoas, enquanto os documentários *Cidade cinza*, de Marcelo Mesquita (7,7 mil), *Doméstica*, de Gabriel Mascaro (3,2 mil), *Raça*, de Joel Zito Araújo (2 mil), e *Olhe para mim de novo*, de Claudia Priscilla e Kiko Goifman (1,5 mil espectadores) são aqueles mais voltados à problematização dos estigmas. Quer sejam mais contundentes ou mais condescendentes, as narrativas desses últimos filmes são menos convencionais nos modos de dar a ver os sujeitos retratados e em suas escolhas estéticas.

Finalmente, em 2014, em relação ao circuito geral de exibição (ainda segundo dados da Ancine) há um aumento de arrecadação de 12% em relação a 2013, mas ocorre uma diminuição do público (27,8 milhões em 2013 e 19 milhões em 2014). Os filmes brasileiros tiveram também uma redução em número de lançamentos, totalizando 114 obras, das quais cinco atingiram mais de 1 milhão de espectadores, a saber: *Até que a sorte nos separe* 3, de Roberto Santucci e Marcelo Antunez (3,3 milhões); *O candidato honesto*, de Roberto Santucci (2,5 milhões); *Os homens são de marte e é para lá que eu vou*, de Marcus Baldini (1,8 milhão); *SOS mulheres ao mar*, de Cris D'Amato (1,7 milhão); *Muita calma nessa hora 2*, de Felipe Joffily (1,4 milhão).

Mantêm-se, assim, a grande plateia de comédias populares e confirma-se a tendência não apenas deste gênero, mas da produção de sequências de filmes e paródias. Ainda assim, o filme *Alemão*, de José Eduardo Belmonte – um filme de ação que apresenta o cenário social brasileiro a partir do morro do Alemão, no Rio de Janeiro – obteve 950 mil espectadores e, como traço peculiar de 2014, tivemos o lançamento de *Rio 2*, de Carlos Saldanha, produção norte-americana que alcançou 5,2 milhões de espectadores no Brasil. Em termos comparativos, o filme brasileiro de maior bilheteria ocupa apenas o 17º. lugar no ranking geral de público.

Dos outros lançamentos nacionais, 21 obtiveram mais de 100 mil espectadores, dos quais destacamos quatro que gostaríamos de relacionar com o temática dos estigmas sociais por seu caráter problematizador: *Trash – a esperança vem do lixo* (coprodução Reino Unido, dirigida por Stephen Daldry), que contou com 269 mil espectadores; *Na quebrada* (Fernando Andrade), com 254 mil; *Hoje eu quero voltar sozinho* (Daniel Ribeiro), com 204 mil; e *Praia do futuro* (Karim Ainouz), com 127 mil espectadores. Os dois últimos, assim como *O homem das multidões* (Marcelo Gomes e Cao Guimarães) – ainda que este tenha tido apenas 11 mil espectadores –, também encontraram boa repercussão junto à crítica profissional. Por ser um ano com lançamentos significativos, destacamos ainda as produções ficcionais *Confissões de adolescente – o filme* (Daniel Filho), *Tim Maia* (Mauro Lima), *Copa de elite* (Vitor Brandt) e *Getúlio* (João Jardim), todas com mais de 500 mil espectadores (800 mil, 776 mil, 646 mil e 500 mil, respectivamente). O filme *Tim Maia,* com número expressivo de espectadores, foi alvo de polêmicas junto ao meio artístico e à família do cantor devido ao modo como foram obtidas e utilizadas as informações biográficas sobre ele.

No campo documental, o qual nos interessa particularmente, houve um total de 36 lançamentos (mesmo menor do que em 2013, trata-se de um número significativo), muitos deles próximos à temática dos estigmas sociais. Os mais assistidos são também os que nos mobilizam em termos dos temas abordados: *Tarja branca – a revolução que faltava* (Cacau Rhoden) e *O mercado de notícias* (Jorge Furtado) tiveram ambos por volta de 26 mil espectadores, número importante no mercado de filmes de não-ficção (em termos comparativos, *Tarja branca* ocupa a 37ª. posição, pontuando a inconstância que acompanha a relação do público com documentários, especialmente os brasileiros). Uma vez mais, dois documentários musicais se destacam em termos de audiência, atestando a força desse gênero na produção de não-ficção: *Dominguinhos* (Mariana Aydar, Eduardo Nazarian e Joaquim Castro), com 10 mil espectadores, e *Olho nu* (Joel Pizzini), sobre a vida do cantor Ney Matogrosso, com 9 mil, reafirmam o espaço das biografias musicais, seja em formato documental ou ficcional.

Mais próximos de temas políticos e sociais, temos os documentários *Em busca de Iara* (Flavio Frederico), com 7,5 mil espectadores, e dois filmes que ousam em termos narrativos e estéticos: *Sem pena* (Eugenio Pupo) e *Ilegal* (Raphael Erichsen e Tarso Araújo), com 7 mil e 5,5 mil espectadores, respectivamente, tematizando de modo controverso os assuntos retratados. De temáticas variadas, mas com boa recepção de público, os filmes *Brincante* (Walter Carvalho), *Helio Oiticica* (Cesar Oiticica Filho) e *Junho – o mês que abalou o Brasil* (João Wainer) obtiveram 4,8 mil, 4 mil e 3,7 mil espectadores, números que isoladamente não são tão expressivos mas que se tornam relevantes pelas temáticas tratadas e os modos de produção ensejados.

Se observarmos os dados desde 2009, há certa constância na produção. Naquele ano, tivemos o lançamento de 45 filmes de ficção e 39 documentários; em 2010, 43 ficções e 31 documentários; em 2012, 58 e 42; em 2012, 49 e 34; em 2013, 79 ficções e 50 documentários, ano com aumento mais expressivo; e em 2014, 78 ficções e 36 documentários. Em cada um desses anos, um elemento merece ser destacado por representar uma crescente transformação: o aumento de filmes de caráter híbrido – especialmente no que diz respeito às fronteiras entre documentário e ficção – coloca-se como um dado relevante, apontando para o esgotamento de classificações estanques e abrindo caminho para que possamos explorar algo já sugerido anteriormente.

O ano de 2015,[4] último ano estudado nessa etapa, lança uma questão interessante para a produção documental. Após a morte do cineasta

---

4 Nos meses iniciais de 2015, as comédias *Loucas para casar* (Roberto Santucci), *Meu passado me condena 2* (Julia Rezende), *Vai que cola* (César Rodrigues) e

Eduardo Coutinho, em 2014, dois filmes abrem possibilidades para o debate desse gênero: *Eduardo Coutinho, 7 de outubro*, uma entrevista realizada em 2013 por Carlos Nader, também documentarista, e lançada em filme; e *Últimas conversas*, dirigido por João Moreira Salles e Jordana Berg a partir das entrevistas gravadas por Coutinho para aquele que teria sido seu próximo filme, sobre adolescentes e jovens. Muitos caminhos são confirmados ou desafiados nos desdobramentos da pesquisa, como veremos a seguir. Antes, entretanto, reproduzimos a tabela acrescentando a ela os filmes do último triênio, que vêm se somar àqueles constantes das análises de 2002-2011, sinalizando a presença de estigmas nas mídias.

TABELA XII
FILMES DE FICÇÃO E NÃO-FICÇÃO (2002-2014)

Ano	Filme de não-ficção	Filme de ficção	Observações
2002	-x-	*Cidade de Deus* *Uma onda no ar*	Filmes ficcionais previamente analisados, com grandes diferenças em termos de produção, temáticas e recepção.
2003	Ônibus 174	*Carandiru*	O documentário *Ônibus 174* é de 2002 e foi selecionado por seu impacto e relevância.
2004	*De passagem*	*O prisioneiro da grade de ferro*	Serão feitas referências aos documentários *Entreatos* e *Peões*, e ao filme *Cazuza*.
2005	*A pessoa é para o que nasce*	*Cidade baixa*	Serão feitas referências ao documentário *O fim e o princípio* e ao filme de ficção *Meu tio matou um cara*.

Até que a sorte nos separe 3 (Roberto Santucci) confirmam as tendências das comédias, sequências e franquias com grande alcance de público.

2006	*Falcão – meninos do tráfico*	*Os 12 trabalhos*	Serão feitas referências ao documentário *Estamira* e ao filme de ficção *Árido movie.*
2007	*Juízo*	*Tropa de elite*	Será feita referência ao filme *Saneamento básico,* que traz um documentário inserido em sua ficção, e ao documentário *Jogo de cena.*
2008	-x-	*Última parada 174* *Meu nome não é Johnny*	Selecionamos dois filmes de ficção, pois houve poucos documentários relacionados ao tema.
2009	*Garapa*	*O contador de histórias*	Destacamos em 2009 o grande número de documentários, bem como as referências que serão feitas aos filmes *Moscou, Filmefobia* e *Simonal.*
2010	*Dzi Croquettes* *Uma noite em 67*	-x-	Além do aumento de filmes lançados, os documentários mantêm a tendência de crescimento; aos filmes selecionados acrescentamos *Tropa de elite 2.*
2011	*As canções* *O céu sobre os ombros*	-x-	Em 2011, 50% da produção é documental; temos um novo filme de Eduardo Coutinho e filmes de ficção com grande bilheteria, como *Bruna Surfistinha.*

2012	*Raul, o início, o fim e o meio* *Tropicália*	-x-	Em 2012, observamos significativo aumento da produção de filmes brasileiros e a consolidação do mercado, inclusive com mudanças nos circuitos de distribuição e exibição, incluindo canais televisivos. Dentre os filmes de ficção, vale notar que *Gonzaga, de pai para filho*, esteve entre aquele com mais de 1 milhão de espectadores; *Xingu*, por sua vez, coloca-se no entremeio entre o cinema ficcional e o documental.
2013	*Elena* *O renascimento do parto*	-x-	Em 2013, apenas o documentário *Elena* alcançou mais de 50 mil espectadores. Dos filmes de ficção, destacamos *Flores raras* e *O som ao redor*, que fogem ao padrão das comédias populares. Entretanto, houve grande crescimento numérico em termos de lançamentos, público e salas de exibição para o cinema brasileiro.
2014	*Tarja branca – a revolução que faltava* *Mercado de notícias*	-x-	Neste ano, cinco filmes alcançaram mais de 1 milhão de espectadores e 21 filmes mais de 100 mil espectadores, dentre eles *Hoje eu quero voltar sozinho, Praia do futuro* e *O homem das multidões.*

Dos seis documentários acrescentados, já destacamos algumas de suas características, ampliando-as nesse momento. Em 2012, *Raul, o início, o fim e o meio* e *Tropicália* consolidam os lançamentos musicais, dialogando com um público familiarizado com suas temáticas e personagens. O primeiro tem como destaque a extensa pesquisa de arquivo e a visão panorâmica sobre o cantor, trazendo imagens, áudios, depoimentos, entrevistas (familiares, amigos, artistas) e construindo de modo complexo a vida e a obra de Raul Seixas. Ainda que mantendo um formato documental convencional, ao utilizar estratégias narrativas e procedimentos estilísticos semelhantes àqueles presentes em biografias ficcionais (como o filme *Tim Maia*, sem querermos com isso desconsiderar que este alcançou um público dez vezes maior que *Raul*) o filme estabelece um diálogo com os espectadores e os insere em seu enredo. *Tropicália*, por sua vez, encontra conexões com documentários recentes que trazem não apenas a apresentação da variedade e importância da música brasileira, mas refazem e recontam a própria história do país por meio de sua música. Importante movimento dos anos 1960, o filme resgata a cena musical da época e retrata seus festivais da canção por meio de entrevistas e imagens de arquivo, registrando as marcas singulares do período retratado. Mais do que uma (justa) homenagem ou uma biografia dos cantores, o filme conecta a história do país à história da música de modo crítico e ousado.

Em 2013, os filmes *Elena* e *O renascimento do parto* foram escolhidos por sua adesão junto ao público e por tratarem, ambos, de temáticas voltadas ao feminino. Sobre o primeiro falaremos adiante, dedicando a ele maior espaço devido a seus traços singulares. Em um ano com muitos lançamentos, o segundo filme nos permite refletir sobre um aspecto dos documentários nem sempre neles presente: o engajamento em causas sociais de caráter coletivo, o estabelecimento de premissas e de uma tese a ser demonstrada e, mais do que isso, a interferência em uma realidade concreta por meio da mobilização dos espectadores para que assumam o ponto de vista mostrado, por concordância ou convencimento em relação a ele.

Ao inserir o debate sobre a situação médica mundial em relação aos nascimentos por parto normal ou cesárea, o filme aproxima-se de pautas presentes em reportagens jornalísticas, mas destas se diferencia ao assumir claramente um posicionamento e demandar posturas éticas em relação ao tema. De formato convencional, com entrevistas e imagens de pessoas que vivenciaram as situações retratadas, sua inovação se faz na articulação entre elementos científicos, depoimentos e o chamado a uma consciência mais global em relação à humanidade.

Em 2014, os documentários *Tarja branca* e *O mercado de notícias,* ainda que bastante diversos, não são apenas representativos da resposta do público, mas também dos caminhos do documentário brasileiro. O primeiro traz, em seu título, a visada que pretende enunciar: referindo-se aos remédios utilizados em tratamentos psíquicos e chamados de "tarja preta", a tarja branca faz referência a terapias alternativas para o equilíbrio dos indivíduos. Estabelecendo contato com *O nascimento do parto*, vemos em suas imagens a crítica a uma vida cada vez mais acelerada e dominada por aparatos tecnológicos, que se estende às crianças nas grandes cidades. Mostrando brincadeiras infantis e sua utilização por adultos, o filme é taxativo ao anunciar sua causa: que cada um deve guardar um espaço lúdico, como as brincadeiras infantis, para que não precise dos medicamentos de tarja preta. Com depoimentos variados em termos de idades, origens sociais, profissões e regiões do país, o documentário realiza um inventário e um tributo ao "ato de brincar" e sua importância na vida humana.

Finalmente, destacamos o filme *O mercado de notícias*, documentário realizado por Jorge Furtado – conhecido cineasta e produtor de televisão – que há vários anos não se dedicava ao gênero. De estrutura demarcadamente híbrida, como são os filmes do diretor, a história tematiza o jornalismo contemporâneo por meio de três camadas narrativas interconectadas: os depoimentos de jornalistas profissionais para discutir o papel da mídia (especialmente em sociedades democráticas); a encenação da peça cômica "O mercado de notícias", de Ben Jonson, escrita em 1625 e que dá nome ao filme, narrando o surgimento da imprensa no século XVII e seus desdobramentos nos tempos atuais; e uma encenação dos bastidores dos ensaios, em que os atores da peça – e do filme – conversam sobre sua realização e dispositivo, acompanhados pela presença do próprio Furtado, que se torna também personagem.

Para firmar seu ponto de vista sobre o jornalismo contemporâneo, o diretor volta no tempo e explicita momentos atuais da imprensa: a notícia sobre um (suposto) quadro de Picasso, encontrado em uma repartição pública brasileira e tomado como "original" quando na verdade não passava de uma reprodução, serve de metáfora não apenas para tratar do jornalismo, mas do próprio país e, acima de tudo, de questões sempre presentes na obra do realizador. Entre elas, destacamos a problematização dos limites entre realidade e fantasia e, por extensão, entre documentário e ficção. Além disso, Furtado reafirma a possibilidade de construção de representações do mundo vivido e a busca por uma postura crítica em relação a esses modos de representação, incluindo o cinema. Nesse momento, a partir dos filmes destacados, propomos uma análise do discurso cinematográfico a fim de apontar possíveis articulações em torno da questão da visibilidade/invisibilidade social.[5]

Para tanto, iremos nos deter em três obras lançadas em 2013, por considerarmos que são exemplares, transitando do espaço dos estigmas para as visibilidades periféricas e o reconhecimento social. Este tem sido um desafio teórico para os estudos fílmicos desde o estabelecimento, por contraponto, da noção de uma sintaxe do visível (Metz, 1972; Aumont,

---

5 Uma versão ampliada das análises foi desenvolvida juntamente com a pesquisadora Andrea Limberto (2011) e publicada em forma de artigo, como indicado na bibliografia.

1995). Assumimos que exista uma barreira lógica para a representação de sujeitos em situação de invisibilidade, o que de modo algum tem impedido que ela seja tematizada frequentemente em filmes. Ou ainda, que opere como uma marca sobre determinados sujeitos, periféricos, atuando como estandartes de identidades minoritárias nos modos de se tornarem visíveis. Não podemos deixar de ressaltar a aparição poética desses mesmos sujeitos como ocupando também uma posição política – e dizemos, com Nichols (1991), que se trata de uma imagem *ideológica* –, ambas associadas numa forma de representar.

Entendemos, com Rancière (1996; 2009), que a criação na linguagem implica, invariavelmente, um engajamento estético e uma representação política. Observamos, num aparente paradoxo, que identidades consideradas minoritárias têm tido espaço crescente na construção de seus modos de representação em discursos audiovisuais (notadamente em filmes que tematizam a periferia, a homofobia, o racismo, as questões de gênero etc.) assumindo, desse modo, um espaço de visibilidade. Ao tratarmos de novas políticas da representação, voltamo-nos, principalmente, para o campo da criação e circulação de discursos. Entretanto, quando observamos as práticas midiáticas não podemos deixar de considerar a questão da recepção, ou seja, do consumo cultural em suas múltiplas formas.

Novos atores sociais entram em cena para compor, de modo complexo, tramas narrativas que contemplem os desafios da sociedade contemporânea organizada em rede e as demandas dos sujeitos em suas diferentes posições. Como afirma De Certeau (1996), a relação entre estratégias e táticas imprime novas relações de força entre os diversos grupos, possibilitando o contorno de outros cenários culturais na busca por afirmações identitárias alternativas:

> Chamo de estratégia o cálculo (ou a manipulação) das relações de forças que se torna possível a partir do momento em que um sujeito de querer e poder (uma empresa, um exército,

> uma cidade, uma instituição científica) pode ser isolado. A estratégia postula um *lugar* suscetível de ser circunscrito como *algo próprio* e ser a base de onde se podem gerir as relações com *uma exterioridade* de alvos ou ameaças (os clientes ou os concorrentes, os inimigos, o campo em torno da cidade, os objetivos e objetos de pesquisa etc.) (De Certeau, 1996, p. 99).

No campo da produção audiovisual, práticas de consumo recentes provocam e são provocadas pela revitalização do gênero documental na última década, quando vemos a propagação de filmes que se dirigem a novas audiências e retratam outros agentes sociais, ampliando o campo do visível e, consequentemente, os regimes de visibilidade nele presentes. Em sua definição mais geral, ou seja, filmes que retratam o mundo histórico por meio de escolhas técnicas, estéticas e narrativas visando contar determinadas histórias de forma posicionada, os documentários encontram junto ao público o espaço de construção de interpretações, remetendo suas estratégias narrativas à realidade. A relação com a realidade estabelece, ainda, outro pacto, qual seja, o compromisso dos documentários com a suposta verdade dos fatos encenados, escamoteando, muitas vezes, os artifícios de sua fabulação. Na relação entre produção e recepção, ainda que se espere que os documentários contem histórias verdadeiras sobre o mundo concreto, tal expectativa pertence ao pacto de leitura estabelecido:

> Não se espera que tais histórias sejam contadas de modo objetivo, tampouco que sejam completamente verdadeiras. O realizador pode se valer, ocasionalmente, do uso de *licença poética* no relato e se referir simbolicamente à realidade. (...) Mas espera-se que os documentários sejam uma representação justa e honesta de uma experiência vivida por alguém (Aufderheide, 2007, p. 3, tradução nossa).

É na interface entre o repertório do público, seu interesse pelos fatos narrados e a maneira como os realizadores apresentam tais fatos que se estabelece um intervalo no qual vislumbrar possíveis efeitos de sentido. De certo modo, não há regras extrínsecas ao filme documentário que possam defini-lo enquanto tal, apenas escolhas que dizem respeito aos modos de tecer suas narrativas para torná-las consistentes e credíveis em relação aos contratos comunicacionais selados com a audiência. Outro aspecto soma-se a esse pacto, incluindo na tessitura dos documentários questões relacionadas ao mercado de produção e distribuição, que se encontra com as possibilidades de sua circulação e apropriação. À medida que os documentários passam a ocupar espaços ampliados no circuito audiovisual, sua definição enquanto gênero discursivo se fortalece, não apenas no cinema, mas também na televisão e na internet, especialmente se considerarmos as mídias digitais e os aparatos móveis utilizados para sua propagação:

> Como representação expressiva das tensões e contradições nas práticas socioculturais contemporâneas, o cinema convida ao deleite e também à reflexão. De fato, o espectador que se dispõe a compor sua sensibilidade com o fluxo imagético na tela e imergir na narrativa ficcional do filme que está assistindo terá a oportunidade de interagir – e mesmo de desvelar – outras visões de mundo, vivenciando um tipo de experiência que poderá levá-lo a pensar e atribuir sentido às questões de nosso tempo a partir de novas perspectivas (Castro, 2013, p. 2).

Por meio da inserção dos documentários como integrantes da dinâmica de consumo cultural, portanto, buscamos apontar os modos de estabelecimento de vínculos sociais na contemporaneidade, visando a problematização das formas de construção de identidades, subjetividades e sociabilidades presentes nas interações cotidianas. É assim que cenários em constante transformação geram práticas e usos diferenciados em torno da cultura audiovisual, possibilitando a realização de documentários que, para além de sua vocação original, ampliam as possibilidades de representação do outro, tornando-o mais radical em sua alteridade, menos domesticado em relação àquilo estabelecido como normatização ou normalização social e, ao mesmo tempo, mais visível:

> A realidade não é algo que esteja *lá fora,* mas aquilo que *conhecemos, entendemos* e *compartilhamos* uns com os outros sobre o que está lá fora. As mídias interferem na realidade mais valiosa que existe, aquela que está em nossas mentes. Documentários são uma importante forma de comunicação e formatação da realidade, justamente por evocarem a verdade. Eles são sempre fundados na realidade e pretendem nos contar alguma coisa que valha a pena ser conhecida (Aufderheide, 2007, p. 5, tradução nossa).

É um extremo que vemos surgir, muitas vezes, nas telas de cinema, trazendo à tona regimes de visibilidade que ampliam as políticas da representação usualmente aceitas. A circulação de documentários que tematizam identidades minoritárias e estigmas aponta para o alargamento nas trocas simbólicas, em que a visibilidade se torna um modo de inserção social. A proliferação de imagens em páginas da internet, seja com vídeos no YouTube, perfis em redes sociais como Facebook, Instagram e Twitter, ou trailers oficiais em sites corrobora as análises, apontando para o caráter expansivo das mídias na atualidade. Um duplo movimento apresenta-se como eixo articulador dessa perspectiva: se, por um lado, vemos aumentarem as possibilidades de tornar visíveis sujeitos antes obscurecidos, por outro vemos surgirem, cada vez mais, imagens que se conformam à ordem visual vigente, ou seja, discursos realistas dirigidos ao estabelecimento de verdades factuais.

No livro *Testemunha ocular,* Burke (2004) tematiza a questão da objetividade e da fidelidade na representação dos fatos por meio da análise de imagens fotográficas, questionando-as enquanto provas de evidência histórica. Dentre os vários conceitos trazidos, o autor apresenta uma série de problemas advindos da crença na autenticidade e na veracidade das imagens: o problema das fotografias fabricadas, dos interesses daqueles que as encomendam, de pressões externas (editores, veículos). Segundo o autor, o conceito de "testemunha ocular" – alguém capaz de fielmente "representar o que, e somente o que, poderia ter visto de um ponto específico num dado momento" (Burke, 2004, p. 18) – reforça a crença na possibilidade de um testemunho preciso e verdadeiro, esquecendo as diferenças sempre presentes tanto no que os discursos (verbais ou visuais) deixam transparecer, como naquilo que ocultam.

Notamos na produção cinematográfica recente um conjunto de obras que problematizam de modo singular a questão da objetividade nos relatos e da fidelidade aos fatos. Dentre eles, destacamos: os filmes iranianos *Salve o cinema* (Mohsen Makhmalbaf, 1995), *Cópia fiel* (Abbas Kiarostami, 2010) e *Isto não é um filme* (Mojtaba Mirtahmasb e Jafar Panahi, 2010); e, novamente, os documentários brasileiros *Jogo de cena* (2007), *Moscou* (2009) e *As canções* (2011), realizados por Eduardo Coutinho.[6] Ainda que reconheçamos sua variedade estilística, apontamos algumas articulações discursivas presentes em suas narrativas, notadamente híbridas.

Já na década de 1990, *Salve o cinema,* como outros filmes iranianos, mescla encenação e registro, numa espécie de *ficção documental* na qual o diretor convoca possíveis atores, por meio de um anúncio de jornal, a realizarem testes para seu próximo filme. Makhmalbaf filma os testes e, ao ser interpelado sobre quando teriam início as filmagens com os escolhidos, responde que o filme havia acabado de ser realizado. Na ficção *Cópia fiel* (no original, *cópia autenticada*), Kiarostami indaga, durante todo o filme, o que seria autêntico e veraz em contraponto àquilo tomado como artificial e falso ao apresentar um roteiro em espiral que polemiza o valor da cópia em obras de arte e se desdobra em camadas interpretativas.

É o diretor Panahi quem nos oferece, em *Isto não é um filme*, uma síntese dos dois filmes anteriores: proibido de realizar filmes (veto

---

6 Para informações e críticas dos filmes, ver: http://www.adorocinema.com.br. Acesso em: 16/01/2019.

por ele obedecido) e anunciando se tratar de um "documentário" – denominação pouco comum no realismo do cinema iraniano –, o diretor é filmado e encena, em prisão domiciliar (que perdurou por dois meses e só foi encerrada após uma greve de fome), um dia completo de confinamento como forma de relatar as privações impostas a ele e, metonimicamente, ao próprio cinema em seu país.

Em seus documentários, Coutinho evoca diversos modos ficcionais para contar as histórias vividas pelos entrevistados – transformados em personagens – e desafiar as fronteiras entre factualidade e ficcionalidade. Os filmes podem ser vistos como uma espécie de trilogia (ou reiteração) a respeito do cinema e de seus modos de realização, além de retomar a crítica ao conceito de representação. Encenados no ambiente de teatro, em *Jogo de cena*, composto apenas por personagens femininas, vemos a mistura entre histórias verídicas e inventadas, atrizes e mulheres anônimas, espontaneidade e indução. Os depoimentos são apresentados em cenário minimalista, no qual as mulheres sentam-se à frente de Coutinho, de costas para a plateia vazia, invertendo as posições normalmente vistas no teatro e questionando os limites da interpretação. *Moscou*, por sua vez, retrata os bastidores do grupo de teatro mineiro Galpão, ensaiando em um teatro vazio a peça "As três irmãs", de Tchekhov, montagem esta jamais apresentada.

As canções desenvolve uma premissa aparentemente simples: cada um dos entrevistados deve contar (e cantar) a história de uma música que tenha marcado sua vida. O cenário é um teatro, mas o ponto de fuga situa-se nos fundos do palco, entre cortinas, lugar por onde entram e saem os personagens. Ao contrário de dicotomizar suas narrativas, tais documentários se movimentam nas imbricações entre fato/relato, referencialidade/ficcionalidade, realidade/fantasia. A exemplo dos filmes anteriores, as imagens nos alertam, reiteradamente, para a precariedade na apreensão fidedigna da realidade, ressaltando a impossibilidade de objetivação dos relatos e a pregnância do processo tradutório que se impõe aos discursos sempre que os artifícios da enunciação são acionados. Respondendo de modo contundente à tentativa de domesticação percebida em imagens referenciais, as obras reafirmam seu pacto ficcional com os espectadores, como se dissessem, paradoxalmente, *isto é apenas um filme*.

Nos interstícios de uma realidade oculta que pretende se fazer ver e de uma visibilidade englobante que pretende tudo mostrar, vemos desfilar imagens mais ou menos reais, mais ou menos verdadeiras, mas sempre engajadas na tensão entre visibilidade/invisibilidade dos sujeitos nelas representados, como nos filmes tratados a seguir. Analisaremos, nesse momento, as articulações contidas em três documentários brasileiros, exibidos em circuito comercial, e que, privilegiando um discurso referencial e de caráter realista, apresentam como personagens alguns sujeitos marcados por modos de vida diversos e, muitas vezes, por ocuparem posições periféricas em relação a papéis sociais tradicionalmente estabelecidos.

O empenho realista nos interessa por operar um movimento de afirmação da marca desses atores sociais, aprovando-a como se ela fosse, no âmbito do filme e no âmbito da vida, *precisamente* como é mostrada. Por outro lado, as fabulações neles contidas – especialmente por serem documentários – tornam-se contundentes ao estabelecerem relações diretas na composição da imagem de um outro, ou seja: para além de sua vocação documental de *se voltar* ao outro, tais filmes tematizam também sua interferência na construção dessa imagem por meio dos personagens apresentados.

Em vez de desenrolar a narrativa aos olhos do espectador, o documentarista, normalmente fora de quadro, mas presente por meio dos enfoques buscados, tem como desafio ocupar o lugar de escuta do outro, mais do que tornar audível sua própria voz. Ao contrário de atuar como personagem, o sujeito que se inscreve nos documentários não se pretende uma representação fiel da pessoa retratada em seu cotidiano, mas torna-se, nas palavras de Eduardo Coutinho, "a melhor versão daquela pessoa": "No cotidiano as pessoas são tão naturais quanto artificiais. Que processo a pessoa levou para atingir o seu natural? É a criação da mentira verdadeira. É óbvio que uma pessoa assume dez pessoas diferentes no seu cotidiano" (Coutinho; Xavier; Furtado, 2005, p. 119). Ao deslocar o foco da *legitimidade* para a *legitimação*, o documentarista alcança, por meio do fingimento, o que há de mais singular no sujeito simulado nas imagens:

> A respeito da relação entre pessoa e personagem, ocorre algo interessante. Na filmagem, encontro-me com uma pessoa durante uma hora, sem a conhecer de antemão, e às vezes nunca mais a vejo depois disso. E na montagem, durante meses, lido com ela como se fosse um personagem. Ela é, de certa forma, uma ficção, por isso a chamo de personagem, já que ela "inventou", numa hora de encontro, uma vida que nunca conheci. Se o filmo durante uma hora, ficam na edição final cinco ou sete minutos. Faço dela um concentrado daquilo que eu acho que é o melhor que ela possa ter (Coutinho; Xavier; Furtado, 2005, p. 121).

De modo paradoxal, ao ausentar-se da tela o realizador nela deixa suas marcas por meio dos encontros discursivos, não presenciais, atestados pelas imagens da câmera. Nos moldes da teoria da enunciação, uma espécie de *autoria partilhada* instaura possibilidades de reversibilidade entre um "eu" e um "outro" que intercambiam lugares para que cada um possa ganhar voz e tomar corpo. Desse modo, as *invisibilidades sociais*, tão frequentemente relatadas em documentários, são de fato problematizadas nos filmes, que não apenas se contrapõem ao que usualmente é visibilizado – trazendo figuras divergentes –, mas acentuam os modos de fazê-lo, ampliando o campo do visível e autenticando, assim, novas políticas da representação dos sujeitos filmados. Sob essas premissas, trataremos a seguir de *Elena* (Petra Costa, 2013), *Cidade cinza* (Marcelo Mesquita e Guilherme Valiengo, 2013) e *Olhe pra mim de novo* (Kiko Goifman e Claudia Priscila, 2011).

Estabelecemos duas formas pelas quais a questão da (in)visibilidade tem permeado a produção fílmica: o ímpeto de representá-la enquanto ausência e a visibilidade dada aos sujeitos em situação de invisibilidade. Observamos a composição cênica em que esses sujeitos são mostrados (planos, enquadramentos, montagem), a perspectiva de um olhar organizador (identificado como aquele que concede o direito à visibilidade) e a articulação entre os elementos visibilizados e aqueles que dialogam com um espaço do não dito, que se faz presente na cena por meio dessa relação. Finalmente, argumentamos que as cenas não precisam ser obscuras para que ocorra sua invisibilização. Antes, a figura dos sujeitos engajados com outros sujeitos e objetos do entorno cênico serão determinantes de sua situação de maior ou menor visibilização.

Elena (2013), dirigido por Petra Costa, é um documentário brasileiro aclamado em diversas premiações nacionais e internacionais. Interessa-nos, sobretudo, por lidar justamente com a falta de Elena, que será presentificada, durante o filme, com fragmentos de vídeos costurados como uma composição na memória. Outra relação de visibilidade-invisibilidade marca o filme: trata-se da implicação autoral de Petra Costa, a diretora, e sua ausência, para deixar que a memória da irmã fale. Além disso, Elena segue uma carreira artística que é referência em todo o filme por meio da dança e do teatro. A experiência artística da personagem é respondida com um filme documentário, na berlinda entre o referencial e o experimental da composição poética, tornando o relato ao mesmo tempo factual e ficcional.

Para além das anotações que podemos fazer na proposta anunciada do documentário, que o inclui no debate sobre os limites entre visibilidade/invisibilidade, os elementos fílmicos desenham mais precisamente as nuances desse encontro. A trilha sonora desempenha um papel importante para situar o espectador no tempo da memória, e não no tempo presente de Elena, pois é a música que distancia o que se vê hoje da experiência factual passada. Ela conduz, no âmbito daquilo que nos é apresentado como imagem, um corpo que se torna fluido, etéreo e de contornos dificilmente definidos. Desse modo, a presença de Elena pode ser novamente vivida, ainda que mediada pela fluidez da água, pelo etéreo da dança e pela embaçamento possibilitado por vídeos amadores.

Elena viaja para Nova York com o mesmo sonho da mãe: ser atriz de cinema. Deixa para trás uma infância passada na clandestinidade durante a ditadura militar, e uma adolescência vivida entre peças de teatro e filmes caseiros. Também deixa Petra, sua irmã de 7 anos. Duas décadas mais tarde, Petra também se torna atriz e embarca para Nova York em busca de Elena. Tem apenas pistas: fitas de vídeo, recortes de jornais, diários e cartas. A qualquer momento, Petra espera encontrar Elena andando pelas ruas. Aos poucos, os traços das duas se confundem. Já não se sabe quem é uma e quem é a outra. No espaço entre o corpo invisível de Elena e a presentificação tornada visível por sua irmã, vemos materializar-se os contornos do irrepresentável: trata-se do desaparecimento causado pela morte, já que esta encerra qualquer possibilidade de imagens referenciais, mesmo que se trate de um documentário em busca de seus sujeitos ou, mais do que isso, em busca dos limites de seu discurso.

O filme *Elena* articula a relação com o visível imergindo suas personagens em ambientes difusos. A cena inicial mostra uma tomada do corpo feminino visto de cima, movendo-se como em uma dança na água. A horizontalidade da cena não nos remete tanto ao ambiente aquático que identificamos como a um movimento aéreo, como se estivéssemos olhando para o céu. A movimentação da roupa soma-se àquela do corpo, contribuindo para o obscurecimento de contornos. A imagem causa um estranhamento por unir um corpo vestido à água, e o movimento lento da atriz também contribui para um estado semelhante de não saber qual a referência exata da cena. Ainda não identificamos e não podemos reconhecer as personagens femininas envolvidas na narrativa do filme. Estamos diante, simplesmente, de um corpo flutuante, situando o espectador num tempo distinto – o da memória – e possibilitando uma aproximação afetiva, com tomadas disruptivas em relação à narrativa do filme.

Numa segunda imagem, o ambiente aquático dá lugar a uma cena de impressões amadoras ou caseiras em que surge uma menina, centro das atenções, em close. A movimentação que se produz é mais rápida, a focalização da personagem menos segura e mais fugidia. Se na cena anterior ela nos escapava e se fazia invisível pela falta de reconhecimento, nessa notamos uma marca referencial, mas o fato ainda escapa ao foco. Adiciona-se a isso, considerando a experiência do espectador, a distância temporal marcada pelo rosto e sorriso de menina. No quadro seguinte, temos uma personagem já madura. Sendo ela a representação de um tempo atualizado (passagem de criança a adulta), mas não presente (a adulta vive somente na memória), a mulher aparece-nos de costas, afastando-se. Dessa forma, também escapa em sua invisibilidade e, uma vez mais, acompanhamos o borramento pela movimentação que se imprime na cena.

O segundo exemplo é *Cidade cinza* (2013), com direção de Guilherme Valiengo e Marcelo Mesquita, que participou do festival de produção audiovisual "É tudo verdade".[7] O filme apresenta grafites feitos pelos artistas OsGêmeos, Nunca e Nina, na cidade de São Paulo (SP), e que são tornados invisíveis pela decisão da prefeitura da cidade em eliminar o que considerava ser "poluição visual" (grafites, pichações, cartazes, outdoors, pôsteres, luminosos) por meio da repintura dos muros da metrópole. O documentário se monta, assim sobre uma disputa institucionalizada a respeito das cores que devem revestir a cidade: o colorido dos grafites ou seu recobrimento pela uniformização acinzentada.

O filme apresenta uma tomada panorâmica da cidade de São Paulo, marcando o adensamento da área construída e de sua lavagem cinza-concreto. O grafite é então recuperado como forma de reação à erupção do concreto, como uma marca visível nas paredes construídas. A relação com

---

7 Festival internacional de documentários, reunindo importantes obras. Realizado anualmente, encontra-se em sua 19ª. edição. Mais informações em: http://etudoverdade.com.br. Acesso em: 16/01/2019.

a invisibilidade, nesse caso, faz-se com o cinza que ele encobre, cor original daquilo que é concreto. Os grafites reapresentados em cena produzem uma segunda pintura, documentada pelo filme e mostrada ao espectador, trazendo os artistas como protagonistas da encenação, sobre os muros cinzas, de algo que antes estava ali e foi recoberto. Vemos os grafites à medida que vão sendo realizados: a justaposição de cenas contrasta com o cinza que recobre a cidade e para o qual ela havia retornado. Dessa forma, a passagem de uma cena a outra faz do espaço urbano um campo de batalhas simbólicas, um embate entre representações e disputas por reconhecimento. Onde os olhos poderiam ver uniformidade, há a marca de uma *luta*, estética e política, sobre um território aparentemente indomado, pertencente a cada um dos sujeitos que nele transitam.

O filme estabelece um contraponto visual entre a verticalidade da cidade, percebida na estrutura dos prédios, e a horizontalidade da execução dos grafites em seus muros. A ação em cena é desempenhada por veículos representando a prefeitura, invadindo a paisagem e se postando na frente dos muros para as pinturas. A partir dessa intervenção, ocorre um questionamento sobre o lugar da arte no espaço urbano, em que percebemos, por um lado, a assepsia sobre a qual está instaurado um modelo de cidade e, por outro, a "sujeira" dos grafites, intervenção artística que a transforma como se fosse um ruído na homogeneidade de suas cores.

Parece-nos um compromisso dos documentários, ou um código a ser aplicado à escrita fílmica, oferecer um quadro que represente a visão geral do tema numa imagem síntese. No caso de *Elena*, vemos um corpo dançante na água, oferecendo poucos elementos referenciais sobre um espaço-tempo. Já em *Cidade cinza*, a inauguração da narrativa é feita com a referência explícita à cidade de São Paulo em sua forte presença de prédios e concreto. Nem por isso deixamos de considerar que o quadro selecionado seja também *oceânico*, extravasando seus limites ao fazer imaginar uma imensidão sem cor para além dele. Curiosamente, da mesma forma que em *Elena*, temos uma perspectiva de olhar mais incomum, de cima para baixo ou de baixo para cima.

Esse posicionamento do olhar, somado àquele do espectador, fortalecendo-o com uma possível *visualidade* que torna invisível o que está fora do quadro, captado no que seria uma tomada mais ampla.

Outros ângulos que se seguem procurarão recobrir tal falta: ao longo do documentário, o colorido do grafite ganha seu espaço em cena. Em outro quadro, a imagem está recortada, mas presente atrás dos artistas-grafiteiros em primeiro plano. Notemos que nele se reproduz o modelo tradicional da reportagem informativa para a apresentação da fala das personagens. O efeito que se tem é o endosso àquele que fala e, desse modo, aberto para pessoas que estão tanto socialmente à margem (com sua arte), quanto invisíveis atrás de suas próprias obras como artistas. Na sequência das imagens, vemos a verticalidade das construções cinzentas ser desafiada pela horizontalidade do muro grafitado. O espaço do muro cinza combinado com o asfalto, que não seria comumente notado, e a própria estrutura da cidade, ganha estatuto de espaço de arte. *Cidade cinza* mostra a atividade do grafite como uma iniciativa de apropriação do espaço invisível para a esfera do notável.

O terceiro filme é o documentário *Olhe pra mim de novo* (2011), definido como uma espécie de "filme de estrada" e dirigido por Kiko Goifman e Claudia Priscilla. Notemos que Goifman já dirigira os documentários 33 (2002) e *Filmefobia* (2008), entre outros, tratando de situações limítrofes no que diz respeito à construção de identidades e às formas instituídas de sua representação, como se pudesse captar o inapreensível por meio de *imagens extremas*. No filme, o transexual Silvyio Luccio é retratado no sertão nordestino em que mora com sua esposa. Uma fala do personagem interpreta o ato de tirar a roupa como um desvelamento, um deixar cair a máscara da visibilidade masculina que o protagonista sustenta. O título aponta para este mesmo movimento de duplo olhar, de retorno para verificar o que verdadeiramente se vê. A complexidade do filme reside, justamente, na incerteza que faz repousar a visão sobre um imaginário recortado, filmado em cortes e, assim, pouco reconhecido.

Nesse caso, para além da representação, trabalha-se a invisibilidade pela falta declarada do órgão sexual masculino. Ao mesmo tempo em que ele se faz presente na construção dos diálogos e na concatenação das cenas, Silvyio pede que outros ponham a mão em seu corpo para que possam verificar a ausência daquilo que todos pensam que ele teria. O documentário resume tal situação, aparentemente contraditória por oscilar entre o visível e o invisível: "Eu pensava que você era um homem que tinha desistido de ser homem e agora procura ser de novo". A cena em plano mais geral que marca o documentário é a imagem de uma estrada aberta para circulação, mas sem outros veículos, como se houvesse no horizonte uma busca de identidade. Um outro quadro apresenta o personagem enquanto fala, tornando-o visível no cenário da cidade em que ele se encontra com sua companheira. Durante o filme há uma clara tentativa de desestabilizar os limites entre os comportamentos esperados de acordo com os gêneros masculino ou feminino.

Em um terceiro quadro, vemos uma personagem falando de si e de sua presença no mundo, dita para "incomodar". Ela fala à noite, entre sombras, e sua atuação marca ainda o que podemos reconhecer como uma gesticulação feminina em um homossexual masculino. Em *Olhe pra mim de novo* a questão da invisibilidade está marcada pela apresentação dos espaços e das condições pelas quais a sexualidade pode ser socialmente expressa, manifestada e vivida. O filme traz à tona, para o âmbito do visível, o que pertencia ao íntimo; assim, o que era privado está imbuído de um ímpeto de aceitação pública e reconhecimento social. O documentário circula entre essas duas esferas, transitando pelas estradas daquilo que estaria dentro, voltado para a intimidade, e daquilo que estaria fora, projetado para a exposição, exigindo assim não apenas um segundo olhar (*de novo*), mas um duplo olhar sobre seus personagens.

Pretendemos, com os filmes, pontuar a relação entre "um" e "outro", espectador e personagem – por semelhança e identificação, ou por contraste e repulsa – em documentários representativos dos estigmas sociais. Tal articulação se estabelece no campo visual e é própria do fazer documental por meio do esforço de *dar a ver o diferente*. O debate estende-se ao compreendermos o olhar como acesso a um circuito de circulação que depende de uma identificação inicial com o objeto visto e de sua apropriação, oferecida como prática audiovisual. De maneira mais abrangente, podemos dizer que essa experiência do espectador, identificada por meio das obras, passa a compor sua própria identidade, ampliando o campo do visível.

Nesse sentido, a apresentação de personagens com identidades minoritárias pressupõe uma dimensão política do olhar, limitando e ampliando seu potencial contestador e transformador. Ao analisar os exemplos, notamos um limiar sobre o qual eles operam, atuando sob uma visibilidade instituída – ainda que não hegemônica –, conformando-se nela e desafiando-a. Identidades minoritárias ganham em presença, mas se tornam ausentes como algo que não cabe na ordem do visível. O exercício dos filmes, dessa forma, instaura uma distância entre o espectador e o outro que ele aborda por meio do olhar, assegurado pela mediação da tela. Ao mesmo tempo, recobre tal intervalo, à medida que transporta o espectador para dentro da cena, aproximando-se do outro e dele se afastando.

Acreditamos que, dessa forma, a prática documental oferece um apelo à veracidade dos fatos que estão sendo retratados e uma forma de engajamento por meio deles. O espectador é chamado a se posicionar politicamente diante de uma dita verdade e a aderência a essa visibilidade revela-nos um ato de crença assentado sobre a articulação proposta pelas imagens. Quanto mais referenciada e codificada a imagem do outro, mais a sensação de estranhamento pode ser avivada enquanto opção guiada pelo olhar do público. Quanto mais poética e subjetiva, menos o filme estará comprometido com a implicação de uma resposta do espectador a uma situação descrita. Temos duas propostas diversas para formas de inscrição documental, uma delas apelando para o engajamento e outra para a fruição, uma como mecanismo de participação ativa e outra como contemplativa, ainda que em ambas ocorram diferentes graus de participação.

Rancière refere-se à imagem que causa esse tipo de estranhamento como uma "imagem intolerável", citando seu aspecto de demonstração "da exibição da verdade do espetáculo como uma forma ainda mais intolerável de seu reinado, pois sob a máscara da indignação, ela oferecia ao olhar dos observadores não só a bela aparência, mas também a realidade abjeta" (Rancière, 2012, p. 83). O autor se questiona sobre a validade da circulação de tais imagens, se por mera curiosidade perversa ou se por ímpeto revolucionário. Se considerarmos que a intolerância pode ser entendida como reação à proximidade, àquilo que antes distante se torna visível de maneira não domesticada, de alguma forma a aproximação pode provocar reações passionais.

O movimento de retorno na circulação dessas cenas se faz justamente pela via do abjeto. Se uma imagem é entendida como tolerável, ela tem sua circulação aberta pelas vias de um senso comum, pautada pelos códigos instituídos de visibilidade. Se, de outro modo, ela é considerada intolerável, ainda assim o chamado para a aproximação em relação ao outro cumpre sua vocação de circular. O trajeto do grotesco se revela como o avesso do mesmo regime de visibilidade no qual estão englobados um e outro. Ambos são retratados a partir da mesma materialidade audiovisual, dependente de uma adequação a certo código de construção fílmica que os antecede. Podemos considerar a ação de filmes documentários como um relevo sobre os sujeitos que toca. Eles os inserem no âmbito do visível, promovendo seu reconhecimento e ressignificação. O aspecto documental faz também com que personagens concretos percebam sua inserção social transformada para além da esfera fílmica.

Apontamos para esse aspecto sem que, necessariamente, estejamos estabelecendo juízos de valor em relação a ele, especialmente nos casos de filmes sobre identidades minoritárias. Ao contrário, identificamos uma camada a mais na qual engendrar a possibilidade de circulação fílmica, qual seja: o lastro representacional de qualquer produção na cultura. As identidades alçadas para o âmbito do visível não se iniciam com o ato do documentário, mas dependem de acontecimentos prévios, e a extensão da tela que abarca os sujeitos tornados visíveis em filmes é cambiante e acompanha a marca social que os caracteriza: "Trata-se realmente de afetos que embaralham as falsas evidências dos esquemas estratégicos; são disposições do corpo e do espírito em que o olho não sabe de antemão o que está vendo, e o pensamento não sabe o que deve fazer com aquilo" (Rancière, 2012, p. 101). Podemos tratar, assim, de uma adesão afetiva à novidade documentada. Se por um lado ela representa um risco, por outro resolve a aposta por reconhecimento de visibilidades ainda não estabilizadas, caracterizando a circulação de filmes baseada na identificação como detentora de uma implicação estética e política.

Nos exemplos apresentados, há uma subversão dos objetos tornados visíveis – a morte, a arte, o corpo – por meio de sua concretização em cena. A possibilidade de que parte deles não seja reconhecível, sendo recoberta por um desejo de invisibilidade, faz movimentar a dinâmica fílmica. Entendemos, assim, que mais do que tornar visível aquilo que comumente não chega à cena, está na base do fazer documental a tentativa de tomada sobre um objeto fugidio à composição cênica e que, por isso mesmo, não pode oferecer-se por completo, nem a própria cena pode sobreviver sem obscurecer um desejo por totalidade.

Fizemos um percurso em três tempos para a análise dos filmes: retomamos a vocação referencial do documentário, instauramos a polêmica em relação à tomada documental tratando da questão da captura do outro e, finalmente, procuramos desenhar os pontos de fuga dessa lógica da cena instituída apresentando formas da (in)visibilidade documentada. No primeiro tempo, ainda que a perspectiva tradicional do documentário procure filiar-se ao registro do *verdadeiro*, há em filmes recentes uma presença forte e constante da ficcionalização do relato, seja por meio de narrativas de busca ou naquelas tidas como autorreferenciais. Esse movimento está ligado, como o entendemos, à forma de percorrer a distância entre um "eu" e um "outro", denotando uma necessidade latente de recobrir a distância entre ambos num desejo de reparação narrativa. Há sempre, dessa forma, um olhar que marca o outro e o insere na ordem do visível; ao mesmo tempo, o outro se instaura a partir de sua entrada em cena.

Ao documentar, torna-se visível um outro de alguma forma distante, seja espacialmente, temporalmente ou, ainda, psicologicamente. Ou seja, outrem que não estava visível a olho nu no convívio cotidiano presentifica-se segundo a perspectiva daquele que o reporta e, ao fazê-lo, aponta também para o lugar de sua invisibilidade. Novos atores sociais são postos em cena de modo mais ou menos disciplinado, ou como sujeitos enquadrados em regimes de visibilidades vigentes, ou como sujeitos em quadro que ampliam as políticas da representação usuais.

O segundo tempo do endereçamento à visibilidade é a apresentação desse outro numa cena em que a invisibilidade vem à tona, muitas vezes tematizada como ideia central do próprio documentário. Nesse sentido, atribui-se a missão de fazer ver o que estava obscurecido ou que não pode ser facilmente tornado imagem, como no caso de documentários que tratam de identidades minoritárias ou de temas socialmente ignorados. Nesses casos, a presença do outro na cena é assumida de forma positivada, como movimento afirmativo de inclusão. Temos, assim, um processo criativo de tradução da questão do outro-personagem em forma de discurso audiovisual. Tal criação apresenta um desafio que tem, de um lado, a possibilidade de evidenciar o outro e o risco de aprisioná-lo nas escolhas realizadas.

É nesse sentido que devemos ressaltar um terceiro e último aspecto dos documentários em relação à visibilidade/invisibilidade dos sujeitos. A marca da presença do outro em cena é atestado de sua ausência e, de certa forma, o contrário também é válido: a ausência do outro em cena é seu nível de máxima presença. Ou seja, a documentação visual sobre o outro é um processo de criação narrativa e sua presença sofre interferência de outros sujeitos em cena, que concorrem para construí-lo ou desmontá-lo. Assim, muitas vezes ao tentar reportar o outro, tornando-o visível, devolvemos a ele uma posição de invisibilidade. A latência de sua representação pode, por outro lado, tornar-se uma maior possibilidade de inteireza, como numa cena em que um personagem não está presente, mas seus efeitos visíveis se fazem sentir.

2. Cultura audiovisual: visibilidades periféricas e reconhecimento social

Os processos de (in)visibilidade, como vimos, são fundantes na criação documental, tanto na aproximação com o outro por meio de temáticas específicas, como na inserção de cenas que articulam os discursos audiovisuais: "É a voz de um corpo que transforma um acontecimento sensível em outro, esforçando-se por nos fazer 'ver' o que ele viu, por nos fazer ver o que ele nos disse" (Rancière, 2012, p. 92). Nessas duas perspectivas, podemos dizer que a visibilidade torna plástica e maleável a composição fílmica, sendo a principal responsável pela estruturação de uma dinâmica visual aberta a diferentes modos de representação e de reconhecimento.

Nos programas telejornalísticos, ao contrário, o lugar do realizador é usualmente ocupado pelos repórteres. Mesmo que esses não direcionem a narrativa – já que o jornalismo apregoa a neutralidade do relato e produz, como efeito de sentido, o apagamento das marcas enunciativas –, sua presença física se faz sentir a cada passo, demarcando de modo mais incisivo os vieses da narrativa e unificando, ao menos na superfície, seu relato. Em reportagens, a presença do repórter no local em que se passa a notícia e a importância da transmissão ao vivo, tornando-o narrador e sujeito da ação, confirmam sua atuação como personagem da narrativa e representante do público (uma espécie de *testemunha do testemunho* do jornalismo), colocando-se em seu lugar e construindo a cena como se o espectador estivesse nela presente.

A realidade encenada (ou "telerrealidade") insere-se nesse espaço de atuação que distancia as reportagens dos documentários. Estes últimos, como afirmamos, não são apenas filmes de caráter informativo ou didático, mas reconstroem a realidade a partir de um ponto de vista subjetivo que se estabelece no intervalo entre cineasta e personagem, um "eu" e um "outro" colocados em relação. Ainda que ambos apresentem sujeitos concretos, histórias acontecidas e situações pertencentes ao mundo vivido – explicitando seu caráter referencial e testemunhal –, os documentários ocupam-se menos da busca pela verdade das pessoas e dos fatos retratados, e dedicam-se mais a interpretações sobre tais pessoas e fatos, elaborando suas narrativas a partir das informações e histórias de vida colhidas por meio das interações verbais com seus personagens.

O problema da objetividade e da autenticidade, certificadas pelo repórter que vivencia as histórias ao mesmo tempo em que as apresenta ao telespectador, não se coloca para o documentarista, que assume o caráter provisório de seu relato, tecido sempre *a posteriori*, em outro tempo e lugar que não os da própria ação. Como afirma Coutinho:

> No documentário é preciso sair de si. (...) O documentário é isso: o encontro do cineasta com o mundo, geralmente socialmente diferentes e intermediados por uma câmera que lhe dá um poder, e esse jogo é fascinante. Portanto, o fundamental do documentário ou acontece no instante do encontro ou não acontece. E se não acontece, não tem filme. E como você depende inteiramente do outro para que aconteça algo, é preciso se entregar para ver se acontece (Coutinho; Xavier; Furtado, 2005, p. 121).

Para além de semelhanças estilísticas – que se acentuam nos tempos atuais –, documentários e reportagens posicionam-se diferentemente em relação às formas de construção da representação e às relações desta com o imaginário. Entretanto, ao ressignificar os fatos para representá-los culturalmente, ainda que tenham como base os acontecimentos (ou *atualidades*), em ambos os casos se trata de um processo de criação, inventando uma história por meio de *fabulações narrativas*. Por meio de distintos modos de dar a ver o outro, por meio de formas mais extremas ou mais domesticadas, espaços de visibilidades e invisibilidades apresentam-se nas telas do cinema e da televisão, apontando para diferentes concepções estéticas e narrativas.

Como destacamos em outros momentos, nossa proposta tem como objetivo o estudo de discursos das mídias de caráter *realista* a fim de estabelecer uma análise contrastiva entre eles. Buscamos demonstrar que o estabelecimento das fronteiras entre fato e relato se faz no tensionamento dessas posições, alargando os limites entre "referencialidade" e "ficcionalidade" em narrativas audiovisuais, contribuindo para a reflexão sobre o estatuto da imagem na atualidade. Fatos e relatos colocam-se, assim, como estratégias complementares na organização desses discursos, embaralhando as fronteiras entre realidade e fabulação. Por meio da observação de documentários e reportagens, exploramos a questão dos *novos realismos* presentes nos discursos das mídias a partir de uma perspectiva histórica sobre as formas de endereçamento do mundo concreto, passando pelas injunções das imagens técnicas frente a uma cultura audiovisual cada vez mais marcada por processos que visam produzir determinados efeitos de realidade, oscilando entre o *retorno do real* e o *elogio da ficção*.

Tomamos a expressão "novos realismos" na definição de Jaguaribe (2007), que aponta no cinema iraniano, no manifesto do grupo escandinavo Dogma, no cinema engajado britânico, em documentários contemporâneos e filmes latino-americanos sobre conflitos urbanos, entre outros, os "novos registros do realismo" como um fenômeno global – presente não apenas no cinema, mas na literatura, na fotografia e nas mídias – que contribui para os modos de percepção da realidade: "No Brasil, os novos realismos despontam dentro de gêneros como o romance policial e a narrativa da violência marginal, ou em retratos do cotidiano que esmiúçam, com maior ou menor pendor psicológico ou naturalista, os impasses de vidas anônimas" (Jaguaribe, 2007, p. 11).

Sabemos ser este um tema abrangente e, desse modo, iremos nos deter em exemplos recentes voltados à construção da representação de diferentes sujeitos nas mídias. Buscamos identificar, como vimos, as maneiras pelas quais se estabelecem os espaços de visibilidade/invisibilidade em relação a grupos minoritários estigmatizados no cenário social. Nas oscilações entre reforço ou transposição de estigmas, tais narrativas audiovisuais empreendem, em relação ao "outro" para o qual se voltam, processos de assujeitamento ou, ao contrário, de protagonismo. Nesse confronto de representações, para além de visões hegemônicas, uma pergunta norteia a proposta: se as realidades são discursivamente construídas, como propor modos de representação do "outro" da forma mais ativa (e altiva) possível?

Ao apontar que, recentemente, as contradições sociais têm sido tematizadas, na produção teórica e audiovisual contemporânea, por meio das relações entre estética e política, Figueiredo nos alerta: "Se, no passado, ao fazer referência ao abismo entre as elites e o povo, falava-se dos que tinham ou não tinham voz, hoje, fala-se, cada vez mais, dos que possuem ou não possuem visibilidade" (Figueiredo, 2012, p. 11). Mais do que a proliferação de imagens ou o excesso de exposição, "é a imagem mais do que a palavra, o espectador, mais do que o ouvinte ou o leitor, que servem de ponto de partida quando se trata de refletir sobre a necessidade de alterar a distribuição de papéis e competências hierarquicamente estabelecidos" (Figueiredo, 2012, p. 11), fato que nos coloca frente às especificidades da cultura audiovisual contemporânea, sobre a qual iremos refletir em alguns de seus aspectos. Desse modo, a estética realista e a hiper-realidade; a retórica testemunhal e a ênfase em visualidades precárias; a construção do comum e do compartilhado, e os novos regimes de visibilidade, entre outros, são elementos fundamentais para problematizarmos o estatuto das imagens hoje.

A dimensão da cultura, e os processos de sua legitimação por meio dos discursos circulantes, possibilita que pensemos a produção audiovisual como sintoma de uma época pautada pelo desajuste, pelo transbordamento e pelo conflito, aspectos que se fazem presentes, portanto, em tal produção. Ao nos indagarmos sobre as maneiras pelas quais a autenticação da realidade se impõe nas narrativas da televisão e do cinema, indagamo-nos, também, sobre as possibilidades de delinear os contornos de um realismo crítico e político, oscilando entre uma forma documental de expressividade e o melodrama ficcional narrativo. Para além da construção de efeitos de realidade, em que ocorre o mascaramento dos processos de ficcionalização nela implicados, vemos nas narrativas audiovisuais uma espécie de *retorno* pregnante do real (na forma de paixão, retorno ou choque)[8] contrapondo-se ao *elogio* disperso da ficção (na encenação reiterada do mundo vivido).[9]

Se, a partir da psicanálise, o Real é aquilo que insiste, mas não resiste à simbolização, é no registro do imaginário que podemos investigar as atuais políticas de construção da representação frente às posições de totalização ou inadequação, adesão ou fricção, transparência ou opacidade, presentes nas narrativas audiovisuais, pensadas não como categorias estanques, mas como formas genéricas: "Contra a ficção que pretende existir por si mesma, como reflexo do real, é proposto o discurso que fala sobre suas próprias condições de existência e, portanto, afirma-se

8 A expressão "choque do real", cunhada por Beatriz Jaguaribe em livro homônimo, é por ela definida como sendo "a utilização de estéticas realistas visando suscitar um efeito de espanto catártico no leitor ou espectador" (Jaguaribe, 2007, p 100). Para a autora, o impacto do "choque" não vem de seu caráter extraordinário, mas de sua intensificação.

9 Nesse sentido, lembramos a obra de Iser, especialmente no que diz respeito ao princípio da representação, em que o realismo seria fictício ou imaginário, pois estes se apresentam como "disposições antropológicas" com poder libertário em relação às normas culturais estabelecidas (Iser, 2013). A obra de Eco, ao tratar dos conceitos de autor e leitor modelos (ou implícitos), aproxima-se de Iser em sua dimensão da recepção "implicada" como um modo ativo de participação (Eco, 1994). Além desses autores, Gay aponta os modos diversos de endereçamento da realidade em obras de ficção, notadamente naquelas de cunho predominantemente realista (Gay, 2010).

como reflexo do trabalho de produção e de suas funções sociais e materiais" (Xavier, 1984, p. 134). Assim como a opacidade permite que seja desvelado o dispositivo, ao negar a transparência da ficção o discurso audiovisual aponta para outros modos de dar a ver o visível.

Ao nos voltarmos para os modos de construção da realidade em narrativas audiovisuais assumimos, portanto, que processos de ficcionalização se fazem presentes no engendramento da referencialidade pretendida em tais discursos, tanto no caso de produções de caráter factual, como naquelas propriamente ficcionais (Soares; Freire, 2013). Nas palavras de Jaguaribe, "o paradoxo do realismo consiste em inventar ficções que parecem realidades" (Jaguaribe, 2007, p. 16). Mais do que isso, desde a modernidade compreende-se que as realidades são socialmente fabricadas, ou seja, "que os imaginários culturais são parte da realidade e que nosso acesso ao real e à realidade somente se processa por meio de representações, narrativas e imagens" (Jaguaribe, 2007, p. 16).

Interessa-nos, assim, explorar as tensões advindas dessa relação e seus modos de inscrição nos discursos das mídias, produzindo efeitos de sentido que vão da ilusão da objetividade ao testemunho da verdade em tais narrativas: "Só podemos conhecer o real comparando-o ou equiparando-o ao imaginável" (White, 1994, p. 115). Do ponto de vista metodológico, buscamos abordar os novos realismos por meio da temática dos estigmas sociais presentes em narrativas audiovisuais. Nas diferentes posições ocupadas pelos sujeitos no tecido social; nos embates entre cada um e todos os outros; nas demarcações entre estigmas, estereótipos e preconceitos; nos modos de estabelecimento dos espaços de visibilidade/invisibilidade social; e nas disputas por formas hegemônicas de construção da representação nos discursos circulantes, identificamos um terreno fértil para a problematização de tal questão. Se o *retorno do real* surge como resposta ao *elogio da ficção*, novos realismos parecem também apontar para novos modos de ficcionalização.

A produção televisual recente, notadamente documentários cinematográficos, grandes reportagens televisivas e *reality shows* (estes últimos considerados não enquanto programas isolados, mas como um gênero televisivo que se espraia por diversos outros gêneros) constitui a amostragem ampliada nesse momento. Com esse intuito, destacamos as produções integrantes daquilo que se convencionou chamar de "*reality tv*" (ou "*factual tv*", incluindo documentários jornalísticos), do qual fazem parte não apenas *reality shows,* mas também documentários, séries, seriados, reportagens, programas de auditório ou de variedades, enfim, uma imensa gama de gêneros e formatos que confluem para este que seria, a partir de nossas observações, o modo privilegiado presente na televisão atual (Machado; Vélez, 2009; Kavka, 2012).

A partir da observação da programação televisiva e da aderência aos *reality shows* – tanto do lado da produção, como da recepção –, notamos que, ao contrário do que acontecia anteriormente, as formas de inscrição da realidade na televisão têm se pautado por novos realismos. Nesse sentido, a realidade é encenada através de diferentes formas narrativas oriundas da ficção. A *reality tv* torna-se a narrativa televisiva predominante, para além dos *reality shows*, como se os gêneros televisivos se endereçassem de algum modo a ela. Essa demarcação é tomada como uma espécie de marca distintiva (ou até mesmo uma *vocação* da produção televisiva), apontando sua inserção na cultura audiovisual recente. Ao observarmos os programas televisivos, tomamos como ponto de partida formas narrativas *impuras*.

Para alcançar nosso intuito, estabelecemos diálogos com a produção inglesa, buscando demonstrar como as questões dos hibridismos e dos novos realismos se apresentam em diferentes culturas, enfatizando os conceitos articuladores das análises. Desse modo, buscamos tratar não apenas de um dos grandes eixos no estudo das imagens, mas também iluminar, ainda que de modo tangencial, a dinâmica da produção audiovisual recente – em que a televisão assume lugar de protagonismo, mas na qual vemos crescer, no caso brasileiro, também o cinema –, considerando os modos de produção, distribuição e recepção que tornam singulares seus diferentes discursos.

Em termos conceituais, investigamos os espaços da presença/ausência de atores sociais não hegemônicos, bem como os pontos de redundâncias e ressonâncias dos estigmas sociais nos discursos das mídias; as formações discursivas como espaços de intertextualidade e heterogeneidade, referidas nos debates sobre convergências midiáticas e hibridismos narrativos; as novas posicionalidades de sujeito em meio à proliferação de imagens e, consequentemente, as transformações no imaginário social; as políticas da representação ou as atuais formas de "partilha do sensível" (Rancière, 2009), especialmente aquelas relacionadas a figuras de alteridade, estabelecendo as tensões entre as narrativas do mesmo e do outro nelas apresentadas (Prado, 2008).

Em relação à amostragem, interessam-nos os contratos comunicacionais frente aos novos regimes de visibilidade em que os discursos referenciais[10] deslizam para narrativas híbridas presentes nas mídias por meio de novos realismos:

> Para nós que discutimos os regimes de visibilidade dos *media*, construídos em torno dos contratos de comunicação voltados a modalizar formas de ser e de fazer o corpo e com o corpo, sustentando-se em valores simbólicos ligados ao mundo do consumo, tais formas de ver e de ser olhados pelos objetos culturais é preciosa (Prado, 2012, p. 181).

Desse modo, *discurso cinematográfico* (filmes documentários) e *discurso jornalístico* (reportagens televisivas) não são vistos de maneira estanque, ressaltando as interfaces presentes no cinema e na televisão.

Assumindo, portanto, o hiato desde sempre incontornável entre linguagem e referente, e embasados pelos debates sobre convergências

10 Discursos voltados à experiência da realidade, em que elementos históricos são tomados de forma supostamente objetiva para compor os relatos sobre os fatos, ao contrário do que é suposto nos discursos ficcionais, em que modos de fabulação são prioritariamente acionados na composição de suas narrativas (Barthes, 1988).

midiáticas e hibridismos discursivos, vislumbramos um conjunto de imagens que oscila nas fronteiras movediças de narrativas impuras, mescladas por meio do trânsito entre elementos estéticos e tecnológicos. A crítica ao conceito de representação e sua desconstrução, como apontamos, é um importante eixo teórico-metodológico para as análises, tensionando narrativas de caráter referencial pelos modos de "dar a ver" as figuras de alteridade e as políticas da representação nelas ensaiadas. Entendemos "política" na acepção dada por Rancière a este conceito: "A atividade política é a que desloca um corpo do lugar que lhe era designado ou muda a destinação de um lugar; ela faz ver o que não cabia ser visto, faz ouvir como discurso o que só era ouvido como barulho", alterando, assim, os regimes de visibilidade (Rancière, 1996, p. 42).

Dentro desse cenário, a questão das políticas da representação – especialmente de sujeitos tradicionalmente delas excluídos – pode ser elaborada a partir de alguns apontamentos, em que os discursos (ou seus vestígios) articulam-se, inicialmente, a partir da aproximação a um outro diverso e distante. Vemos surgir nessas narrativas um outro *não representável* e que, ao longo delas, oscila entre ausência e presença, invisibilidade e visibilidade. Em termos de posições discursivas, podemos afirmar que o *outro*, qualquer que seja ele, pontua desdobramentos que vão dos não ditos à inclusão consentida para, finalmente, assumir lugar de protagonismo, apontando para momentos de afirmação e identificação. Nas palavras de Geertz, ao tratar das relações entre aqueles que podem propor modos de representar o outro e aqueles neles representados, "o fim do colonialismo alterou radicalmente a natureza das relações sociais entre os que perguntam e observam e os que são perguntados e observados" (Geertz, 2005, p. 172), problematizando os relatos produzidos sobre os outros, próximos ou distantes, e acentuando o caráter conflituoso desse encontro com a alteridade.

Nesse momento, apresentamos análises recentes sobre o programa *Profissão Repórter*, que vêm se somar àquelas anteriormente vistas. Mais especificamente, destacamos episódios que tratam do uso de drogas, e outros, mais atuais, em que notamos mudanças no posicionamento dos repórteres frente aos sujeitos que pretendem retratar em suas matérias televisivas. Em *Profissão Repórter*, programa exibido pela *Rede Globo* de Televisão e no ar desde 2006 (inicialmente como quadro dominical do *Fantástico* e semanalmente desde 2008), notamos a prevalência de temas voltados à apresentação de conflitos sociais, envolvendo questões sobre violência urbana, criminalidade, segurança, prostituição, trabalho infantil, desemprego ou subemprego, desigualdades sociais, entre outras, como vimos nas análises anteriormente apresentadas.

Tal ênfase coloca os estigmas enquanto eixo articulador dos episódios, reforçando o caráter de denúncia e crítica presentes no jornalismo, bem como sua inclinação para a exibição de pontos de vista diversos sobre um mesmo assunto ou evento, aspecto ressaltado pela edição alternada das histórias, sempre contrastantes entre si em termos de enfoques, personagens e cenários.[11] O reforço de perspectivas socialmente estabilizadas sobre os temas tratados e o contraste com seus possíveis desdobramentos ou deslocamentos são a tônica do programa. Dentre as reportagens,[12] destacamos aquelas que abordam a questão da dependência de drogas, notadamente o crack, considerando suas marcas enun-

11 Para análises sobre o programa desde seu início, ver *Profissão Repórter em diálogo* (Soares; Gomes, 2012), que apresenta perspectivas diversas nas quais pensar o telejornalismo contemporâneo.

12 Até meados de 2011, como vimos, o programa teve por volta de 150 episódios; em 2011, foram exibidos 36 episódios e, em 2012, 37 episódios, totalizando, de 2006 até aquele ano, mais de 200 reportagens. Em 2013, 2014 e 2015, o programa exibiu 37, 36 e 38 episódios, somando cerca de 300 episódios exibidos, contando os 40 episódios iniciais enquanto quadro do programa *Fantástico*. Em 2016 e 2017 foram exibidos 34 e 36 episódios, respectivamente, 31 episódios foram transmitidos em 2018 e 24 até setembro de 2019. A íntegra das reportagens está disponível em: http://g1.globo.com/profissao-reporter/. Acesso em: 31/08/2018.

ciativas, referências discursivas, espectador pressuposto e elementos de contexto, e apontando para o caráter polifônico de tais narrativas.

Entre 2006 e 2012, temos seis episódios em torno dessa temática, a saber: 1) "Crack" (30/06/2009), sobre consumo entre jovens de classe média, em São Paulo, e uma família de classe média, em Porto Alegre, em que a mãe matou o filho, usuário de crack, para se defender. 2) "Crack 2" (14/07/2009), em que Caco Barcellos vai à Cracolândia, no centro de São Paulo, para acompanhar ação da polícia e protesto de comerciantes contra a presença de dependentes de drogas, e à zona sul da cidade, para mostrar local de permanência de usuários para utilizar o crack. 3) "Crack 3" (04/05/2010), sobre hospital que realiza atendimento a mulheres grávidas usuárias de crack, em Porto Alegre, e encaminhamento de morador de rua, em São Paulo, para tratamento em uma clínica no interior do Estado. 4) "Crack 4" (16/11/2010), em que são mostradas situações de familiares em busca de seus filhos dependentes para levá-los a centros de tratamento, em São Paulo. 5) "Jovens e drogas" (19/07/2011), filmado em Salvador, Rio de Janeiro e São Paulo, abordando dramas familiares e encaminhamento de jovens dependentes para tratamento. 6) "Crianças vítimas do crack" (02/10/2012), acompanhando crianças internadas compulsoriamente pela prefeitura do Rio de Janeiro, em 2011, e famílias que buscam tratamento em Belo Horizonte.

Do total de episódios do programa, a temática tem pouca presença em números absolutos, mas pode ser estendida a questões correlatas, como o uso de álcool, a questão do tráfico ou da violência urbana, geralmente presentes nas editorias de Polícia, Cidades ou Cotidiano. É interessante notar como a questão dos estigmas se faz constante por meio da ênfase em personagens específicos, em pequeno número a cada reportagem; da realização de entrevistas nas quais os repórteres interferem no enfoque, interagindo com eles, chegando até mesmo a exprimir sua opinião; da abordagem de elementos do cotidiano em que a dependência de drogas se torna um problema familiar e próximo.

As reportagens abordam questões particulares, representadas pela vida de indivíduos específicos (dependentes, familiares), mais do que questões coletivas, o que pode ser percebido na ausência de entrevistas com médicos, policiais ou representantes do poder público. Visando humanizar as reportagens e voltando-se a um apelo emocional (muitas vezes acompanhando as opiniões do senso comum), os episódios não chegam a contextualizar a problemática em relação ao tráfico e às supostas causas da dependência, bem como às possíveis soluções em termos políticos, mas buscam contar histórias de vida por meio de seus personagens. Nesse sentido, ainda que tematizem questões relevantes do ponto de vista social, muitas vezes limitam-se a mostrar fragmentos, sem complexificar a temática, imputando aos próprios sujeitos retratados a responsabilidade – seja no sentido de culpabilização ou de cura – por sua situação e a possível manutenção ou transformação desta. Os estigmas permanecem, então, calcados nos próprios sujeitos, como marcas das quais eles não podem se separar.

Ao contrário de visões totalizantes, entretanto, vimos surgir, nos últimos anos, um acirramento dos embates entre os modos de visibilidade e/ou invisibilidade inscritos na cultura contemporânea, em que binarismos simplistas não são suficientes para refletir sobre os processos de legitimação cultural e as cada vez mais constantes transposições presentes no campo das trocas simbólicas. Os mecanismos de reprodução social e sua eficácia, organizando o mundo vivido por meio de discursos que buscam atestar a ordem estabelecida, de acordo com Bourdieu (2008), são desafiados pelos diversos atores sociais por meio de diferentes usos e apropriações.

No jogo entre identidades é que podemos compreender determinada parcela da produção telejornalística, como aquela representada por *Profissão Repórter*, e certa produção de documentários contemporâneos, como os destacados anteriormente. Ao tematizar os estigmas, os regimes de visibilidade acionados para estabelecimento de lugares sociais em conflito (por meio de personagens considerados incomuns ou transgressores) desafiam a demarcação de fronteiras explícitas, tanto em termos expressivos, como temáticos, seja na questão da referencialidade construída por suas representações, seja em relação às estratégias narrativas utilizadas. Isso pode ser percebido tanto em produções televisivas, como cinematográficas, lembrando que, nesse momento, destacamos as de caráter factual, ou seja, aquelas em que os acontecimentos do mundo histórico se colocam como primordiais.

O dinamismo e a longevidade do programa nos permitem avançar em nossas considerações, trazendo-nos de volta às crescentes transformações no telejornalismo convencional que, no primeiro semestre de 2015, mobilizaram as colunas de críticos de televisão (entre eles, Mauricio Stycer e Daniel Castro, respectivamente colunistas dos sites UOL e Notícias da TV) em torno de seus erros e acertos. Ainda que haja certo exagero no tom informal dos apresentadores, autorizados que estão a expressar suas opiniões sobre as notícias, a interação com o público, motivada pelo uso da internet, agrega valores antes não vistos nos telejornais. Essas mudanças devem-se, em grande parte, àquelas inauguradas por *Profissão Repórter* e potencializadas pela difusão das mídias digitais e pelo crescimento das redes sociais.

Se no início *Profissão Repórter* foi definido como um formato inovador de reportagens, em que pautas pouco usuais permitiam a apresentação de olhares diversos sobre seus temas, hoje um movimento reverso é percebido: as formas jornalísticas, as estratégias estilísticas e as escolhas estéticas por ele propostas se espalharam por outros gêneros, reconfigurando programas tradicionais de reportagens. Além de inserir pontos de vista variados sobre as notícias e seus bastidores, *Profissão Repórter* vem transformando os lugares de fala e de escuta até então predominantes no jornalismo, posicionando produtores e receptores no interior dos fatos narrados. Assim, elementos técnicos, recursos tecnológicos e artifícios narrativos atestam a impossibilidade da neutralidade da reportagem, pois há sempre intervenção e presença da equipe. Ao mostrar o ato de filmar – e ao selecionar o que será mostrado ao público –, o programa reafirma sua credibilidade ao falar de si e ao contar com o saber pressuposto no espectador, ampliando as considerações sobre seus modos de narrar e reportar, e revelando mudanças discursivas de 2012 até os anos recentes.

O efeito de realidade (ou de verossimilhança) surge desse encontro entre a reportagem, o repórter e o público, numa espécie de narrativa ampliada que conecta essas posições, modificando as formas narrativas dos programas jornalísticos. De modo análogo, ao demonstrar que os repórteres também estão sujeitos às noticias, imprimindo nelas suas vivências sociais e culturais, os episódios do programa – sobretudo aqueles mais recentes – constroem este lugar *subjetivo* como espaço legítimo de articulação do discurso jornalístico. Enquanto discurso, o formato proposto assume para si uma perspectiva polifônica, articulando diversas vozes em suas narrativas e mobilizando de modo dinâmico os que produzem as reportagens e aqueles que a elas assistem.

O programa *Profissão Repórter*, a exemplo do filme *Profissão: Repórter*, de Michelangelo Antonioni (1975), parece referir-se a estratégias próprias dos documentários no que diz respeito à possibilidade de reversibilidade do realizador ou reposicionamento dos repórteres diante das câmeras.[13] O diretor Dziga Vertov, no filme *O homem com a câmera* (1929), antecipara não apenas o formato documental, mas também o que viria a ser o jornalismo gravado em imagens: a filmagem de um dia típico, em cenas externas que retratam o amanhecer de cidades soviéticas e seu progressivo movimento, retrata pessoas

13 A esse respeito, ver artigo escrito com o pesquisador Ivan Paganotti em livro organizado por Caio Cavechini e Caco Barcellos nos dez anos do programa: "Eu posso fazer uma pergunta pra você? O repórter contra a parede", em *Profissão Repórter 10 anos: Grandes aventuras, grandes coberturas* (São Paulo: Planeta, 2016).

comuns em seus afazeres cotidianos, encontrando ecos nas inúmeras reportagens que povoam as telas de televisão e internet.

É assim que, em episódios recentes, vemos consolidar-se outra fase do programa, como nas reportagens que apontaremos a seguir. Na primeira delas, a repórter Eliane Scardovelli viaja aos Estados Unidos para conhecer a família de uma criança nascida menina, mas que não se identifica com o gênero em que nasceu, enquanto no Brasil são mostrados jovens e adultos que mudaram de gênero por escolha pessoal, muitos deles com apoio do sistema público de saúde. A questão da "Transexualidade" é tema do episódio de 18 de novembro de 2014,[14] em que fica patente o cuidado para não invadir a privacidade das fontes, nem forçá-las a falar sobre seus problemas ou os preconceitos enfrentados. Na história da família americana, a sensibilidade e a empatia da repórter com os personagens que retrata ficam patentes nas cenas, como quando afirma: "É muito difícil tocar nesse assunto, temos que respeitar o tempo dele. E se ele não quiser falar sobre isso, não tem problema". No começo, a repórter conta para os espectadores o que está acontecendo, mostrando sua familiaridade com a história que irá mostrar ao público. Ouvimos também a conversa entre ela e o câmera, na qual discute se deveria tentar se aproximar da criança de novo, registrando seu convívio com a fonte.

É também Eliane Scardovelli quem nos guia em um relato mais conflituoso, a respeito da morte de um homem, supostamente causada por ação policial. No episódio "Polícia",[15] exibido em 24 de fevereiro de 2015, o programa aponta que as mortes causadas por policiais tiveram um aumento de 80% em um ano em São Paulo. Em 2014, 801 pessoas foram mortas por policiais militares no estado e 10 policiais foram mortos em serviço na capital e Grande São Paulo naquele mesmo ano.

14 Ver: https://globoplay.globo.com/v/3774317/. Acesso em: 31/08/2018.

15 Ver: https://globoplay.globo.com/v/3990785/programa/. Acesso em: 31/08/2018.

Na história narrada pela repórter, sobre um surfista de Santa Catarina morto por um policial militar que estava em dia de folga, ao tentar entrevistar a família do policial acusado pelo crime três viaturas surgem na antes deserta rua, exigindo que as filmagens sejam interrompidas.

A cena é mostrada de longe pelo cinegrafista, que não aparece nas imagens, mas que se posiciona dizendo que está em uma via pública e que vai continuar a gravar. Ao fazer isso, também a repórter – mesmo assustada – sustenta seu lugar e inicia um diálogo com um dos policiais, que após ter dito que não autoriza que sua imagem seja mostrada na televisão, aceita conversar. Não se trata, nesse caso, do confronto entre a repórter e o guarda, mas justamente da marcação de um lugar de fala que defende, discursivamente, a vítima da violência policial, assumindo um posicionamento claro dentro da narrativa e revelando o abuso policial sofrido pela equipe.

Na reportagem "HIV",[16] exibida em 2 de dezembro de 2014, aprendemos sobre a parceria entre Brasil e Moçambique elaborada e colocada em prática pela Fiocruz, contribuindo para o aumento de tratamento do HIV naquele país com a produção de medicamentos, já que 41% dos infectados não têm acesso a eles. A parte filmada na capital (Maputo) nos mobiliza por mostrar a repórter Valéria Almeida anunciando em primeira pessoa o que significa para ela, negra, estar naquele continente: "É uma emoção ser recebida na África desse jeito. Sempre sonhei pisar em solo africano". Na sequência vemos o esforço por integrar-se aos hábitos locais e conviver com aquelas pessoas tão diversas e tão próximas de nós, ao mesmo tempo em que somos apresentados a uma realidade desafiadora e precária em relação à epidemia da aids. Em toda a reportagem, dados referenciais e sociológicos se mesclam aos encontros da repórter com lideres comunitários, autoridades e pacientes, sempre respeitando estes últimos quando se recusam a falar da doença.

16 Ver: https://globoplay.globo.com/v/3805009/. Acesso em: 31/08/2018.

Ao final do programa, a repórter tenta conversar com uma curandeira para mostrar o contraste entre os tratamentos médicos mais ou menos convencionais, mas ela diz que dará a entrevista apenas se for paga. A jornalista demonstra sua dúvida, mas se recusa a pagar, mesmo sabendo que abordar a medicina tradicional e local seria importante. Ao ser questionada na ilha de edição por Caco Barcellos, a repórter afirma, de modo contundente, que jamais pagou para conversar com uma fonte e que, por isso, não se sentiu confortável para fazê-lo. Independentemente de nossa concordância ou não com a decisão, somos levados a nos posicionar sobre o ocorrido, assim como Valéria Almeida teve que se colocar e assumir uma função ativa naquele momento, sendo cobrada depois por sua escolha.

Dentre os episódios dessa última fase, um último exemplo confirma a primazia da experiência e do testemunho como elementos não apenas de humanização da reportagem, mas de reposicionamento dos repórteres. No programa "Carnaval",[17] exibido em 17 de fevereiro de 2015, notamos a presença participante dos repórteres, que acompanham os últimos dias dos preparativos para os desfiles, inserindo-se no contexto das pessoas envolvidas no carnaval de grandes e pequenas escolas. No Rio de Janeiro, Thiago Jock e Danielle Zampollo alugam uma casa no bairro que é sede da escola de samba Portela (além de três outras escolas de samba), em Madureira, um mês antes do carnaval. Nas imagens vemos os repórteres se instalando na casa, preparando-se para o calor carioca e relatando sua experiência como novos inquilinos e o contato próximo com os moradores da região. No último ensaio da escola, já no Sambódromo, a repórter nos convida: "Esse ônibus vai levar a ala da comunidade... E como de certa forma a gente faz parte da comunidade agora também, a gente vai com eles".

17 Ver: https://globoplay.globo.com/v/3973169/programa/. Acesso em: 31/08/2018.

Em São Paulo, o jornalista francês Pierre Morel é convidado para mostrar os preparativos do evento. Filmado e entrevistado por Valéria Almeida, ele se apresenta e conta para a câmera que "só viu o carnaval pela televisão", mas "agora vai ver de verdade". O desconhecimento prévio do repórter imprime uma peculiaridade ao episódio: ao demonstrar suas dúvidas e fazer perguntas que qualquer um de nós poderia fazer, ele não apenas se reposiciona em relação às fontes mas, sobretudo, troca de lugar com o espectador, inserindo-nos diretamente na narrativa. Após ser convidado para desfilar na avenida com a escola, a edição nos mostra o repórter telefonando para Caco Barcellos, perguntando se pode aceitar o pedido, que é atendido com uma ressalva: "Eu não concordaria se fosse toda sua matéria você lá sambando. Mas como você está fazendo essa matéria com outras, com postura de repórter mais tradicional, pode ter uma de modo diferente, mais próximo, mais de perto". Ao que ele responde: "De toda maneira, eu sambando não vai acontecer, não".

Nesse breve diálogo, realizado durante a gravação e mostrado ao telespectador na edição, retomamos os elementos apontados: as mudanças no telejornalismo, a maior participação dos repórteres, e o consequente reposicionamento de seu papel na reportagem e na relação com o público. Ao final, o francês desfila vestido de índio (o que em si já renderia uma outra reportagem) e torna-se também um personagem, comentando suas impressões e ansiedade frente ao desafio do desfile na escola paulistana Nenê da Vila Matilde.

Nos episódios acima, há um exercício de entendimento do outro e de suas motivações, mostrando um universo controverso e por vezes bastante distante dos repórteres e também dos espectadores, levando-nos a considerar opiniões diferentes de modo menos estereotipado ou preconceituoso, mas assumindo que o lugar do observador (ou do repórter) interfere naquilo que é observado (a reportagem). Nesse sentido, alguns desafios se agregam à proposta de *Profissão Repórter* em sua busca, cada vez mais enfatizada, pela *alte-*

ridade: como retratar realidades e pessoas diferentes de mim? Como apresentá-las de modo verossímil e coerente com elas mesmas? Para além do reposicionamento dos repórteres, impõe-se a questão da alteridade e de seus modos de representação.

Mais do que relatos em primeira pessoa, prática comum ao jornalismo e muitas vezes percebida no programa televisivo, o que temos é a possibilidade do próprio jornalismo se posicionar frente aos fatos narrados, para além da imparcialidade antes almejada. A diferença se dá exatamente na atuação do repórter: sua voz, ainda que em primeira pessoa, não fala necessariamente de seu ponto de vista, mas coloca-se no lugar do outro, introduzindo o espectador também nesse lugar outro. permitindo seu engajamento e um modo mais ativo de percepção das reportagens. Essa mudança ética tem precedentes anteriores à proposta estética, na inversão do papel do repórter enquanto formulador de questões para um espaço que se abre a questões alheias.

Já na década de 1950, o antropólogo Jean Rouch experimentara em seus filmes a mistura entre documentário e ficção, transformando as relações dos cineastas com aqueles por eles filmados. Em vez de serem tratados como sujeitos passivos diante da câmera, os personagens passaram a ser retratados ao longo da própria filmagem, construindo uma realidade *encenada* e não apenas reproduzindo os fatos narrados de modo supostamente objetivo. A "verdade provocada" (Rouch, 2003) pelos personagens deveria produzir a "verdade do filme", sempre aberta ao imprevisto.

Amplificando o procedimento instaurado por Rouch em seus filmes etnográficos, vemos colocar-se, no programa, uma dupla perspectiva: por um lado, busca-se construir o lugar da alteridade e aproximar-se de um outro diverso a partir de seu próprio ponto de vista, instaurando não a *verdade do fato* (princípio tão caro ao jornalismo convencional), mas a *verdade do relato* (como aquela buscada nos documentário). Por outro, um deslocamento é percebido: além de instaurar os sujeitos retratados como narradores (e personagens) de suas histórias, *Profissão Repórter* coloca o próprio repórter nesse lugar de narrador e, mais ainda, de protagonista do relato, compartilhando com os entrevistados os pontos de vista apresentados.

A exemplo da "antropologia compartilhada" de Rouch (2003), vemos nascer um "jornalismo partilhado", no qual, assim como o antropólogo que se põe em interação com os sujeitos observados (desconstruindo ideias preconcebidas a seu respeito), o jornalista também inverte, momentaneamente, sua posição, trocando de lugar com os sujeitos entrevistados e encenando a reversibilidade de papeis entre aquele que revela algo e aquele que é revelado na reportagem. A ação reveste-se de um risco inerente a esse movimento, que poderia resultar na perda do lugar do jornalista (e provavelmente do jornalismo) como instituidor de realidades. Entretanto, a inversão de posições entre repórteres e entrevistados insere de modo direto o espectador na narrativa, reforçando seu caráter relacional e apontando para um jogo dinâmico entre aquilo que se esconde e aquilo que se mostra na cena.

Se a apresentação da realidade dos fatos é premissa e promessa do jornalismo, o reposicionamento dos repórteres reforça esse pacto junto ao telespectador, assumindo a subjetividade como componente da reportagem. Ao mostrar os bastidores das notícias, reafirma-se a objetividade dos fatos, ainda que contados a partir de um ponto de vista específico. Renova-se, assim, o compromisso com o público, a dimensão politica, a perspectiva ética e o lugar autoral do jornalismo enquanto instituição social. Ocorre, desse modo, uma espécie de equilíbrio entre a exterioridade dos fatos e a interioridade dos relatos, no qual objetividade e subjetividade se encontram por meio dos entrevistados, que legitimam a percepção do repórter em relação a suas vivências.

Quando as experiências subjetivas dos repórteres passam a constituir relatos objetivos a respeito dos sujeitos entrevistados, vemos surgir duas posturas distintas (e simultâneas) no telejornalismo contemporâneo: a imparcialidade e o engajamento dos repórteres, articulando a proximidade e o distanciamento entre eles e as fontes.

Obviamente sabemos não ser possível, ao jornalismo, subverter completamente as posições de entrevistadores e entrevistados, ou de observadores e observados. Nas imagens do programa, as demarcações de campo e contracampo, as oscilações do microfone que torna audível diferentes vozes, e a duplicação das câmeras que se filmam umas às outras – além da apresentação de aspectos da captação e edição das reportagens –, são bastante enfatizadas. Em outra direção, os *bastidores dos bastidores* nunca são mostrados, já que reuniões de pauta, organização da equipe, escolha de lugares e assuntos, planejamento e realização de viagens, ou mesmo obstáculos e mudanças editoriais, bem como critérios na edição das imagens, estão ausentes da proposta de *Profissão Repórter*.

Não se trata, portanto, de simplesmente colocar o jornalista no lugar daqueles que retrata, invertendo seus papéis, mas de propor uma mudança significativa em sua posição *dentro* da reportagem: para além de protagonizar o episódio, agindo como aquele que detém o ponto de vista privilegiado sobre a história narrada e que deve realizar a ação contada, o jornalista assume lugar de protagonismo na empatia estabelecida com o outro, buscando ver o mundo por meio de seus olhos e, nesse sentido, interferindo naquilo que conta. Isso não significa, vale dizer, um gesto apenas solidário de *compreender* o outro mas, muito além disso, o gesto *humanizado* de sentir sua dor e estabelecer um foco narrativo que tome partido daqueles com os quais se solidariza. Os repórteres do programa televisivo, assim reposicionados, transformam-se por alguns instantes em "pessoas comuns" a fim de mostrarem a seus espectadores que podem ser seus olhos e seus ouvidos no acompanhamento da história contada.

Se assumirmos que uma das questões cruciais ao jornalismo é justamente a relação que estabelece com a construção da alteridade – daquilo que é distinto de nós, como vemos muitas vezes nos episódios de *Profissão Repórter* –, temos que, ao repórter, é destinado um lugar fundamental: é ele quem deve intermediar o contato do espectador com esse outro retratado nas imagens. Essa mudança é bastante relevante se considerarmos, mais recentemente, o aumento da produção de notícias feito por coletivos, jornais de periferia ou mídias alternativas e independentes em relação às mídias hegemônicas e corporativas. Nessa multiplicidade de discursos, a neutralidade dá lugar ao engajamento, e a isenção é trocada pelo ativismo.

Ao permitir que o repórter se construa como personagem na narrativa, *Profissão Repórter* não apenas confirma a vocação da grande reportagem jornalística em buscar a alteridade, mas acrescenta outro elemento a ela. Se ele deve, além de mostrar ou relatar os fatos, testemunhá-los e vivenciá-los, a factualidade dos eventos e a autenticação da presença trazem credibilidade às reportagens, inserindo o jornalismo na rede de discursos que se voltam para aquilo que é diverso e que, portanto, nos mobiliza de modo afetivo. Repórteres, entrevistados e espectadores são, assim, afetados pelas histórias contadas e nelas interferem. No equilíbrio entre familiaridade e estranhamento, na apresentação da realidade por meio do esboço do cotidiano, na participação como alguém que *fala com* o outro e não *por ele*, na elaboração de narrativas que contam os fatos e refletem sobre as formas de contá-los, encontramos elementos singulares. Esse reposicionamento discursivo possibilita um arranjo consistente e flexível para o fazer jornalístico, alterando também o imaginário construído a partir de suas narrativas.

3. Crítica de mídia e estigmas sociais: entre reconhecimento e resistência

Em outra posição discursiva, a produção televisiva inglesa é largamente reconhecida por meio da rede de televisão BBC – British Broadcasting Corporation –, uma emissora pública do Reino Unido fundada em 1922. Regulamentada pelo Estado, produz um grande e variado volume de programas, por meio de diversas estações de rádio e canais de televisão, atuando tanto em nível nacional como internacional. Tradicionalmente tida como produtora de programas de qualidade, tanto no rádio como na televisão, a BBC tem atuado na criação e renovação de gêneros audiovisuais, contribuindo para o estabelecimento de modos inovadores de fazer televisão.

De formato único, combinando um modelo de gestão pública e estatal, a emissora tem passado por crescentes transformações, especialmente após a entrada, no mercado britânico, de emissoras privadas, entre elas o Channel Four Television Corporation, criado em 1982 por um ato do Parlamento Britânico. Em termos de audiência, a rede é a quarta maior emissora de televisão do Reino Unido, atrás apenas da ITV (uma emissora comercial), da BBC One e da BBC Two. A exemplo de outras emissoras britânicas, por ser uma empresa de serviço público o Channel Four deve exibir conteúdo diversificado e de qualidade, ainda que não receba, como a BBC, financiamento público.

Em termos de gêneros e formatos televisivos, ao contrário do que ocorre em canais brasileiros, a categoria *reality shows* – que nos interessa nesse momento – não é encontrada separadamente nos sites da BBC[18] ou do Channel Four[19] (entre as seções, temos "drama", "comédia", "entretenimento" e "factual"), sinalizando uma importante questão, qual seja: a de que em um dos países mais destacados na produção televisiva global, tal formato está espraiado em vários outros, confirmando as análises. Da vasta produção televisiva inglesa iremos nos deter, portanto, na *programação factual*, termo utilizado no site das emissoras citadas ou, de modo mais abrangente, na chamada *reality tv*, destacando sua originalidade e singularidade naquele país.

Ao percebermos o alcance da "telerrealidade" para além de seu formato mais direto (os *reality shows*) podemos afirmar que, longe de se caracterizar como um gênero específico, a *reality tv* surge, no atual momento, como o próprio modo de operação da televisão, notada-

18 Disponível em: http://www.bbc.com. Acesso em: 16/01/2019.

19 Disponível em: http://www.channel4.com. Acesso em: 16/01/2019.

mente na Inglaterra.[20] A fim de demonstrar essa premissa e as linhas principais de sua observação, iremos tecer algumas considerações sobre o programa *Make Bradford British*,[21] documentário televisivo[22] que mescla elementos de grandes reportagens, programas de entrevistas e *reality shows*. Lembramos, nesse momento, a importância que os gêneros factuais possuem tradicionalmente na televisão britânica, apontando para uma realidade bastante específica e instigante: a vasta produção de documentários televisivos sem pensá-los de modo reducionista, colocando-os lado a lado com séries, seriados, novelas, reportagens, telejornais e *realities*. A pregnância das formas narrativas definidoras da *reality tv* é preponderante, contando com bastante aceitação não apenas por parte da audiência, mas também de produtores e realizadores.

Desse modo, a maior ênfase na produção de teledramaturgia por meio de programas de ficção seriada, além de *reality shows* propriamente ditos, é uma marca que perpassa a programação inglesa, confirmando também a tendência na produção de documentários com estratégias ficcionais em suas narrativas. Uma importante característica da produção televisiva britânica se sobressai: o hibridismo de gêneros se faz de diversos modos, tanto em termos estilísticos, como tecnológicos. As fronteiras entre sensacionalismo, entretenimento e informação não estão cla-

---

20 Uma vasta bibliografia sobre o tema tem sido produzida por estudiosos de televisão, dentre eles destacamos: Holmes, S.; Jermyn, D. (eds.) (2004). *Understanding reality television*. New York: Routledge; Murray, S.; Ouellette, L. (eds.). (2004). *Reality TV: remaking television culture*. New York: New York University Press; Hill, A. (2005). *Reality TV: audiences and popular factual television*. New York: Routledge; Ouellette, L. (ed.) (2014). *A companion to reality tv*. Oxford: John Wiley & Sons.

21 Informações detalhadas: http://www.channel4.com/info/press. Acesso em: 31/08/2018.

22 Adotamos a terminologia utilizada pelo diretor, condizente com a visada inglesa, ainda que, nos estudos de televisão no Brasil, o programa provavelmente seria chamado de "série televisiva".

ramente demarcadas, pois o que observamos é a presença crescente de programas que utilizam, em diferentes graus, esses elementos.

A combinação de aspectos factuais e ficcionais talvez seja justamente aquela que propicia a estruturação de um padrão de programação baseado no que estamos chamando de *reality tv.* No caso do Reino Unido, a diversidade étnica e cultural coloca em primeiro plano problemas relacionados ao multiculturalismo, imigração, xenofobia e segregação racial, temática na qual se insere o documentário televisivo *Make Bradford British*, desenvolvido para o Channel Four em 2012 e dirigido por Heenan Bhatti,[23] realizador que produziu filmes, séries e documentários (como diretor e roteirista), além de atuar, anteriormente, como repórter para jornais e telejornais.

O documentário televisivo, composto de duas temporadas, foi realizado em quatro meses e produzido em um ano, contando com aproximadamente cem horas de gravação por episódio e sete semanas de edição. Cada episódio custou por volta de 150 mil libras, valor elevado mesmo se comparado àqueles relativos a um capítulo de uma telenovela da *Rede Globo*, e pouco frequente, no caso brasileiro, em outros formatos televisivos dramatúrgicos ou informativos. Bradford foi escolhida por ser uma das cidades consideradas mais segregadas no Reino Unido. Em 2014, outra temporada, chamada *Make Leicester British*,[24] foi produzida nos mesmos moldes e com a mesma equipe, reunindo quatro participantes ingleses e quatro imigrantes de países diversos (três de países europeus e um da Somália) para tratar questões relativas à imigração e identidade, tema recorrente no debate sobre países europeus.

23 Em pesquisa de pós-doutorado, tivemos a oportunidade de acompanhar uma palestra e realizar uma entrevista com o diretor, além de assistir ao *making of* e a alguns episódios do programa, na Birmingham City University (Inglaterra), em novembro de 2013.

24 Para outras informações: http://www.channel4.com/info/press. Acesso em: 31/08/2018.

O programa *Make Bradford British* contou com a participação de oito personagens, que foram agrupados em duplas compostas por pessoas com formações culturais bastante distintas para que cada um pudesse *viver a vida do outro* no cotidiano, dividindo com ele o mesmo espaço. Diferenças étnicas, raciais, geracionais, educacionais, profissionais, regionais, de gêneros, religiosas, culturais, políticas e econômicas foram ressaltadas para que os participantes refletissem sobre as vantagens e desvantagens de se viver mais próximos ou distantes de pessoas radicalmente distintas deles mesmos, enfrentando os conflitos decorrentes desse convívio. Na maior parte, os embates foram travados em torno de questões raciais e étnicas, justamente em um programa que busca tematizar o multiculturalismo presente na sociedade britânica. Preconceito racial de brancos para negros, entre mulheres cristãs ou muçulmanas, entre brancos e muçulmanos, e mesmo divergências religiosas entre muçulmanos foram algumas das situações retratadas nos episódios a partir de duplas de personagens.

É assim que Rashid (37 anos, ex-jogador de rúgbi e pertencente à comunidade árabe), Maura (66 anos, juíza aposentada e moradora de um dos bairros mais ricos da cidade), Mohammad (41 anos, motorista de táxi de origem árabe), Jens (71 anos, policial aposentado e morador de uma região predominantemente formada por moradores brancos), Audrey (48 anos, mãe de três filhos e gerente de um pub), Sabbiyah (22 anos, muçulmana de origem paquistanesa nascida na Inglaterra e formada em filosofia e política), Damon (24 anos, metalúrgico e morador de um bairro em que 90% dos moradores são brancos), Desmond (47 anos, trabalhador em serviço de limpeza e um dos poucos negros a morar em um bairro branco) se encontram e iniciam seu convívio por meio de situações diversas das suas. Alguns dos momentos que demonstram as dificuldades dessa experiência se deram, justamente quando Rashid insistentemente paralisava sua participação no programa para suas orações cinco vezes ao dia, ou no desconforto de Sabbiyah ao trabalhar no pub gerenciado por Audrey.

Em sua entrevista, Bhatti afirmou que define seus trabalhos a partir de uma inquietação: quais são as histórias que valem a pena ser contadas e qual a melhor forma de fazer isso? Cada história, segundo ele, é singular e deve ser destacada dentre outras, seja em formato cinematográfico ou televisivo. No caso da televisão, o menor tempo de produção pode determinar alguns dos resultados, mas os assuntos voltados a atualidades, seja em forma de notícias ou reportagens, encontram mais espaço nessa mídia. Tradicionalmente, os documentários televisivos têm se dedicado a temas culturais, enfatizando a importância em narrar histórias de diferentes atores sociais e buscando a melhor maneira de contar essas histórias por meio de personagens fortes.

Um aspecto importante foi ressaltado pelo diretor ao afirmar que há diferentes maneiras de se filmar uma história, inclusive em termos de escolhas narrativas e de gêneros, mas que atualmente é possível realizar narrativas hibridizadas e que misturem, inclusive, entretenimento e informação visando apresentar ao público a maior variedade possível de temas históricos, culturais, sociais e políticos.

Buscando agregar um grupo de pessoas que pudesse representar, de modo abrangente, aspectos multiculturais presentes em várias regiões do Reino Unido – reproduzindo uma espécie de microcosmos com indivíduos variados – e que fosse capaz de compreender as comunidades constituintes da sociedade britânica e da cidade retratada, o programa visava construir seus personagens da maneira mais aprofundada possível. Para definir os oito participantes, partiu-se de candidatos que não haviam passado em um exame de cidadania aplicado pela imigração britânica, cujo objetivo é determinar o quanto aquele indivíduo estaria integrado aos hábitos sociais, históricos e culturais do Reino Unido. A seleção se mostrou bastante complexa por ser, na opinião da equipe de produção, a chave definidora do programa, já que este deveria falar sobre cidadãos diversos e a posição que cada um deles ocupa na sociedade britânica. Encontrar boas histórias em comunidades de diferentes origens étnicas e culturais seria possível, segundo Bhatti, apenas se os produtores conseguissem criar bons personagens a partir dos participantes, capazes de entreter, cativar e desafiar a audiência.

Foram utilizados entre três e quatro meses para a seleção dos personagens, um dos momentos cruciais do trabalho e que, na maneira como foi desenvolvido, guarda semelhanças com o processo utilizado em documentários brasileiros, notadamente aqueles realizados por Eduardo Coutinho, que afirmava ser este "a arte do encontro" em vários níveis: entre realizador e entrevistado, entre realizador e personagem, entre personagem e público, entre público e realizador (Coutinho; Xavier; Furtado, 2005). A passagem do indivíduo ao personagem – e a naturalidade com que atores não-profissionais poderiam interpretar papéis que representassem a eles mesmos – foi um dos desafios apontados pelo diretor. Além disso, a questão da edição foi colocada com um dos pontos fundamentais da produção, já que tanto a narrativa como os personagens, de acordo com Bhatti, são construídos no momento da montagem. Muitas vezes um personagem pode parecer excelente no momento da filmagem e, ao chegar o momento da edição das imagens, sua presença se dilui em detrimento de outro.

Nesse ponto é interessante destacar um aspecto inusitado ao pensarmos as produções televisivas britânicas e brasileiras: enquanto no Reino Unido o modelo de produção televisiva parece acompanhar aquele da produção documental (inclusive com a forte presença de documentários televisivos), no Brasil ocorre algo oposto, afastando a televisão da estética documental. No caso brasileiro, tradicionalmente a televisão (incluindo séries, novelas ou reportagens, com pequena presença de documentários) tem utilizado procedimentos de produção bastante distintos daqueles utilizados nos documentários, fato que podemos observar ao nos debruçarmos sobre entrevistas, depoimentos e relatos de realizadores, diretores e roteiristas. De modo análogo, a própria definição de "documentário" parece ser mais ampla no Reino Unido, podendo contemplar vários formatos neste gênero, incluindo educacionais, reflexivos, científicos, tradicionais, ficcionais, jornalísticos e até mesmo, como mostrado, produções seriadas.

Isso aponta para uma de nossas questões fundamentais: para além da distinção entre jornalismo e cinema, ou entre reportagens e documentários, tratando-os como gêneros ou formatos separados, interessa-nos ressaltar seus pontos de contato, suas zonas de aproximação e seus espaços limítrofes, justamente pensados em produções hibridizadas em termos de discursos audiovisuais e seus efeitos de sentido (Nichols, 1991; Winston, 2005). É importante sublinhar, nesse sentido, a preocupação da produção do documentário televisivo no que diz respeito à relação dos gêneros integrantes da chamada "telerrealidade" com a realidade concreta – e lembramos uma vez mais que o diretor, em momento algum, define seu documentário como *reality show*, mas concebe-o simplesmente como um *documentário*.

Assim como nos documentários que visam a construção do *outro* de modo relacional e reversível, subvertendo as posições hierarquizadas entre realizador e entrevistado, o programa analisado não se preocupa com o maior ou menor grau de verdade nele presente, mas com a construção dos personagens feita por meio da filmagem e da montagem. Mais do que perguntar se as situações criadas são artificiais ou verídicas, ou se aconteceram de fato da maneira como são mostradas, o documentário ressalta justamente seu aspecto narrativo e a fabulação implicada em sua fatura, qual seja, a de que tanto os personagens como a história emergem do processo de interação entre cada um deles e o próprio realizador, mediados pelos dispositivos estéticos, políticos, éticos e tecnológicos presentes em qualquer produção audiovisual.

A exemplo de outros *realities* televisivos, esse documentário – e notamos uma distinção importante em relação à televisão brasileira, já que, como dissemos, o programa não foi simplesmente classificado como uma série, tampouco como um *reality show* –, ao contrário de apresentar desafios de transformação, talentos ou competição, propôs a convivência entre diferentes sujeitos em um mesmo espaço físico, caracterizando-se como uma espécie de "experimento" ou, de modo mais extenso, possibilitando uma aproximação à questão dos conflitos e intolerâncias decorrentes do convívio entre todos.[25]

Indagado sobre a existência ou não de uma hipótese prévia à realização do programa, Bhatti afirmou não partir de uma tese que devesse ser comprovada mas, ao contrário, possuir apenas uma premissa. Tomando como base o multiculturalismo formador da atual sociedade britânica e problematizando o senso comum de que, para ser seu cidadão, um estrangeiro deve ser capaz de passar em um teste que prove o quão britânico ele é, o documentário televisivo partiu de duas perguntas: o que faz de alguém um *britânico*? O que é *comum* a todos os britânicos hoje? As questões se referem a um tema específico, mas dizem respeito a aspectos mais gerais sobre como tratar temáticas densas e socialmente relevantes de modo reflexivo e atrativo.

Nesse sentido, destacamos tanto na produção ficcional inglesa como naquela factual o esforço por produzir programas inovadores, sejam séries, reportagens ou documentários, estes últimos uma das marcas de tal produção. Para além da percepção de que o formato *reality tv* diz respeito a "pessoas reais fazendo coisas reais em lugares reais", da pré-produção até a pós-produção, incluindo filmagem, edição e finalização, o documentário televisivo *Make Bradford British* buscou agregar elementos ficcionais e jornalísticos em sua realização.

---

25 Ainda que o programa tenha buscado tratar da questão multicultural como um modo de integração e não de separatismo, alguns setores da sociedade inglesa protestaram contra sua veemência em termos de crítica social. A pergunta colocada pelo diretor na apresentação do programa parece guiar sua narrativa: "*How do we, despite class, cultural and religious differences, find a way to live together? What makes us all British today?*". Por meio dos personagens e de seus conflitos, vemos possíveis respostas a essa questão, inserindo a televisão como agente no debate público sobre temáticas sociais. O mesmo ocorreu na temporada filmada em Leicester. Para mais informações: http://www.channel4.com/info/press. Acesso em: 09/08/2018.

Para o diretor, a separação entre *reality shows* e documentários televisivos, bem como aquela entre sensacionalismo e humanização, ou entre fabulação e jornalismo, não pode ser facilmente estabelecida, já que todos esses gêneros se tornam cada vez mais hibridizados e visam, ainda que de maneiras distintas, contar histórias por meio da criação de personagens em interação. Na perspectiva do diretor, seriam eles os que estabelecem demarcações entre os gêneros, já que se tornam mais *autênticos* à medida que são criados pelos próprios sujeitos, e não a partir de imposições do realizador, a exemplo do que vemos em documentários que deslizam entre uma ou outra posição autoral: aquela mais exterior, voltada *para* a construção dos personagens, ou aquela mais subjetiva, realizada *a partir* deles.

De certo modo, um dos aspectos mais relevantes foi a percepção de que mais do que separar uma produção televisiva ficcional de uma factual, podemos identificar elementos constituintes da ficcionalidade ou da factualidade de alguns programas em diferentes graus. Além disso, cabe ao espectador *decifrar*, em sua "leitura", a ênfase em um ou outro desses elementos, como propõe Odin ao tratar da "leitura ficcionalizante" e da "leitura documentarizante" de obras audiovisuais (Odin, 2012, p. 14). No caso de *Make Bradford British*, há uma clara tendência de aproximação à linguagem dos documentários no modo de articulação narrativa, como se pudéssemos reconhecer a aglutinação de elementos não evidentes em documentários tradicionais, mas presentes em *novos documentários*, propondo um possível formato de *reality documentary*, ou mesmo uma espécie de *documentário seriado*.

Se pensarmos na relação entre reportagens e documentários televisivos, a partir da observação da produção inglesa veremos que ocorre a emergência de um novo formato de produção de filmes e séries, enquanto o jornalismo ainda se mantém fechado em modelos mais convencionais. De certo modo, tal descoberta vai ao encontro das hipóteses iniciais, e também de conclusões obtidas em pesquisas anteriores, no que diz respeito aos estigmas sociais em termos de seu reforço ou transposição. Em relação a esse aspecto, ainda que haja um grande volume de produções televisivas que não colocam essa preocupação em primeiro plano, confirmamos uma tendência já observada no caso da televisão brasileira: a forte presença de temas polêmicos, geralmente de cunho social, chamando ao posicionamento e ao engajamento não apenas de produtores, mas também da audiência.

Em *Make Bradford British*, a questão dos estigmas se coloca em evidência, a começar pelo elemento aglutinador do documentário: a temática do multiculturalismo, da imigração e das formas de interação social. Como dissemos, os episódios mostram os participantes morando nas casas uns dos outros e divididos em duplas formadas por sujeitos que, a princípio, possuem diferenças inconciliáveis entre si.[26] É assim que vemos um típico garoto inglês de origem operária ser inserido na família de um muçulmano; a mulher muçulmana colocada no cotidiano de uma negra inglesa que trabalha em um bar; a senhora idosa convivendo com uma jovem, e assim por diante.

Seja em termos étnicos, religiosos, geracionais, as diferenças entre cada um – e os modos de lidar com elas – colocam-se como definidoras do documentário. Ou seja, uma vez mais, a questão do convívio e do conflito entre cada um e todos (o outro próximo e o outro distante) aparece como preponderante e configura, assim, uma aproximação aos estigmas sociais. No caso do programa, isso ocorre de modo transgressor, já que

---

26 É interessante observar que o diretor brasileiro Cao Guimarães, no filme *Rua de mão dupla* (2002), utiliza um dispositivo semelhante como estratégia para a realização de um documentário, colocando em contato pessoas que antes não se conheciam e formando duplas que, transformadas em personagens, deveriam trocar de casa durante 24 horas. Munidos de câmeras de vídeo e com liberdade para filmar o que quisessem, cada participante tentou elaborar uma "imagem mental" do outro morador, sendo posteriormente entrevistados pelo diretor para relatar suas impressões sobre como teriam imaginado esse "outro" desconhecido e delas distinto. Disponível em: www.caoguimaraes.com/obra/rua-de-mao-dupla/. Acesso em: 16/01/2019.

aprender a lidar com as diferenças, por meio da subversão da pergunta sobre se há algo que possa definir a "britanicidade" de um cidadão do Reino Unido, é justamente seu objetivo. País de longa história no que diz respeito à presença de imigrantes – sejam eles de origem negra, árabe ou indiana, de ex-colônias ou outros lugares, entre eles o Brasil –, a premência dessa questão salta aos olhos quando nos deparamos com os desafios encenados no documentário televisivo, que deriva seu aspecto realista não apenas na definição de um formato, mas na problemática tratada.

Em termos dos personagens, confirmamos o modo como o documentário desmobiliza lugares comuns: ao revezar entre realizador e público o espaço de construção narrativa, movimento este contemplado na produção de *reality shows*, os personagens não são simplesmente encaixados na história – como muitas vezes acontece no jornalismo – mas colaboram com sua narração, determinando e sendo por ela determinados. É nesse sentido que a mistura entre realidade e ficção pode ser apontada, pois o aspecto de fabulação advindo dessa escolha – estética e política – corrobora a aposta factual do formato documental. É dessa síntese que vemos delinear-se a "telerrealidade", percebida como um lugar próprio da linguagem televisiva contemporânea que coloca em operação a triangulação entre autor, leitor e texto (nos termos de Eco, 1994; Iser, 2013), ou entre realizador, público e programa.

Uma espécie de *factual entertainment*, como colocado pelo diretor, faz-se presente nesses formatos híbridos, propondo novos modos de produzir, assistir e refletir sobre a televisão. Bhatti aponta que o documentário, especialmente o televisivo, não se encontra tão distante dos formatos de entretenimento como desejaríamos e, desse modo, programas televisivos como *Make Bradford British* podem tratar de temas relevantes e densos por meio de uma abordagem mais lúdica e emocional e, ainda assim, problematizar estigmas sociais relacionados a questões de identidade, alteridade e representação social. Não se trata, portanto, de simplesmente classificar diferentes programas mas, ao contrário disso, reconhecer um conjunto deles que possa integrar esse lugar híbrido que desliza entre formas documentais diversas, sejam elas referenciais, convencionais ou popularescas. É desse modo que a realidade passa a ser intertextualmente encenada, por meio de documentários, reportagens, séries e *reality shows*, complexificando os *novos realismos* presentes na televisão e no cinema.

Finalmente, um último aspecto merece ser apontado no estabelecimento da relação entre documentários, reportagens e *realities*. De acordo com Bhatti e em consonância com análises anteriormente realizadas (Soares; Limberto, 2011), percebemos nas várias possibilidades factuais da programação televisiva a importância da relação entre realizador e entrevistado. Se baseada na reciprocidade, nos termos em que o filósofo Buber (2001) utiliza este conceito, é um pacto de confiança – e de fidúcia – que se estabelece entre ambos. É dessa maneira que a relação aparentemente dual entre eles se torna uma relação triádica entre realizador, entrevistado e personagem e, posteriormente, destes com o espectador.

As diferenças entre a produção audiovisual brasileira e a britânica se colocam então como prementes, justamente devido às características singulares de cada uma e à forte presença, no caso da produção inglesa, de formatos híbridos em termos narrativos e expressivos, e de documentários televisivos (gênero ainda pouco presente na televisão brasileira, que ainda se pauta, como notamos, por divisões mais rígidas de formatos). Além da hibridização em termos de gêneros televisivos, na produção inglesa isso se reflete no modo de demarcação dos estigmas, que se tornam mais diluídos e, portanto, potencialmente mais transformadores, levando a uma baixa frequência de redundâncias e aumentando as ressonâncias de suas imagens, mesmo que polêmicas.

Os estigmas sociais presentes nas formas audiovisuais, as políticas da representação e os regimes de visibilidade a eles relacionados se fazem na tensão entre esses sujeitos, sociológicos e discursivos, colocados em cena e em tela. Mais do que reproduzir imagens de minorias ou de grupos sociais, trata-se da apresentação de diferentes culturas, construindo novas realidades. Ainda que os limites da representação sejam dados pela impossibilidade de *tudo representar* ou pela irredutibilidade de um outro desde sempre *não representável*, quando tratamos de estigmas podemos notar certos deslocamentos nos intervalos entre presença/ausência, visibilidade/invisibilidade, escuta/silenciamento. Nos espaços *entre os ditos*, inclusão e protagonismo possibilitam novas maneiras de dar a ver o outro e a ele responder, demarcando posicionamentos discursivos e deslizamentos identitários.

Desde Foucault, como vimos, as relações do sujeito consigo mesmo articulam suas relações com o outro e com a sociedade. Nesse sentido, o sujeito constitui para si um determinado *estilo de vida;* é preciso, portanto, observar o modo como se dá tal constituição, ou seja, para além das identidades e dos processos de identificação, buscar os *modos de subjetivação* por meio dos discursos:

> Bem sei que é muito abstrato separar, como acabo de fazer, os rituais da palavra, as sociedades do discurso, os grupos doutrinários e as apropriações sociais. A maior parte do tempo, eles se ligam uns aos outros e constituem espécies de grandes edifícios que garantem a distribuição dos sujeitos que falam nos diferentes tipos de discurso e a apropriação dos discursos por certas categorias de sujeito (Foucault, 1996, p. 44).

Lembramos, ainda, que a identidade – longe de ser unidade – aponta para o *outro* que somos, "faz com que o outro e o externo se manifestem com evidência", expandindo o conceito para além da constituição do indivíduo e definindo-o como implicado no tecido social:

> O diagnóstico assim entendido não estabelece a autenticação de nossa identidade pelo jogo das distinções. Ele estabelece que somos diferença, que nossa razão é a diferença dos discursos, nossa história a diferença dos tempos, nosso eu a diferença das máscaras. Que a diferença, longe de ser origem

> esquecida e recoberta, é a dispersão que somos o que fazemos (Foucault, 1997, p. 151).

Conhecer a si mesmo, ou pensar na identidade do sujeito enquanto *subjetividade*, pressupõe, portanto, uma passagem pelo discurso do outro, um desvio do olhar e da escuta, ou da apropriação que fazemos do que está fora de nós – um *assujeitamento* ao outro. Foucault afirma, ainda, que as *técnicas de si* são os procedimentos pressupostos ou prescritos aos indivíduos para fixar sua identidade, mantê-la ou transformá-la graças a "relações de domínio ou de conhecimento de si sobre si", apontando para a questão não mais de "conhecer-se a si mesmo" (como em Sócrates, no sentido de uma essencialidade verdadeira), mas de saber "o que fazer de si mesmo na atualidade" – para usar os termos propostos por Santiago (2001) –, pergunta esta que pode nos auxiliar a pensar algumas das provocações ensejadas.

Se tomarmos os processos comunicacionais como uma permanente negociação, entendemos que as mídias podem ser vistas como lugares de trânsito simbólico, zonas de fronteira e passagem nas quais as reapropriações se fazem nas bordas dos discursos correntes, transformando os processos de subjetivação e de reconhecimento social, especialmente em relação aos espaços de visibilidade/invisibilidade neles articulados. Nesse sentido, esses processos não estariam relacionados à vida privada de um único indivíduo, mas ao modo como um grupo social se relaciona com as formas "estabelecidas" e as formas "estigmatizadas" de poder e saber presentes em uma sociedade:

> A estigmatização, como um aspecto da relação entre estabelecidos e *outsiders*, associa-se, muitas vezes, a um tipo específico de fantasia coletiva criada pelo grupo estabelecido. Ela reflete e, ao mesmo tempo, justifica a aversão – o preconceito – que seus membros sentem perante os que compõem o grupo *outsider* (Elias; Scotson, 2000, p. 35).

Um exemplo interessante de tal movimento pode ser encontrado ao pensarmos o aumento, em termos de realização, difusão e circulação, da produção audiovisual latino-americana, no cinema e na televisão, incluindo especialmente filmes, séries e outros formatos híbridos. No caso do cinema – em sua vertente ibero-americana, incluindo países da América Latina e, por vezes, Portugal e Espanha –, situamos o ano de 2015 como aquele no qual as questões elencadas acima, sobretudo no que diz respeito aos pares identidade/representação e visibilidade/reconhecimento, ocuparam lugar de relevo. Oriundos de pequenas indústrias cinematográficas nacionais, diversos filmes se destacaram a partir daquele ano, contando histórias menos conhecidas por meio de formatos singulares, tematizando estigmas e estereótipos, problematizando preconceitos e discriminações tanto em termos de suas narrativas, quanto em relação à posição subalternizada em que muitas vezes esse cinema, incluindo o brasileiro, é colocado.

Para além de tal ênfase, as produções verbais, visuais e audiovisuais analisadas ao longo do livro foram pensadas em perspectiva crítica, como sublinharemos nas considerações finais. Antes de a elas chegarmos, antecipamos, nesse momento, breves articulações sobre o cinema latino-americano recente, numa espécie de retorno e abertura, encontro e demarcação, entre obras audiovisuais distintas e representativas de suas culturas. Como lemos em artigo publicado na seção brasileira do jornal espanhol *El País*, há vários anos "não há festival de cinema de prestígio que não tenha na competição um filme falado em espanhol ou produzido por um país da América Latina".[27] Dentre eles, destacam-se a película chilena *El club* (*O clube*), de Pablo Larraín (Chile, 2015), *Desde allá* (*Desde allá*), de Lorenzo Vigas (Venezuela, 2015) e *El abrazo de la serpiente* (*O abraço da serpente*), de Ciro

27 "Os melhores filmes latino-americanos de 2015" (Beauregard, L. P.; Ballesteros, C. *El País*, 26/12/2015). Disponível em: http://brasil.elpais.com/brasil/2015/12/24/cultura/1450994062_794472.html. Acesso em: 16/01/2019.

Guerra (Colômbia, 2015). Os filmes estiveram presentes nos festivais de Berlim (Grande Prêmio do Júri), Veneza (Prêmio Leão de Ouro, pela primeira vez atribuído a um filme latino-americano) e Cannes (Prêmio da Quinzena de Realizadores). Além destes, vale notar que os filmes premiados nas cinco últimas edições do Oscar (na categoria de melhor filme e/ou diretor), com exceção de 2017, contam com realizadores latino-americanos.[28] Em 2019, o filme mexicano *Roma* (2018), dirigido, escrito, produzido, fotografado e montado por Alfonso Cuarón, foi indicado a dez categorias do Oscar, entre elas as de melhor filme estrangeiro, melhor filme e melhor diretor.

No caso de *O abraço da serpente*, o filme também concorreu ao Oscar de melhor filme estrangeiro na edição de 2016. De acordo com seu diretor, trata-se de um filme bastante "sul-americano", com coprodução argentina e venezuelana, incluindo em sua equipe mexicanos e peruanos: "Fizemos sem apoio europeu, que normalmente tínhamos que procurar", afirma Guerra. O cinema latino-americano parece ocupar, assim, um lugar antes destinado ao cinema independente americano ou europeu, já que, nas palavras dele, "o cinema que questiona foi esquecido porque [os produtores] estão empenhados em fazer *blockbusters*".[29]

---

28 Em 2014, Alfonso Cuarón, mexicano, como melhor diretor do filme norte-americano *Gravidade*; em 2015, melhor filme e direção para Alejandro González Iñárritu, também mexicano, com o filme *Birdman;* em 2016, o mesmo diretor é premiado pelo filme *O regresso;* e em 2018, o mexicano e veterano Guillermo del Toro é premiado como diretor por *A forma da água*, também premiado como melhor filme. Ainda que prevaleçam diretores mexicanos em coproduções norte-americanas, não é irrelevante a presença latina nessa tradicional cerimônia, tampouco a presença de enredos e formatos híbridos. Mesmo não tendo entre os premiados um filme latino-americano, em 2017 *Moonlight*, dirigido pelo realizador afrodescendente Barry Jenkins e de temática de forte cunho social, foi eleito como melhor obra.

29 "Colombiano *O abraço da serpente* segue seu caminho rumo ao Oscar" (Beauregard, L. P. *El País,* 18/12/2015). Disponível em: http://brasil.elpais.com/brasil/2015/12/18/cultura/1450424634_018492.html. Acesso em: 16/01/2019.

Em sua obra, desenvolvida durante cinco anos, Guerra aproximou-se dos povos amazônicos partindo de uma perspectiva antropológica e buscando retratar a cosmovisão indígena. Os outros dois filmes destacados, *O clube* e *Desde allá* tratam, respectivamente, de um grupo de religiosos isolados em uma casa na costa chilena, onde vivem uma situação de violência que resulta na morte de um deles, retratando os conflitos inerentes àquele ambiente aparentemente controlado, e de uma relação amorosa entre um homem e um adolescente no subúrbio de Caracas, que se inicia com um assédio e se torna amistosa. O roteiro deste último foi escrito em parceria com o mexicano Guillermo Arriaga, ex-roteirista de Alejandro González Iñárritu.

Outro termômetro que atesta a presença dos filmes latinos em 2015 é a 39ª. edição da Mostra Internacional de Cinema de São Paulo, que trouxe uma vasta gama de obras. Além dos já citados, destacam-se filmes da Argentina (*Paulina, de* Santiago Mitre), do México (*Chronic, de* Michel Franco), do Peru (*Magallanes, de* Salvador del Solar) e do Chile, inclusive com uma produção documental intitulada *O botão de pérola* e dirigida por Patricio Guzmán, "abordando o extermínio dos povos originários do sul e as vítimas do ditador em mais um país latino-americano de *desaparecidos*". Como destacado pelo jornal *El País*, "o quente da cinematografia mundial é hoje o cinema latino-americano, que cresce a galopes em termos quantitativos e qualitativos (...). Dos 312 títulos de 62 países que integram a atual programação, 25 são produções de nove países hispânicos da América Latina e outras 70, brasileiras".[30]

Longe de poderem ser enquadrados em definições estanques, se considerados a partir de uma filmografia hegemônica como a norte-americana os filmes agrupados sob a rubrica "latino-americanos" carregam elementos híbridos que transitam entre o ficcional e o documen-

30 "O melhor do cinema latino esquenta a 39ª Mostra de São Paulo" (Moraes, C. *El País Brasil*, 22/10/2015). Disponível em: http://brasil.elpais.com/brasil/2015/10/22/cultura/1445512975_986130.html. Acesso em: 16/01/2019.

tal, estabelecendo diferentes contratos comunicacionais com seus espectadores e inserindo, assim, aspectos locais e globais em suas narrativas. Por meio dessa caracterização *genérica*, podemos observar nesses filmes elementos temáticos, estéticos e estilísticos ressignificados a partir de fragmentos reapropriados de gêneros impuros por definição.

Se considerarmos os gêneros cinematográficos enquanto *práticas sociais*, podemos afirmar que os mesmos não se colocam como modelos estáveis ou invariáveis, mas se relacionam com aspectos ligados à produção, à recepção e às próprias obras analisadas, podendo ser definidos como "convenções compartilhadas entre o texto, a indústria e a audiência, compostas por múltiplos significados" (Altman, 2000, p. 38). Desse modo, os gêneros possuem estruturas "que definem cada um dos textos; as decisões de programação são, antes de tudo, de critérios de gênero; a interpretação dos filmes depende diretamente das expectativas do público a respeito do gênero" (Altman, 2000, p. 38). Tomados como *formas culturais*, por outro lado, os gêneros estabelecem um pacto de leitura com seu público por meio de processos de subjetivação e reconhecimento, ou seja: partindo de uma tipologia, oferecem categorias textuais e enquadramentos culturais em relação às obras apresentadas.

Consequentemente, os gêneros não podem ser caracterizados apenas como uma forma de classificação. Ao contrário, são diferenciados uns em relação aos outros e, desse modo, circulam e ganham sentido, "mas esse sentido, longe de ser estável, varia no curso das migrações que conhecem os gêneros, da concepção dos programas até sua recepção" (Jost, 2004, p. 31). Ao assumirmos que a cultura midiática nos insere, de antemão, nesse intervalo entre reiteração e renovação de gêneros convencionais, transformando-os em gêneros híbridos, buscamos teorias e metodologias para pensar tais definições. É assim que, para além das narrativas encenadas, notamos elementos que desafiam os cânones do audiovisual de modo crítico e, ao fazê-lo, refletem também sobre o gênero no qual se incluem. Nessa perspectiva, o gênero constitui "uma prática cultural, um conjunto de características, que se modifica em cada novo exemplo que é produzido. São definidos como sistemas de orientações, expectativas e convenções que circulam entre a indústria, os sujeitos espectadores e o texto" (Mazziotti, 2002, p. 205).

Mais do que uma mescla de formas genéricas híbridas, notamos nas produções latino-americanas recentes um atravessamento entre diversos gêneros, como se eles estivessem em movimento constante. Baseados em questões e problemas endereçados por essa produção, afirmamos que tal processo se realiza por meio de apropriações e interpretações que englobam a indústria, o público e as obras produzidas, ampliando os universos ficcionais dos filmes e possibilitando o reconhecimento do já conhecido e o encontro com o irreconhecível dentro das formas audiovisuais evocadas. Vale notar que o processo de reconhecimento/desconhecimento dessa mescla de fragmentos (e suas variações) oferece contribuições para pensarmos o cinema latino-americano contemporâneo em perspectiva crítica, ressaltando traços que o colocam em lugar periférico em relação à produção dominante, mas que conferem a ele uma voz original enquanto produção audiovisual independente e representativa de nossas híbridas culturas.

Um artista multimídia nos auxilia na compreensão desse movimento, instaurando brechas para pensarmos as imagens. Escritor, pintor, cineasta, diretor de teatro e criador visual, Peter Greenaway transita entre diversos campos da cultura. Ao introduzir em seus filmes, nos anos 1980, inúmeros elementos inovadores – sobreposições e fusões de letras e imagens, personagens ambíguos, diálogos interrompidos, figuras e colagens –, Greenaway ousou romper axiomas e estabelecer um diálogo com recursos e efeitos visuais e especiais antes destinados ao chamado "cinema industrial".

Os filmes de diretor parecem nos interrogar sobre os limites das imagens em relação ao erudito e ao popular, e aos próprios cânones de seu fazer; entretanto, sua proposta mostra-se bem mais radical – as próprias margens demarcadas são rompidas, num hibridismo que mescla gêneros e formatos sem que possamos reconhecê-los em estado puro ou decompô-los em suas formas originárias: "Conceituados como mitologias, reposições arquetípicas, restituições seletivas, estruturas narrativas, matrizes culturais, expressões de ideologia e poder, formas culturais, entre outras conceituações, os gêneros encontram-se presentes em toda e qualquer forma literária, e também nas produções sonoras e audiovisuais" (Lopes; Borelli; Resende, 2002, p. 253). De modo aparentemente não narrativo, a obra de Greenaway – não apenas no cinema, na pintura ou na fotografia, mas também por meio de óperas, musicais, exposições, instalações, projetos arquitetônicos – evoca outras visadas para mirarmos as imagens e o imaginário, conceitos fundamentais na perspectiva ora apresentada.

Ao operar em lugares de passagem, a variedade de obras aqui assinaladas abre espaços para pensarmos não apenas os sujeitos, mas as relações presentificadas na atualidade, notadamente no que concerne aos estigmas sociais presentes nos filmes, sobretudo nos enredos e abordagens mostrados, mas também nas escolhas técnicas e artísticas ensejadas. Uma narrativa polifônica se apresenta, reorganizando as maneiras de ver e agir no mundo, atribuindo significados e rearticulando elementos antes lineares. Se não há a verdade dos fatos, mas a verdade dos relatos que se mostram verdadeiros, podemos afirmar que os hibridismos sinalizam novas formas de codificação (produção) e decodificação (recepção) dos discursos midiáticos, e outros modos de inserção social baseados nas lacunas presentes na realidade – que se manifestam nas tramas impuras das imagens audiovisuais contemporâneas.

À Guisa de Conclusão
Para Além dos Estigmas

"É por essa razão que a imagem pode se tornar, então, uma fulgurância numa noite profunda, um clarão, a aparição de uma espécie fantasmal esquecida, mas que, de repente, se desvela por um curto instante, se revela, nos lembra o tempo das existências humanas e de suas memórias, o tempo das sociedades e de suas culturas. O tempo das imagens é um pouco como o tempo dos rios e das nuvens: rola, corre, murmura, quando não se cala. O que faríamos sem as imagens?"

Etienne Samain, *Como pensam as imagens*

Ao longo deste livro, buscamos apontar algumas configurações de processos de exclusão e inclusão social nas mídias. Acreditamos ter investigado os modos de representação nelas presentes e seus possíveis efeitos de sentido em relação à reafirmação ou questionamento de estigmas sociais cristalizados e (re)produzidos. Esperamos, dessa forma, ter contribuído para a compreensão da articulação dos discursos midiáticos no estabelecimento de laços sociais, reconhecendo-os como campo profícuo para futuros estudos. Da necessidade de elaboração de um *pensamento crítico* sobre as mídias, notadamente no que se refere às lutas identitárias e por representação, e às disputas por visibilidade e reconhecimento, é que tecemos essas considerações finais.

Na finalização do trabalho, lançamos aberturas a novos campos de investigação que, inspirados pelos desafios e achados da pesquisa, chegam a um lugar "questionante" e "problematizante": lugar de rupturas críticas que, ao final de um percurso, visam desconstruir, uma vez mais, os resultados encontrados, colocando-os em *crise*. De acordo com Deleuze, os problemas e as questões "são atos vivos, investindo as objetividades especiais do inconsciente, destinados a sobreviver ao estado provisório e parcial que, ao contrário, afeta as respostas e as soluções" (Deleuze, 1988, p. 180): os *problemas* corresponderiam à própria organização das séries da realidade (constituídas a partir do disfarce de seus termos e relações) e as *questões* corresponderiam ao deslocamento efetuado nas séries (deslocamento do objeto virtual em função do qual as séries se desenvolvem).

Ao pensarmos o estatuto das imagens na contemporaneidade, marcado sobretudo por práticas midiáticas cada vez mais hibridizadas, torna-se imperativo, como dissemos, fazê-lo em *perspectiva crítica*.[1]

---

1 Desde 2012, temos pesquisado a questão da crítica de mídia, especialmente a audiovisual, juntamente com Gislene Silva (UFSC), no Grupo de Pesquisa Crítica de Mídia e Práticas Culturais (CNPq). Tal interesse resultou na publicação de diversos artigos e na organização de eventos. Além

Nesse sentido, um desafio se coloca: se não estamos mais situados no campo da literatura ou do cinema enquanto artes modernas, qual o lugar da crítica frente a objetos diversificados, nos quais os processos de criação e circulação passam a fazer parte dos próprios discursos difundidos?

Uma questão nos interpela nessas considerações provisoriamente conclusivas: como reunir elementos dispersos da crítica – seja ela autorizada, especializada ou informal – para estabelecer critérios e valores que possam dar conta do universo multifacetado dos discursos midiáticos? Para além da compreensão da crítica de mídia como a avaliação sistemática e permanente dos meios em relação à cultura (social e profissional) na qual se inserem, propomos pensar a crítica como uma desconstrução não apenas dos objetos sobre os quais se volta, mas também das condições de possibilidade que engendram suas materialidades.

Desse modo, ampliamos a proposição de que a crítica se dedica apenas ao estabelecimento de juízos e critérios sobre a mídia, realizando uma espécie de "dobra" em que não há origem possível para a interpretação, posto que esta é rastro de algo para sempre inapreensível. No caso da televisão, em que os espectadores também tomam parte de seus processos de codificação e decodificação, para além da mera transmissão de conteúdos buscamos articular uma visada externa capaz de dialogar com a crítica produzida no interior de seus relatos, seja por especialistas, seja pelo público ou mesmo em suas obras.[2]

---

dos textos, realizamos o Simpósio "Por uma crítica do visível", em 2014, e o Ciclo de Estudos "Cartografias da crítica", desde 2015, ambos organizados pelo MidiAto – Grupo de Estudos de Linguagem: Práticas Midiáticas, na ECA-USP, e três simpósios de Crítica de Mídia, em 2017 (UFSC), 2018 (USP) e 2019 (PUC Minas), além da publicação de três livros sobre o tema (2015, 2017, 2018). Ver: http://www.usp.br/midiato.

2 Sobre o conceito de metacrítica midiática e a análise de obras audiovisuais, ver artigos e capítulos de livros publicados em parceria com o pesquisador Ivan Paganotti, desde 2015, referenciados na bibliografia.

Ainda que o acervo de críticas publicadas sobre a programação não seja sempre reconhecido, nos meios acadêmicos, como uma *fortuna crítica* televisiva, faz-se necessário reconhecer a constituição de um repertório televisual, em que a análise expressiva dos programas aponta para inovações técnicas, estéticas, narrativas e, mais do que isso, para certos modos de endereçamento de formatos e de públicos específicos. À medida que a formação de uma cultura televisiva se consolida, os embates entre elitização e popularização, a relevância dos índices de audiência, a definição da grade e de padrões de qualidade, bem como os desafios éticos pressupostos nesse debate são problematizados, possibilitando que surja uma crítica da mídia engendrada nela mesma.

Como exposto por Fuchs (2010, p. 180), produtos críticos também podem estar inseridos em meios de comunicação hegemônicos desde que adotem formatos ou conteúdos que exponham histórias e pontos de vista alternativos, critiquem limites impostos pela representação midiática tradicional, contestem discursos reproduzidos como consensuais, ou adotem novas propostas de linguagem que comumente não encontram caminhos nos grandes meios. Entretanto, algumas questões centrais surgem: qual a especificidade do discurso da crítica sobre outros meios de comunicação, que por ser também midiatizada por sua publicação, poderia ser chamada de "metacrítica"? Como a metacrítica sugere e se apoia na recepção do público nessa instância intermidiática? E, para além dos discursos orais ou textuais, como as imagens e suas visualidades podem, por si só, propor (ou decompor) *cenários críticos*?

Sobre o conceito de "metacrítica", Fuchs nos oferece uma interessante contribuição ao afirmar que a crítica não se dá apenas nos enunciados de um discurso – seus conteúdos –, tampouco exclusivamente de modo direto. Ao contrário, o autor argumenta que também o formato de determinado produto pode conter, na maneira como é feito – em sua enunciação –, um discurso alternativo crítico. Nesse sentido, a crítica de mídia feita na/pela mídia seria, primeiramente, uma "metacrítica":

> As mídias críticas, em contraste, são caracterizadas por forma e conteúdo críticos. Há conteúdos de oposição que provêm alternativas para perspectivas heterônomas dominantes e repressivas que refletem as regras do capital, do patriarcado, do racismo, do sexismo, do nacionalismo etc. Esses conteúdos expressam pontos de vista divergentes que questionam todas as formas de heteronomia e dominação (Fuchs, 2010, p. 179, tradução nossa).[3]

A exemplo de programas televisivos que propõem inovações estéticas, estilísticas e narrativas, o documentário *Um dia na vida*, de Eduardo Coutinho, oferece caminhos para pensarmos tal definição. Feito a partir de dezenove horas de gravação contínua e aleatória de diversos canais abertos da televisão brasileira, o filme, realizado em 2010, é construído no momento da montagem: a seleção das imagens editadas, que vemos à nossa frente, embora sejam cenas banais e ordinárias do que vemos diariamente na televisão, oferece outra visão sobre esse meio. Partindo de uma ácida crítica à pasteurização e repetição presente nas imagens da televisão, Coutinho assume uma visada crítica e leva seu espectador a olhar de uma nova maneira o veículo:

> Trata-se de produzir menos um "retrato do Brasil" do que um retrato da própria TV, que surge ali como um mundo autônomo, vagamente monstruoso, quase diabólico. Ou antes, isso é o que o filme produz, o que está lá. É o mundo-TV que se mostra a nós, tal qual. O diretor interfere o menos possível (queira ou não, ele seleciona, monta). (...) Ao fim nos damos conta de que a TV é o mundo dos demiurgos: algo que não

3 No original: "Critical media, in contrast, are characterized by critical form and content. There is oppositional content that provides alternatives to dominant repressive heteronomous perspectives that reflect the rule of capital, patriarchy, racism, sexism, nationalism, etc. Such content expresses oppositional standpoints that question all forms of heteronomy and domination".

> retrata o mundo ou o que somos senão indiretamente, pois mais ruidoso e mais infernal (Araújo, 2010, p. 1).

O filme de Coutinho realiza uma crítica – não apenas à sociedade, mas à própria televisão – e, ao mesmo tempo, é objeto da crítica cinematográfica publicada por um especialista em um jornal diário. Nessa perspectiva, a crítica de mídia não seria apenas aquela institucionalmente denominada enquanto tal ou aquela que, para falar dos discursos midiáticos, cria novos discursos sobre as mídias. Ainda que alguns produtos e programas se proponham a fazer a crítica de mídia (a exemplo de observatórios ou debates e entrevistas), a crítica não é feita apenas neles. De modo mais complexo, a produção de novos produtos e programas – pensados sob o viés da inovação – constitui um espaço para a realização da crítica de mídia, ao propor mudanças.

Fuchs acredita que é de práticas midiáticas alternativas que poderá surgir uma perspectiva crítica mais autônoma em relação às mídias, definindo tal posicionamento como "*critical media*", em que os próprios meios empreendem a crítica sobre as práticas midiáticas. Para ele, a inserção da crítica de mídia na/pela mídia acaba por corroborar aquilo que pretende criticar, já que feita dentro de limites impostos pelos próprios meios. Seja a crítica feita por especialistas ou pelo público, haveria certa domesticação de seus alcances por estar submetida a protocolos e códigos previamente estabelecidos. A respeito do público, o autor estabelece papel central na crítica de mídia, apontando três posicionamentos advindos do polo da recepção: a adesão, a contestação, a exacerbação. Ao fazê-lo, problematiza, como vimos em autores anteriormente citados, os papéis tradicionais de produtores e receptores, autores e espectadores.

Ao incluir no cenário midiático aquilo que pretende criticar – reconhecendo de modo autoconsciente sua inclusão nessa cena –, tanto os programas analisados, como seu público, tornam-se parte desse cenário. Ou seja: ao criticar a mídia dentro da própria mídia, temos que o discurso crítico se torna, ele próprio, passível de ser criticado – ou, de modo mais pessimista, coloca-se sob o risco de perder seu efeito crítico. Observando o processo comunicativo por meio da articulação de diferentes momentos – produção, circulação, distribuição, reprodução –, Hall desenvolve, na década de 1970, um modo de interpretação dos processos de codificação e decodificação de programas televisivos:

> O processo, desta maneira, requer, do lado da produção, seus instrumentos materiais – seus "meios" – bem como seus próprios conjuntos de relações sociais (de produção) – a organização e combinação de práticas dentro dos aparatos de comunicação. Mas é sob a forma discursiva que a circulação do produto se realiza, bem como sua distribuição para diferentes audiências. Uma vez concluído, o discurso deve então ser traduzido – transformado de novo – em práticas sociais, para que o circuito ao mesmo tempo se complete e produza efeitos. Se o sentido não é articulado em prática, ele não tem efeito (Hall, 2003, p. 388).

De modo semelhante, ao inserir a recepção no processo de produção, embora reconhecendo nesta última o ponto de partida do discurso televisivo (objeto de seu estudo), Hall estabelece o caráter interdependente entre realizador e espectador, apontando, ao final de seu texto, três posições a partir das quais a "decodificação" de um discurso – e sua consequente "recodificação" – pode ser construída: a posição "hegemônica-dominante" (o telespectador decodifica a mensagem a partir de sua referencialidade); a posição do "código negociado" (o telespectador reconhece as definições hegemônicas, mas as adapta a sua realidade local); e a posição "globalmente contrária" (o telespectador decodifica de modo alternativo o discurso). Essa terceira posição nos parece produtiva para pensarmos a crítica de mídia constituída no espaço intermediário entre produtor e receptor, no entremeio em que o público, por oposição, contesta o discurso hegemônico e o ressignifica (Hall, 2003, p. 402).

Em vários de seus trabalhos, Hall procurou compreender as relações das mídias com a cultura, a linguagem e a ideologia. Para o autor, elas atuariam na construção seletiva do conhecimento social pelo qual percebemos as realidades vividas por outros e, assim, construiríamos imaginariamente um mundo inteligível. As mídias proveriam um inventário constante de léxicos, estilos de vida e ideologias objetivadas, classificariam e ordenariam os diferentes tipos de conhecimento social, providenciando contextos referenciais que contribuem para dar sentido ao mundo. Além disso, elas organizariam essa classificação seletiva, produzindo "consensos e legitimidades". De acordo com Hall, deparamo-nos, então, com um falso dilema: com os processos de mundialização da cultura, pensamos que a identidade vai acabar de um modo ou de outro – ou retornado às suas raízes, ou desaparecendo através da assimilação e da homogeneização. Mas é justamente a "tradução" que se coloca como outra possibilidade (Hall, 2001, p. 88).

Ao tratar do conceito de "tradução cultural", Hall apresenta sua teoria da articulação. Para ele, esta palavra reveste-se de dois sentidos: articular significa, em inglês e também em português, proferir, expressar uma ideia ou raciocínio, num sentindo de construção na linguagem, de discurso, de expressar-se bem (dizemos de uma pessoa que fala bem que ela é articulada). Mas também significa que duas partes distintas estão conectadas (como dizemos de um ônibus articulado), mas não necessariamente precisariam estar ligadas uma à outra. As duas partes conectadas por meio de um elo específico podem ser quebradas, separadas, divididas. Uma articulação é, assim, a forma de conexão que pode constituir uma unidade de dois elementos diferentes sob certas condições. É um elo que não é necessário, determinante ou essencial todo o tempo para os elementos relacionados e, dessa forma, pode ser desfeito. Sob que circunstâncias, então, pode ser estabelecida uma conexão?

Hall aponta que podemos ter como exemplo dessa definição a questão do discurso. A chamada "unidade" do discurso é, de fato, a articulação de distintos elementos que podem ser rearticulados de formas variadas porque não possuem exatamente um sentido de pertença uns aos outros. A unidade que importa é o elo, o laço, a ligação entre este discurso articulado e as forças sociais com as quais ele pode – mas não necessariamente precisa –, em certas circunstâncias históricas, estar conectado. Uma teoria da articulação é tanto um caminho para entender como elementos ideológicos surgem, em certas condições, para se agrupar em um discurso, quanto um caminho para perguntar como eles se tornam ou não articulados, em conjunturas específicas, para certos sujeitos políticos.

A teoria da articulação, para Hall, pergunta como uma ideologia descobre seu sujeito mais do que como um sujeito pensa os pensamentos necessários e inevitáveis que pertencem a ela; pensa como uma ideologia fortalece as pessoas, capacitando-as a começar a dotar de sentido sua situação histórica, sem reduzir essas formas de inteligibilidade a suas condições específicas (Hall, 2003). O conceito de tradução reveste-se desse aspecto coeso e fluido presente na noção de articulação. Traduzir (fatos, textos) seria, portanto, rearticular (separar, reunir) as diversas partes de uma cultura. É justamente esse processo que os relatos sustentados nas noções de objetividade e imparcialidade visam camuflar e elidir.

Por outro caminho, Martín-Barbero elabora o conceito de "mediação" como aquele a partir do qual pensarmos as formas de tradução presentes nos discursos midiáticos:

> Por isso, em vez de fazer a pesquisa partir da análise das lógicas de produção e recepção, para depois procurar suas relações de imbricação ou enfrentamento, propomos partir das mediações, isto é, dos lugares dos quais provêm as construções que delimitam e configuram a materialidade social e a expressividade cultural das mídias (Martín-Barbero, 1997, p. 292).

Tal noção, que concebe o estudo das mídias em sua materialidade discursiva e não nos polos usualmente isolados de "produção" e "recepção", conduz-nos a um ponto nodal: questionar a tradição da objetividade e da fidelidade ao texto por meio da assunção do caráter narrativo desses discursos e das marcas culturais neles presentes.

A noção de texto – não apenas em sentido linguístico, mas como qualquer manifestação discursiva, seja ela verbal, visual ou audiovisual – é o conceito em torno do qual gostaríamos de pensar as relações entre identidade e diferença (e seus modos de tradução nas mídias), especialmente ao considerarmos os estigmas sociais. O texto é tomado como *artefato verbal* e como *evento cultural*. Para Barthes, "o texto é assim definido não como uma linha de palavras a produzir um sentido único (...), mas como um espaço de dimensões múltiplas, onde se casam e se contestam escrituras variadas, das quais nenhuma é original" (Barthes, 1988, p. 68). Desse modo, "o texto é um tecido de citações, saídas dos mil focos da cultura. (...) o escritor só pode imitar um gesto sempre anterior, jamais original; seu único poder está em mesclar as escrituras, em fazê-las contrariar-se umas pelas outras, de modo a nunca se apoiar em apenas uma delas" (Barthes, 1988, p. 69).

No campo do discurso, ao contrário da possibilidade de estabelecimento de uma *origem*, não haveria um começo e um final, mas o entremeio, lugar de desdobramentos incessantes, espaço este permanentemente atualizado pelo leitor: "A realidade mais essencial é a mais escondida, não se situando nem na ausência do discurso, nem no explícito deste, mas no entremeio de sua latência, necessitando, portanto, de uma escuta ou leitura particular a fim de o revelar a si mesmo" (Dosse, 1993, p. 336). Da necessidade de construir narrativas representativas de nossas subjetividades e pertencimentos, entretanto, deriva este desejo de verdade (autenticidade, legitimidade, fidelidade) que vemos presente nas práticas midiáticas, esquecendo-se que, justamente por estar à deriva, o desejo é sempre desejo de outra coisa: ao chegarmos a ele, já é de outro lugar que falamos.

Nas palavras de Deleuze, aproximamo-nos da perspectiva que postula a não anterioridade do real à linguagem: "A linguagem é um imenso *há*, na terceira pessoa, ou seja, o oposto da pessoa: uma linguagem intensiva, que constitui seu estilo" (Deleuze, 1992, p. 143). De modo paradoxal, os relatos referenciais (entre eles, o jornalismo), ao mesmo tempo em que se pretendem objetivos e isentos, realizam todo o tempo um trabalho de *tradução* dos fatos em narrativas, desdobrando-se em uma dupla camada de mediações e transposições.[4] Ao contrário do acesso à verdade e à representação fiel da realidade, é um processo de descontinuidades que se inscreve em tais relatos. Deleuze e Guattari, ao tratarem das relações entre discurso e realidade, afirmam a impossível busca (incessante) do jornalismo em *compreender o caos:*

> Os jornais, as notícias, procedem por redundância, pelo fato de nos dizerem o que é "necessário" pensar, reter, esperar etc. A linguagem não é informativa nem comunicativa, não é comunicação de informação, mas – o que é bastante diferente – transmissão de palavras de ordem, seja de um enunciado a um outro, seja no interior de cada enunciado, uma vez que o enunciado realiza um ato e que o ato se realiza no enunciado (Deleuze; Guattari, 1997, p. 16).

Se o enunciado realiza um ato e o ato nele se realiza, o pressuposto de que haveria um momento inicial (seja um evento ou um texto) sobre o qual estabelecer o processo tradutório (do fato ao relato) não se sustenta, posto que a ideia de tradução pressupõe, em todo caso, a noção de cultura em suas imbricações com o imaginário social. O fato, após acontecido, é sempre imaginado – *traduzido.* A literatura e o cinema proporcionam narrativas emblemáticas que constituem nosso

4 Acreditamos que algumas das concepções estabelecidas entre discurso e história podem ser aplicadas ao jornalismo, especialmente na relação entre fatos e relatos: "Há de sempre criarmos uma diferenciação entre fatos e discursos. Não ao final do processo, pois para o historiador não será possível enxergar tal diferenciação no resultado obtido. Essa simbiose entre fato e discurso se dá no *fazer-se.* Seria imperativo, portanto, voltarmo-nos às ruínas iniciais, aos vestígios do entremeio e ao leve fantasma discursivo para podemos rastrear essas diferenças" (Baptista, 2009, p. 17).

imaginário, tornando-nos capazes de *ficcionalizar* relatos representativos de nós mesmos (Soares, 2011a). Sobre essa questão, Calligaris nos oferece uma visada original ao tratar do lugar que as "ficções" ocupam em nossa formação, apontando pelo menos dois aspectos. O primeiro diz respeito ao fato de a ficção apresentar a diversidade do mundo e constituir um repertório do possível: "No meio das diferenças particulares entre grupos, ela inventa experiências singulares que revelam a humanidade que é comum a todos, protagonistas e leitores. A ficção de uma vida diferente da minha me ajuda a descobrir o que há de humano em mim". Esta seria sua "mágica". O segundo, aponta o que vimos tentando estabelecer ao tomarmos as mídias como tradução:

> Há uma outra idéia, menos comum, segundo a qual a vida da gente pode (e talvez deva) ser vivida como uma narração. Não tanto para que ela se transforme num roteiro mirabolante, mas para que nosso cotidiano (por humilde e banal que seja) assuma uma relevância e uma intensidade que o tornem digno de ser vivido (Calligaris, 2007, p. 1).

Nessa perspectiva, as dicotomias apontadas se desfazem, diluindo a oposição entre verdade e linguagem, realidade e fantasia, pois o que temos são *fabulações narrativas* engendrando *imaginários sociais*, especialmente se tomarmos os discursos midiáticos como lugar privilegiado para tal articulação. Estabelecidas essas premissas, outra indagação se faz premente: por que, afinal, os relatos referenciais convencionais tangenciam essas questões sem jamais parecer ultrapassá-las? Talvez porque um de seus pressupostos seja, justamente, aquele que os considera como lugares de organização da realidade, estabelecimento do senso comum e reiteração da ordem social. Ao se considerar uma instância que *traduz a realidade para aqueles que não podem vê-la* (em sentido literal ou figurado), o jornalismo oblitera seu fundamento enquanto prática linguageira e, por isso mesmo, produção incansável de discursos sobre discursos (Soares, 2010). Desse modo, o texto jornalístico não é *verdadeiro* ou *falso*; é um texto, ponto de chegada, que guarda traços do acontecimento, ponto de partida.

Se os relatos referenciais também são uma forma de *tradução* dos fatos, inserem-se no campo da "tradução cultural" e dos modos de construção de imaginários.[5] O chamado "fato jornalístico" seria, portanto, tecido no entremeio dessas narrativas, sempre provisório e contextual, traduzido nos interstícios da cultura. Além disso, a escrita estabelece um complexo jogo de relações em que o leitor, construído pelo texto no ato mesmo da leitura (Eco, 1994), interage com o autor e traduz, tantas vezes quantas forem as leituras empreendidas, o texto, a exemplo do que Hall apontara em relação à televisão. Para Eco, leitor e autor não são sujeitos empíricos ou biográficos mas, ao contrário, funções constituídas no interior do texto:

> O leitor-modelo de uma história não é o leitor empírico. O leitor empírico é você, eu, todos nós, quando lemos um texto. Os leitores empíricos podem ler de várias formas, e não existe lei que determine como devem ler, porque em geral utilizam o texto como um receptáculo de suas próprias paixões, as quais podem ser exteriores ao texto ou provocadas pelo próprio texto (Eco, 1994, p. 14).

De modo análogo, o autor afirma que podemos "reconhecer o autor-modelo como um estilo, e o estilo será tão claro e inconfundível que veremos que sem dúvida se trata da mesma voz de outras obras" (Eco, 1994, p. 21). Essa "voz" é definida como uma "*estratégia narrativa*, um conjunto de instruções que nos são dadas passo a passo e que devemos seguir quando decidimos agir como leitor-modelo" (Eco, 1994, p. 21). A fim de desdobrar tal questão, tomamos como *locus* de sua demonstração

---

5 A visão eurocêntrica na história, bem como na antropologia, apregoava a possibilidade de uma narrativa única aos fatos; o que se reconhece nas teorias da nova história e da nova antropologia é, justamente, a visão de que um mesmo fato gera várias interpretações, ou várias *histórias*.

discursos audiovisuais que asseveram o caráter sempre precário das interpretações, buscando estabelecer, em nossas considerações, uma análise crítica de possíveis relações entre mídias e estigmas a partir das tensões entre identidade e alteridade manifestas em suas narrativas. Nesse empreendimento, a crítica de mídia é concebida como um circuito crítico que engloba tanto os processos de produção e recepção, como as próprias obras e outros discursos circulantes que reverberam em torno delas.

Historicamente, a aplicação das noções de *crítica* ao julgamento de produtos culturais tem passado por transformações que vão desde a consciência do artista enquanto tal até a formação de um público qualificado. Se, na tradição filosófica a partir da segunda metade do século XVIII, a estética passou a dividir, juntamente com a razão, lugar privilegiado nas teorias do conhecimento, a obra kantiana, com sua *Crítica da faculdade de julgar*, constitui grau zero do que viria a ser a crítica moderna.

Em suas três críticas, o filósofo estabelece que o julgamento da razão, em si mesma e para si mesma, pode deliberar não apenas sobre o conhecimento teórico (razão pura) ou prático (razão prática), mas também delimitar juízos reflexivos, que reuniriam os juízos analíticos e os sintéticos, numa espécie de conjugação entre as duas formas possíveis de conhecimento: puro (*a priori*) e empírico (*a posteriori*). Ao propor uma nova maneira de conceber as relações entre conhecimento e objetos, Kant aponta, como fontes de conhecimento, a sensibilidade e o entendimento, definindo, em sua estética, "a sensibilidade como uma faculdade de intuição, através da qual os objetos são apreendidos pelo sujeito cognoscente", mediante as categorias apriorísticas do entendimento (Chauí, 1987, p. X).

A faculdade de julgar seria o momento de síntese entre a razão pura e a razão prática, distinguindo-se por dois tipos de juízos: determinantes e reflexionantes, estes últimos divididos entre teleológicos (dotados de uma finalidade objetiva) ou estéticos (relacionados a um fim subjetivo). Os juízos estéticos têm como fonte sentimentos de prazer e desprazer, "conciliando a faculdade de conhecer e a de desejar", ou seja, evocando um "sentimento de eficácia sentido pelo homem diante desse objeto" (Chauí, 1987, p. XVII). Por estarem condicionados aos estados do sujeito, são os juízos estéticos que "autorizam a atribuir aos objetos que os suscitam o predicado 'belo'", estabelecendo "as condições inerentes ao sujeito que possibilitam tais juízos de gosto" (Nunes, 2007, p. 52).

Na crítica moderna, herdeira dessa tradição que se desdobrou ao longo do século XIX, é notória a assunção do texto crítico como mediação, "tornada necessária em função de uma arte cujos códigos estão em ruptura com relação ao estado atual do gosto, isto é, às capacidades espontâneas de compreensão existentes normalmente nos públicos" (Leenhardt, 2007, p. 22), concepção esta atravessada por questionamentos inerentes à crítica contemporânea. Por meio da problematização do conceito de "gosto", desdobrado da noção anterior de juízo, encontramos, na segunda metade do século XX, novos posicionamentos da crítica, colocando em crise sua própria credibilidade e as formas de reconhecimento por ela legitimadas. Enquanto avaliação, interpretação e descrição, a crítica estabelece *apreciações*, como no caso da literatura:

> Por pertencer a essa órbita, a literatura ingressa na experiência individual do crítico, cada vez atualizada pela sua leitura, como modo de acesso ou de discernimento da obra. Ora, nem isolada nem puntiforme, pois que a obra conhecida se relaciona com outras muitas, tanto horizontalmente, num dado momento, quanto verticalmente na ordem da sucessão temporal, a experiência individual é também social, porque se acha sob condições culturais e históricas determinadas (Nunes, 2007, p. 52).

Assumindo o gosto do público e a implicação do crítico, enquanto sujeito social, no próprio empreendimento da crítica, os modos de se fazer crítica cultural – entre elas a crítica televisiva – passaram por inúmeras crises e mutações. Às polêmicas recorrentes entre a "leitura" dos críticos, a "escrita" dos autores e a "interpretação" do público, entretanto, uma pergunta se coloca: por meio de quais "conceitos" e "critérios" (Nunes, 2007, p. 61) se estabelece a crítica hoje? Como, então, a crítica contemporânea no Brasil lida com essas noções? O termo *valor* evoca, em sua origem, os sentidos de avaliação e validação, por reconhecimento do vigor, mérito ou importância de um determinado objeto. Se o juízo se refere a um conceito ou opinião emitidos com seriedade, circunscrevendo o campo do direito e dos possíveis, o valor qualifica o juízo, atribuindo-lhe permanência (ou duração, como na música) e, desse modo, tornando-se passível de orientar ações futuras.

Definido enquanto um conjunto de elementos metodicamente dispostos, como em um inventário, o *repertório* não se limita a um conteúdo rigorosamente organizado, mas refere-se, também, a um conjunto de conhecimentos que, na origem latina do termo, engendra o sentido de descoberta, produzindo algo novo a partir de suas combinatórias. Ao ser reconhecido como dotado de valor, um objeto passaria a integrar esse inventário; por sua vez, os elementos constantes dessa coleção, ao serem rearticulados, fazem surgir outros valores. Tal concepção pode ser trazida ao pensarmos a crítica das mídias, em que valores são dinamicamente transformados nos repertórios por elas constituídos e nas reapropriações de tais repertórios ao sabor do gosto popular visando a formação de juízos.

Nas tensões entre o estabelecimento de "valores" e a constituição de "repertórios", portanto, antigas distinções de "gosto" (erudito, popular, massivo, midiático) são desafiadas por meio da crítica contemporânea, a exemplo das contribuições de teóricos que destacam a importância dessas interações. Antes de nos voltarmos mais detidamente ao debate na crítica contemporânea das mídias, julgamos imprescindível retomar, para além de possíveis referências às críticas literária e cinematográfica, a obra de teóricos tão variados quanto Bakhtin, Bourdieu e De Certeau, justamente por nos situarem em relação à associação comumente feita entre crítica e qualidade (ou sua ausência) nos discursos midiáticos. De modo diverso, tais autores articulam os conceitos de cultura erudita e cultura popular (e suas derivações) em torno da questão dos juízos de valor cunhados nos campos da produção cultural.

Ao tratar da "cultura popular" a partir da obra de François Rabelais, ensaio produzido em 1965, Bakhtin (1987) assevera a impossibilidade de um *juízo* sobre ela: ao não se ajustar aos cânones de sua época, as formas e manifestações populares de cultura não poderiam jamais ser valoradas (ou valorizadas) sem que houvesse uma profunda modificação nos próprios critérios de julgamento. Ao denominar "realismo grotesco" as imagens da cultura cômica popular em todas as suas manifestações, o autor rompe com as demarcações entre alta e baixa cultura – caras à crítica tradicional –, apontando que suas representações não encontram lugar na "estética do belo" forjada na época moderna, exigindo novas regulações.

Em outro diapasão, mas fundamentado em uma radical crítica à intenção pura nas obras de arte, Bourdieu desafia a noção de "distinção" em seus aspectos ideológicos, afirmando que se trata, no estabelecimento de juízos estéticos, de uma operação (seja ela consciente ou inconsciente) na qual "a obra de arte só adquire sentido e só tem interesse para quem é dotado do código segundo o qual ela é codificada" (Bourdieu, 2008, p. 10), processo elidido no movimento de autolegitimação da crítica e que deixa, em seu entorno, os objetos por ela não reconhecidos. O autor aponta, de modo polêmico, que a estética popular é tomada, justamente, como o "avesso" da estética kantiana, em que o "*ethos* popular opõe, implicitamente, uma tese que contradiz a analítica do Belo em cada uma de suas proposições" (Bourdieu, 2008, p. 10).

Movimento análogo pode ser estabelecido em De Certeau (1996), para quem a "cultura popular" seria um estilo de trocas sociais, invenções técnicas e resistência moral, isto é, "uma economia do *dom* (de generosidades como revanche), uma estética de *golpes* (de operações de artistas) e uma ética da *tenacidade* (mil maneiras de negar à ordem estabelecida o estatuto de lei, de sentido ou fatalidade)" (De

Certeau, 1996, p. 88). Ao contrário de uma filiação crítica que exclui, de diversas narrativas, a possibilidade de uma *estética* e a inscrição de uma ética, o autor define as formas populares (especificamente, as formas verbais) não como "um corpo considerado estranho, estraçalhado a fim de ser exposto, tratado e 'citado' por um sistema que reproduz, com os objetos, a situação que impõe aos sujeitos" (De Certeau, 1996, p. 89), mas como modos de reapropriação de estratégias dominantes por meio de usos e táticas criativos.

Se os valores são mutáveis e relacionais, os repertórios são por eles constituídos e deles constituintes. No artigo "Televisão: a questão do repertório", Machado (2008) aponta que, para além das questões de audiência e mercado, a televisão brasileira – referência importante na pesquisa –, ao completar cinquenta anos, acumulou um conjunto volumoso de obras criativas, "um repertório suficientemente denso e amplo para que se possa incluí-la sem esforço entre os fenômenos culturais mais importantes de nosso tempo" (Machado, 2008, p. 21). Catálogo de imaginários e coleção de imagens, a televisão, comumente percebida como um meio "popularesco" e "de massa" (como afirma o autor, na pior acepção dessas palavras), acumula experiências de qualidade e confirma sua inscrição como produção cultural relevante e autônoma.

Os estudos sobre televisão, segundo Machado, ainda estão limitados ao acompanhamento de sua programação como um fluxo exibido por meio de um sistema de difusão abrangente, em vez de se voltarem para "o conjunto dos trabalhos audiovisuais que a televisão efetivamente produz e a que os espectadores efetivamente assistem" (Machado, 2008, p. 24), conjunto este constitutivo do repertório televisual, genericamente organizado em programas. Desse modo, a televisão não seria mera tecnologia de transmissão, empreendimento mercadológico, sistema de controle político-social, sustentáculo do regime econômico ou máquina de moldar o imaginário (Machado, 2008, p. 24), mas, ao contrário, constitui-se como um "acervo" heterogêneo de trabalhos audiovisuais que deve ser abordado a partir de uma "perspectiva valorativa" inscrita na materialidade de seus programas. Ou seja:

> É preciso (também) pensar a televisão como o conjunto dos trabalhos audiovisuais (variados, desiguais, contraditórios) que a constituem, assim como o cinema é o conjunto de todos os filmes produzidos e a literatura o conjunto de todas as obras literárias escritas ou oralizadas, mas sobretudo daquelas obras que a discussão pública qualificada *destacou* para fora da massa amorfa da trivialidade. O contexto, a estrutura externa, a base tecnológica também contam, é claro, mas eles não explicam nada se não estiverem referidos àquilo que mobiliza tanto produtores quanta telespectadores: as imagens e os sons que constituem a "mensagem" televisual (Machado, 2008, p. 26).

Conhecer amplamente o que a televisão tem produzido, nacional e internacionalmente, é fundamental para a conformação de um repertório próprio (ao crítico, ao público) a partir desse amplo repertório de imagens. Para Machado, a tarefa de uma crítica televisiva – e, por extensão, uma crítica das mídias – insere-se, justamente, nesse intervalo, visando "estabelecer critérios de seleção, tão rigorosos quanto possível (...) que permitam elevar os níveis de exigência da audiência e, sobretudo, premiar, com estudos e comentários críticos, os esforços daqueles que, contra todos os obstáculos e a despeito de todas as estruturas e modelos, fazem a *melhor* televisão do mundo" (Machado, 2008, p. 27).

O autor assume, nesse ponto, o debate sobre a "televisão de qualidade", alertando para a ambiguidade desta expressão e propondo sua extensão de modo a não operar, dicotomicamente, entre os polos da produção popularesca e massiva (sem qualidade) e da produção sofisticada e elitista (de qualidade), em que "a única função respeitável que se pode esperar da televisão é sua modesta contribuição no sentido de introduzir o público leigo e bárbaro dentro do campo da cultura secular e legítima" (Machado, 2008, p. 29), difundindo amplamente obras *qualitativas* para, tautologicamente, gerar uma televisão *qualificada*. Para Machado, a crítica sobre a "qualidade na televisão" deve considerar a criação artística presente neste meio, e não apenas demandas comerciais e contextos industriais; deve, ainda, considerar a polissemia de tal expressão, vista como uma virtude que permite qualificar, de modo complexo, produtos e processos os mais diversos possíveis por meio da análise de programas e gêneros, "os modos mais estáveis de referência à televisão como fato cultural" (Machado, 2008, p. 33).

No início do trabalho, partimos de algumas inquietações: como se dariam, nos diversos gêneros discursivos, as articulações entre mídias e estigmas sociais? Seriam as primeiras promovedoras de criação dos últimos ou, ao contrário, poderiam também promover novos modos de interpretação deles? Haveria diferenças significativas entre narrativas ficcionais ou não-ficcionais nas mídias quando olhadas sob o prisma dos estigmas? A esses problemas, outras questões se somaram, adensando o trajeto e conduzindo-nos às políticas da representação e aos regimes de visibilidade presentes nos discursos midiáticos quando estes abordam atores sociais estigmatizados. Ao buscar aportes *críticos* nos quais estabelecer tal debate, chegamos ao conceito de *visibilidades encenadas,* que conduzirá nesse momento a reflexão sobre a *causa* indígena e seus modos de endereçamento nas mídias, desdobrando-se em outro debate, relacionado ao conceito de *reconhecimento social.*

Em anos recentes, um livro chamou nossa atenção: trata-se de *A queda do céu*, escrito por Davi Kopenawa (2015), xamã e líder político dos Yanomami, em parceria com o antropólogo francês Bruce Albert. No trecho destacado em sua epígrafe, lemos: "*A floresta está viva. Só vai morrer se os brancos insistirem em destruí-la. Se conseguirem, os reios vão desaparecer debaixo da terra, o chão vai se desfazer, as árvores vão murchar e as pedras vão rachar no calor. A terra ressecada ficará vazia e silenciosa. Os espíritos xapiri, que descem das montanhas para brincar na floresta em seus espelhos, fugirão para muito longe. Seus pais, os xamãs, não poderão mais chamá-los e fazê-los dançar para nos proteger. (...) Então morreremos, um atrás do outro, tanto os brancos quanto nós. Todos os xamãs vão acabar morrendo. Quando não houver mais nenhum deles vivo para sustentar o céu, ele vai desabar".*

Kopenawa relata seu convívio com o "homem branco", por ele chamado de "o povo da mercadoria", apontando o traço predador desse encontro desigual com aqueles vistos pelo xamã e seu povo como "forasteiros". No prefácio à obra, Eduardo Viveiros de Castro destaca um aspecto que nos interessa particularmente: as diferenças, no campo da visibilidade e do reconhecimento sociais, entre aqueles considerados um outro *domesticado* e os demais, mais inquietos, que se estabelecem, na luta por representação, como um outro *radical*. São dele as palavras: "Este livro é sobre o Brasil, mas de um modo muito especial, é um livro sobre nós, dirigido a nós, os brasileiros que não se consideram índios".

Ressaltando um elemento fundamental ao pensamento de Kopenawa, Viveiros de Castro cita, em seu texto, o seguinte trecho do xamã: "*Na floresta, a ecologia somos nós, os humanos. Mas são também, tanto quanto nós, os xapiri, os animais, as árvores, os rios, os peixes, o céu, a chuva, o vento e o sol! É tudo o que veio à existência na floresta, longe dos brancos; tudo o que ainda não tem cerca. (...) Somos habitantes da floresta. Nascemos no centro da ecologia e lá crescemos*". Como se habitassem duas ordens discursivas diferentes, brancos e índios parecem se posicionar em lugares antagônicos na esfera social e, também, em suas visibilidades encenadas. No campo da crítica midiática, nesse momento iremos elaborar a questão dos estigmas associados aos povos indígenas – frequentemente alvo de violência concreta e também simbólica – a partir de alguns apontamentos sobre o filme *Xingu* (2012), de Cao Hamburger. O filme problematiza os discursos correntes sobre os indígenas, que usualmente o retratam como um outro *distante*, questionando determinadas políticas da representação desses povos, sempre vistos como estranhos, exóticos, quase estrangeiros em seu próprio país.

Ao tratarmos dos estigmas, portanto, uma questão se impõe: a problemática das "proximidades compulsórias" (Figueiredo, 2012, p. 2), reordenando a questão das relações entre o mesmo e o outro por meio de alguns desafios: a) a urbanização em massa e as migrações confundem os contornos entre interioridade/exterioridade, abalando identidades constituídas em fronteiras estáveis; b) o outro distante, das viagens turísticas, dos cartões postais ou espetacularizado pelas mídias, não se coloca como ameaça à identidade; c) a tecnologia da comunicação parece diluir a cada dia os obstáculos relacionados com o tempo e o espaço, potencializando deslocamentos simbólicos, desestabilizando identidades e complexificando a cultura das visualidades e as estratégias de visibilidade pública (Figueiredo, 2012).

Como pensar o compartilhamento de espaços públicos com o outro que agora está perto e não apenas de passagem, ou seja, enfrentar os problemas das fronteiras invisíveis, dos recursos da visibilidade, da dúvida sobre a suposta condescendência multiculturalista do Ocidente e do retorno da reflexão da política sob o viés da estética, nos termos que nos propõe Rancière (1996) ao tratar do papel do desentendimento e do conflito? Ao olharmos tais questões à luz do filme analisado, algumas considerações se fazem prementes. Se nos deslocarmos da "cultura da visualidade", entendida como experiência cultural, para as "políticas de visibilidade", compreendendo visibilidade como estratégia política, como mecanismos socioculturais compartilhados que conferem reconhecimento a determinadas imagens visuais (Figueiredo, 2012, p. 4), podemos nos colocar parâmetros a partir dos quais considerar os estigmas sociais em relação à questão indígena nas mídias[6] (como uma espécie de modelo no qual problematizar outros estigmas) e o modo como ela foi retratada no filme *Xingu*.

---

6 Lembramos de algumas reportagens televisivas sobre disputas de terra, em que os índios sempre são retratados como o "outro distante" – *bárbaros* –, a exemplo dos conflitos ocorridos no sul da Bahia, em que em que fazendei-

No filme, notamos um deslocamento discursivo que retira o "índio" da invisibilidade, inserindo-o no diapasão do exotismo (como é comum em reportagens de telejornais, a exemplo do programa *Globo Repórter*, exibido em 8 de junho de 2012) para, ao final, assumi-lo como outro extremo, diverso, mas com uma identidade e cultura próprias. Parece-nos que o filme tangencia a distinção proposta por Figueiredo (2012, p. 2) do "outro distante" (que, enquanto assim permanece, não incomoda) e do "outro próximo" (que passa a nos incomodar justamente por se tornar mais presente e semelhante). No caso indígena, percebemos que a ideia de preservação é harmônica com a tentativa de manter os índios afastados, ou ainda, de tentar "compreender" sua cultura e "civilizá-los".

Justamente no lugar da interação, quando os conflitos deveriam ser negociados, é que a tensão se acirra, pois não sabemos o que fazer com o outro quando ele "invade" nosso espaço próximo – como quando os índios exigem direitos de cidadania, comércio, território, de serem reconhecidos como "brasileiros", no contraste entre identidade e alteridade. Integrantes que somos de um país colonizado e, no caso brasileiro, supostamente aberto às diferenças étnicas e raciais, perguntamos então qual seria nosso outro – e talvez o índio seja, ainda, um outro radical para nós, por seu modo de vida, cultura, valores, religião, organização social e por, aparentemente, não desejar o desenvolvimento econômico, estando em um lugar simbólico estabilizado no tempo.

---

ros e índios são colocados como oponentes em disputa (os primeiros como vítimas, os segundos como invasores), imagens veiculadas em diversos telejornais em abril de 2012. A questão indígena nas mídias não se restringe à televisão, sendo frequente em jornais diários ou revistas semanais, abordando embates relativos, sobretudo, à demarcação de terras no Brasil. Ver, a título de exemplo, matéria sobre liberação de trecho da Estrada de Ferro Carajás, operada pela empresa Vale, que, segundo o jornal *Folha de S. Paulo* havia sido bloqueada por índios das comunidades guajajara e awá-guajá como protesto quanto às resoluções envolvendo o julgamento da Terra Indígena Raposa Serra do Sol ("Índios desocupam trecho da Estrada de Ferro Carajás", 05/10/2012).

Xingu, o filme, trata de uma questão obscura e de complexa tematização nas mídias (em seus discursos correntes), a questão indígena no Brasil. A contradição encontra-se no fato de que, assumindo essa hipótese, o outro distante e radical seria, justamente, aquilo que temos de mais próximo, de mais local, de mais autóctone em nossa cultura, de mais tradicional, de mais próprio (ao menos do ponto de vista de um imaginário fundante), ou seja, a cultura indígena.

Nesse sentido, o "outro distante" e o "outro próximo" se encontram: trata-se de de posições do sujeito ou, justamente, de um momento de tensão em que o outro "distante" deixa de ser "domesticado" (acomodado em seu lugar) e se torna um outro "extremo" (colocando-se fora do lugar em que deveria estar), remetendo aos estigmas. Pensemos novamente na proposição de Hall (2001), naquelas identidades desalojadas de "tempos, lugares, histórias e tradições", identidades que "flutuam" no contexto de uma vida social globalizada em seus estilos, com participação ativa das redes de comunicação interligadas e das imagens da mídia. Podemos afirmar, nessa direção, que o "outro" opera de modo relacional com o "mesmo"; incomoda justamente quando se torna mais semelhante a este. A questão dos estigmas aponta para esse aspecto: diferentemente dos preconceitos, eles dizem respeito ao outro que se torna próximo quando, ao contrário, deveria permanecer "em seu lugar",[7] não encontrando espaço nos já referidos discursos circulantes, "uma soma empírica de enunciados com visada definicional sobre o que são os seres, as ações, os acontecimentos, suas características, seus comportamentos e os julgamentos a eles ligados" (Charaudeau, 2006, p. 118).

---

7 Não por coincidência, a biografia de Said, criador do conceito de "orientalismo" (que aponta o Oriente como uma invenção do Ocidente), intitulada *Out of place: a memoir* (New York: Vintage, 2000), dialoga com as reflexões de Hall (precursor dos estudos culturais e crítico severo das relações de dominação de raça, gênero, classe) sobre a diáspora, como lemos em "Pensando a diáspora: reflexões sobre a terra do exterior" (traduzido em *Da diáspora*, Belo Horizonte: UFMG, 2003).

Em sua cena final, *Xingu* nos coloca frente a frente com um outro anunciado, no filme, como *isolado*: vemos em close um homem indígena de uma tribo à época ainda não encontrada, que nos olha de frente de modo altivo, desafiador, como se instaurasse sua radicalidade enquanto outro não domesticado. Entretanto, o filme problematiza esse *encontro* e possibilita que vislumbremos, no tempo futuro da narrativa fílmica que é nosso tempo presente, os processos de dominação daí decorrentes. Ao contrário de grupos tidos como minorias sociais, o indígena nunca poderá se tornar um de "nós" – nem mesmo por meio das tentativas de "aculturação" ou, ao contrário, de preservação de sua "autenticidade".

Ao abordarmos a problemática do "outro distante" e do "outro próximo", e suas visibilidades pelo deslocamento da cultura colonizadora para a dos colonizados, é para os processos de reconhecimento – sobre as quais se fundam os estigmas – que nos voltamos. Tomada dessa maneira, tal questão dialoga com aquela tratada por Rancière ao falar da "partilha do sensível" (2009) e por Spivak ao perguntar sobre a "subalternidade" (2010).

No documentário *Santiago*, de João Moreira Salles (2007), a cena final ecoa a narração contundente daquele que seria seu realizador: "*Não existem planos fechados – Santiago está sempre distante. A maneira como conduzi as entrevistas me afastou dele, o que pode explicar o desconforto de Santiago. (...) Na filmagem, eu nunca deixei de ser o dono da casa e ele nunca deixou de ser o nosso mordomo. E no fim, quando Santiago tentou me falar do que lhe era mais íntimo, eu não liguei a câmera*". Interrompido por seu diretor durante mais de uma década, os cinco dias de filmagem são transformados em imagens apenas após a morte do personagem, acentuando o desconforto que sentimos ao vê-las. É o incômodo de nos depararmos com a presença próxima do outro, em sua alteridade radical, que nos desafia quando assistimos a esse documentário, em que o mordomo, sempre acuado e mal compreendido em seu português espanholado, interpela-nos nos espaços conhecidos de nossas identidades, mantendo-se como subalterno, posto que silenciado, sem direito à fala.

Quais seriam, portanto, as possibilidades, deslocamentos e transformações a partir de diferentes políticas da representação (notadamente em gêneros referenciais), o momento de *giro* nos discursos? Na pergunta que intitula o ensaio de Spivak (2010), pode o subalterno[8] de fato *falar*? Ele será ouvido ou permanecerá calado frente a vozes hegemônicas? Entre a estridência e o silêncio, uma questão se coloca: como *ouvir* a voz do outro, em vez de falar *por* ele ou *com* ele? Como *escutar* o outro deixando que ele fale, sem sermos por ele siderados, em deslumbramento ou aquiescência? De acordo com Spivak (2010), o subalterno deve falar por si mesmo, mas não consegue fazê-lo, pois se não for investido de alguma forma de agenciamento, não poderá construir um espaço de interação que implique em reversibilidade dos enunciadores no discurso.

Para a autora, tributária dos estudos pós-coloniais, não se pode falar "pelo subalterno", mas se pode falar "contra a subalternidade", aprendendo a ouvir sua resposta, desconstruindo nosso lugar privilegiado e desaprendendo os discursos instituídos. Ainda que o subalterno não possa falar enquanto tal, pois não seria ouvido, seus modos de constituição devem ser problematizados, inclusive na recusa à busca de uma possível autenticidade em relação a ele.

A emergência de sujeitos tradicionalmente excluídos dos discursos midiáticos, como os indígenas, pode assim ser pensada a partir desses questionamentos em relação ao outro e aos modos de representá-lo. Sem pertencer a um lugar no qual possa, efetivamente, ser ouvido

8 Na apresentação à tradução brasileira, Sandra Regina Almeida (2010, p. 12) afirma que Spivak rejeita o uso do termo "subalterno" para se referir a todo e qualquer marginalizado, mas apenas àqueles cujas vozes "não podem ser ouvidas", descrevendo "as camadas mais baixas da sociedade constituídas pelos modos específicos de exclusão dos mercados, da representação política e legal, e da possibilidade de se tornarem membros plenos no estrato social dominante".

e considerado em sua heterogeneidade, ainda que se autorrepresente o subalterno não poderá falar. Se a representação[9] pressupõe, portanto, um falante e um ouvinte (um enunciador e um coenunciador, um eu e um outro), esta só se torna um "ato de fala" se houver equilíbrio entre eles, estabelecendo posições discursivas intercambiáveis, como vimos em alguns dos documentários brasileiros anteriormente analisados. Daí a impossibilidade, segundo Spivak, "de se articular um discurso de resistência fora dos discursos hegemônicos" (Spivak, 2010, p. 16). Tal impossibilidade coloca um desafio a mais para o estabelecimento de discursos efetivamente contra-hegemônicos, já que a incorporação dos sujeitos marginalizados, a exemplo do que vimos em relação à causa indígena, pode se dar de maneira domesticada, reforçando visibilidades já reconhecidas e inviabilizando, assim, os processos de reconhecimento.

Ao perguntarmos se o subalterno *fala*, devemos indagar como, onde, para quem fala; como, onde e por quem é ouvido; como se opera a construção de sua representação - política ou filosófica -, falando com ele ou reapresentando-o como outro. Em cada caso, cabe uma inquietação que aponte a posição por ele ocupada em sua *outridade* e nas disputas discursivas que o definem enquanto *subalterno*. Spivak é contundente em suas proposições anunciando que seu ensaio "se deslocará, por uma rota necessariamente tortuosa, a partir de uma crítica aos esforços atuais do Ocidente para problematizar o sujeito, em direção à questão de como o sujeito do Terceiro Mundo é representado no discurso ocidental" (Spivak, 2010, p. 20).

No caso das mídias, a voz que nelas fala parece se amplificar, mas nem sempre com a mesma potência, pois pode ser ouvida como

9 Sobre a questão da representação, Spivak (2010) apresenta duas definições que, ao longo do tempo, acabaram subsumidas: "O primeiro termo se refere ao ato de assumir o lugar do outro numa acepção política da palavra, e o segundo, a uma visão estética que prefigura o ato de performance ou encenação" (Almeida, *Apresentação*, p. 13).

uma voz própria, como a voz do outro, como a voz que fala por si ou pelo outro, a partir de si ou do outro. Ainda assim, nem sempre os deslocamentos narrativos são percebidos de uma mesma maneira em suas narrativas. Finalmente, uma questão nos interpela: quando o outro me afeta (nos dois sentidos da palavra – como sentimento e como incômodo), quando sou por ele afetado, de que modo devo reagir a esse afeto sem transformá-lo em algo estéril?

Entre a materialidade dos objetos e a produção de sentidos, uma possibilidade se vislumbra para a continuidade dessas inquietações: estudar o *entremeio* – e não apenas o texto acabado ou o contexto de sua realização. Nesse trajeto, vemos surgir uma possibilidade de investigação de práticas audiovisuais marcadas por discursos que visam produzir determinados efeitos de realidade, que, paradoxalmente, apontam para a inscrição de processos de ficcionalização em seus relatos. Nas práticas midiáticas que contribuem para consolidar ou criar novas imagens sobre os estigmas sociais, notamos diferentes encenações de temas e personagens, ausências e presenças colocadas na narrativa, e demarcações de aproximações e diferenças, o que nos leva a retomar as reflexões sobre o estatuto das imagens na contemporaneidade, especialmente quando relacionado à cultura audiovisual.

Nesse momento, propomos algumas considerações baseadas na concepção de "cultura da imagem" de Debord (1997) por meio de duas vertentes: primeiramente, como reprodutora da sociedade capitalista do espetáculo, posto que inserida em modos de produção e consumo; e, em segundo lugar, como possibilidade de uma crítica social em termos políticos e estéticos, contribuindo para o questionamento de modos de vida hegemônicos. As temáticas tratadas nos interpelam por meio de diferentes filiações teóricas e objetos empíricos, levando-nos à articulação dos conceitos de imagem e imaginário, modos de endereçamento do outro e construção de sua representação nos mais diversos meios, mobilizados para pensarmos os estigmas sociais. O conceito de identidade, em sua relação com a noção de reconhecimento, enseja caminhos nos quais problematizarmos criticamente os regimes de visibilidade implicados em tais políticas da representação. Por se colocar em perspectiva crítica, tal movimento se faz no entremeio entre a estética e a política, desafiando discursos cristalizados e apontando suas aberturas, a exemplo do que afirmam Rancière (2009) e Williams (1997).

Se definimos a crítica como capacidade de julgar, contestar, apreciar, discernir, explicar e interpretar diferentes objetos e situações, podemos nos voltar para a crítica de mídia em suas diversas vertentes por meio da sistematização de possíveis métodos de apreciação e renovação das produções midiáticas. Nesse sentido, o caráter relacional dessa crítica aponta para sua dimensão comunicativa, em que produtores e receptores acionam repertórios comuns mediados por tais produções:

> Dessa forma, podemos dizer que, na contemporaneidade, não se trata mais de uma única cultura socialmente compartilhada, mas de várias culturas buscando, por meio de seus discursos, a validação de suas supostas verdades. A própria questão da segmentação (do mercado, das publicações, dos produtos culturais) pode ser relacionada à percepção da não-homogeneidade da cultura e da sociedade (Paganotti; Soares, 2015, p. 43).

Um duplo desafio nos é, portanto, apresentado: conceber os pressupostos teóricos e os procedimentos metodológicos pelos quais realizar a crítica, trabalhando com seus variados objetos empíricos a fim de delimitar os contornos de seu campo; e, além disso, empreender a crítica de discursos midiáticos específicos, no nosso caso em torno da temática dos estigmas sociais. A crítica cultural deve, assim, "discutir a percepção de critérios e parâmetros próprios da crítica de mídia, a interação social entre crítico e públicos, e as teorias da crítica, sempre considerando na grande diversidade de objetos empíricos midiáticos o compartilhamento menos afastado entre produtores e receptores" (Soares; Silva, 2016, p. 11).

Se, num primeiro momento, o crítico atuava como uma espécie de mediador entre obra e público, atualmente também o público participa do exercício crítico, interferindo nos parâmetros de valoração estética e política das obras, aproximando-as do cotidiano. De acordo com Figueiredo, a atual crise da crítica "é tributária de tensões próprias da modernidade, isto é, não decorre de nenhuma ruptura, mas de um desequilíbrio, ou se quisermos, de um outro arranjo, entre as forças, os polos que balizavam a cultura moderna", oscilando entre "uma opção moral contra a espetacularização operada pelas mídias e como uma tomada de posição contra a crença nos grandes projetos coletivos" (Figueiredo, 2016, p. 9).

Nesse processo, não apenas o papel da crítica é desafiado, mas também alguns de seus pressupostos: a exterioridade do crítico em relação ao objeto, o questionamento de sua suposta neutralidade e universalidade como especialista, a ausência de sujeitos comuns na interrogação e valoração de produtos culturais (Figueiredo, 2016, p. 9). Nas sociedades contemporâneas, podemos afirmar que "a crítica profissional se ressente da relativização dos critérios de competência que põem em xeque a noção de autoria e, consequentemente a noção de obra" (Figueiredo, 2016, p. 12), misturando os papeis do criador e do público, ou do produtor e do receptor e, desse modo, indagando: "Se, na elaboração da obra, nenhuma decisão é final, numa retomada contínua que não alcança uma conclusão, qual o ponto de partida para o trabalho crítico?" (Figueiredo, 2016, p. 14). Ou seja: se a obra está sempre em construção e a experiência do autor e do público torna-se parte da obra, como então realizar a crítica?

No filme brasileiro *Nise, o coração da loucura* (Roberto Berliner, 2016), que nos apresenta obras produzidas pelos internos de um hospital psiquiátrico no Rio de Janeiro (a partir das décadas de 1940-50), pacientes da médica Nise da Silveira, temos um bom ponto de partida para pensar a crítica de mídia (inclusive aquela feita a respeito do próprio filme enquanto produção cultural). A produção desses artistas alcançou estatuto de arte apenas após seu encontro com a crítica (na figura de Mario Pedrosa) e com o público por ela instruído.

É Pedrosa quem afirma para a psiquiatra Nise da Silveira – pioneira nos estudos junguianos no Brasil e no uso da arte como processo terapêutico, que transformaria os tratamentos de sujeitos antes confinados e sem qualquer alternativa de cura ou reinserção social –, em momento crucial da narrativa, que "não é a ciência que vai garantir o seu trabalho, é a arte, a opinião pública". A frase aponta para algumas das dimensões pressupostas em relação às imagens em seus aspectos mentais, estéticos, éticos, sociais e políticos, abrindo a possibilidade de debatermos também as próprias figurações propostas pela cinebiografia desta personagem singular da história brasileira:

> As obras produzidas no ateliê pelos internos ganharam uma visibilidade fora dos muros da instituição psiquiátrica, possibilitando que a muitas delas fosse atribuído, por parte da crítica especializada, sobretudo Mário Pedrosa, o estatuto de "obras de arte", o que, conjuntamente, contribuiu para o "surgimento" de novos artistas (Toledo, 2016, *online*).

Em uma das cenas mais emblemáticas do filme, na exposição de quadros dos *novos artistas* em um museu – local instituído e reconhecido para esta finalidade –, é o próprio Pedrosa quem afirma: "*Uma das funções mais poderosas da arte é a revelação do inconsciente. E este é tão misterioso no normal, como no chamado 'anormal'. As imagens do inconsciente são apenas uma linguagem simbólica que a psiquiatria tem por dever decifrar. Mas ninguém pede que essas imagens sejam dramáticas, harmoniosas, sedutoras, vivas ou belas, constituindo em si* verdadeiras obras de arte. *Essa exposição serve acima de tudo para mostrar o que a psiquiatria convencional está tentando aniquilar. Senhoras e senhores, lhes apresento a obra dos* novos grandes artistas brasileiros".[10]

10 Trecho transcrito a partir do filme mencionado.

Entre formar de maneira autoral o gosto do público e participar ativamente de um gênero comum, o lugar da crítica de mídia face a uma produção heterogênea e multifacetada afasta-se daquele realizado pela crítica de arte, tornando visíveis obras antes desconhecidas.

A maior acessibilidade e proximidade da cultura midiática com o gosto vigente, de acordo com Figueiredo (2016), tornaria dispensável a mediação de intérpretes. Entretanto, ao investirem em produtos de consumo *ligeiro*, as mídias perderiam sua potência transformadora se fossem pensadas a partir de critérios da arte, o que nos levaria a buscar valores e parâmetros específicos para análises críticas das produções midiáticas. Em um tríplice movimento – de legitimação da obra, formação do público e ampliação do campo– podemos vislumbrar uma primeira abordagem para realizar a crítica das imagens midiáticas. A crítica pode, portanto, ser concebida como um modo de olhar os objetos a partir de diferentes teorias, mirando-os de perto e deles se afastando para problematizá-los, em uma *dobra crítica* cujo efeito se produz na própria dobradura. Ao interpelar o estatuto das imagens na contemporaneidade, retomamos um debate clássico em diversos campos do conhecimento, entre eles a filosofia, a arte, a antropologia e a comunicação.

Na década de 1990, Durand antecipara tal desafio em seu livro *O imaginário*. Por meio de uma filosofia da imagem, o autor nos apresenta o que denomina ser um "paradoxo do imaginário": um iconoclasmo endêmico, apontando para a suspeição em relação às imagens; e um efeito perverso de seu enaltecimento, levando à *explosão das imagens* nas sociedades contemporâneas. Entre a percepção da "imagem como heresia" e a "verdade como método", temos a *erosão* do papel do imaginário à medida que se firmava a filosofia racionalista de inspiração aristotélica e, posteriormente, cartesiana.

Na contramão desse desenvolvimento, vemos a *explosão do imaginário* (a construção de uma "civilização da imagem"), percebida por meio da produção e do consumo obsessivo de imagens, em que as mídias operam como grandes difusoras:

> É preciso frisar este paradoxo de uma civilização, a nossa, que, por um lado, propiciou ao mundo as técnicas, em constante desenvolvimento, de reprodução da comunicação das imagens e, por outro, do lado da filosofia fundamental, demonstrou uma desconfiança iconoclasta (que destrói as imagens ou, pelo menos, suspeita delas) endêmica (Durand, 2001, p. 7).

Como contraponto a essa visão, Durand destaca que as culturas não ocidentais não estabelecem uma divisão rígida entre o caráter intuitivo das imagens e o caráter persuasivo da escrita, tomando esses dois sistemas de modo não dicotômico e igualmente persuasivo. Na oscilação entre imaginário e realidade, portanto, inscreve-se o poder das imagens na contemporaneidade, que servem como estatuto de autenticidade e veracidade para demonstrar e comprovar os fatos, mesmo hoje, em tempos de mídias digitais, dispositivos móveis e pontos de vista descentrados. Ainda que o imaginário tenha sido excluído, em alguns períodos, do campo do saber, ele sempre retorna para reafirmar, segundo Durand, a impossibilidade de um pensamento sem imagem.

Tal concepção encontra eco em teorias voltadas para pensar as imagens como dotadas de uma linguagem autônoma, sob vários vieses: sintaxe, gramática, narrativa ou *discurso*. É nesse ponto que os livros *Como pensam as imagens* (2012) e *Pensar a imagem* (2015) oferecem importantes contribuições, apontado contradições e paradoxos constituintes das teorias das imagens. A partir de polos aparentemente inversos, as duas obras têm em comum uma proposição que nos parece essencial: o convite – ou uma *provocação* – para que pensemos *sobre* e *com* as imagens, e para que as olhemos nelas enxergando potencialidades antes insuspeitas. Afinal, o que querem e o que podem as incansáveis e incessantes imagens contemporâneas?

O artigo de Samain, organizador do primeiro livro, intitula-se "As imagens não são bolas de sinuca" e traz uma definição abrangente de imagem e imaginário, reforçando que as imagens *pensam* e *fazem pen-*

sar. Desse modo, elas devem ser analisadas por meio de outras imagens e não de conceitos a elas externos, numa espécie de jogo de "imagens cruzadas" (como as "palavras cruzadas"), levando à sua compreensão e, mais do que isso, ao entendimento do mundo por meio delas:

> Será que as imagens poderiam "pensar", elas que são meros objetos desprovidos de *consciência*, embora não de *vida*? Não é meu propósito, com efeito, procurar "humanizar" as imagens. Não precisam disso, elas que, por natureza, são poços de memória e focos de emoções, de sensações, isto é, lugares carregados precisamente de humanidade. Como, dessa maneira, desatar minimamente o paradoxo existente na imagem-objeto, quando ela deveria confessar ao mesmo tempo sua inconsciência e, no entanto, uma inequívoca vivência? (Samain, 2012, p. 22).

O autor afirma que cada imagem nos oferece algo para pensar mas, além disso, toda imagem é portadora de um pensamento. De modo mais radical, toda imagem é uma *forma que pensa*, isto é, possui uma vida própria que, à nossa revelia, comunica-se e dialoga com outras imagens: "Independentemente de nós – autores ou espectadores – toda imagem, ao *combinar nela* um conjunto de dados sígnicos (traços, cores, movimentos, vazios, relevos e outras tantas pontuações sensíveis e sensoriais) ou ao *associar-se* com outra(s) imagem(ns), seria uma *forma que pensa*" (Samain, 2012, p. 23, grifos do autor). Na mesma direção temos o texto "Uma foto familiar: aprisco de emoções e pensamentos", de Peñuela Cañizal, em que somos guiados – por meio da análise aprofundada de uma fotografia familiar – para o campo da antropologia visual em suas interfaces com a semiótica narrativa, estabelecendo um método de interpretação válido para a pintura, a fotografia e o cinema para além de elementos meramente pictóricos, figurativos ou audiovisuais:

> Quero crer, então, que essa tarefa de desvendamento que arrasta minha imaginação até os reinos mágicos da signifi-

> cância é realizada pelo inconsciente ótico. Vem daí a minha convicção de que qualquer foto pensa e sonha. Vem daí, também, o fascínio da descoberta e a alegria que esta acarreta cada vez que constato como meu repertório se amplia a partir do instante em que acha uma resposta para os enigmas de uma foto ou para as incógnitas por mim equacionadas para me adentrar nela (Peñuela Cañizal, 2012, p. 127).

Do livro *Pensar a imagem*, organizado por Alloa, destacamos dois artigos em diálogo: "O que querem as imagens", de Mitchell, e "As imagens querem realmente viver", de Rancière, uma retomada do primeiro texto. Indagar sobre um querer advindo das imagens, e sobre a necessidade desse querer, leva-nos a refletir não apenas sobre seu caráter esteticamente autônomo, como também sobre sua potência política e mobilizadora. Podemos, então, a elas direcionar uma dupla inquietação: enquanto convocações, o que as imagens *fazem querer*? E ainda: o que *querem fazer*?

Mitchell (2015) afirma que as imagens nos interpelam e que seus aspectos visuais - não verbais - são formas de inscrição social; Rancière (2015), em sua reação ao texto de Mitchell, apregoa que a primazia do icônico sobre o linguístico atesta o caráter imaginário do pensamento e certo silenciamento das imagens, como se muitas vezes elas não pudessem/quisessem dizer algo. Entre a super-interpretação das imagens - dotando-as com nossas vozes, como se pudessem tudo dizer - e o esvaziamento de seu sentido - como se elas não tivessem nada a dizer, incorporando quaisquer sentidos - oscilam as tensões em torno das imagens contemporâneas.

Esse movimento pendular nos faz retomar, baseados nas produções midiáticas em suas injunções com o espetáculo, o questionamento sobre se tais imagens operam apenas como reforço de discursos estabilizados (ou circulantes) ou se, por outro lado, permitem o surgimento de discursos de ruptura (ou de resistência), deslocando e rearticulando os discursos correntes e, desse modo, interferindo nas políticas da representação e nos regimes de visibilidade. De maneira mais abrangente, por meio de tais definições podemos problematizar as imagens midiáticas, complexificando sua percepção dicotômica enquanto *imagens ficcionais* ou *imagens referenciais*, e indagar sobre os modos de construção dessas imagens.

As contribuições de Rancière (2009) iluminam o debate, definindo os regimes de visibilidade como aqueles que determinam o que se dá a ver/sentir e o que pode ser visto/sentido, recortando tempos, espaços e sujeitos em torno de um "comum partilhado" e demarcando os modos de distribuição excludente de partes desse tecido social. Entre compartilhamento e segregação circulam as imagens, o que nos obriga a interpelá-las, segundo o autor, sob dois aspectos indissociáveis: a estética e a política. O feixe de temáticas advindas dessa proposição é vasto, incluindo as definições de comum, comunidade, coletividade, reconstrução do social, entre outras.

Além disso, a perspectiva de Rancière, mais voltada para o campo artístico, estabelece conexões com os discursos midiáticos ao possibilitar que os consideremos como espaços de reordenação do sensível, notadamente em termos de suas formas expressivas, mas também de suas reconfigurações, levando a novas partilhas. No equilíbrio entre hegemonias e contra-hegemonias – ambas compartilhando um mesmo recorte, ainda que com (in)visibilidades distintas – vemos surgir nas imagens midiáticas tanto os questionamentos trazidos por Debord, como aqueles tratados por Durand.

A partir da perspectiva foucaultiana, sabemos que as formações discursivas se constituem por um conjunto coerente de discursos circulantes e são modificadas nos embates entre saber e poder. Ao terem rearticuladas suas conjugações, tais formações se transformam; desse modo, um contra-discurso não se mostra como uma escolha deliberada por outro discurso, mas como contraponto aos discursos hegemônicos que a ele se oponham. Nessa proposição, as mídias, como outros discursos – incluindo as imagens – não manipulam comportamentos ou impõem tendências, mas disseminam, reforçam, adaptam e potencializam aquilo antes disperso socialmente.

Mais do que a criação de padrões, trata-se de sua ordenação e reordenação. Dessa maneira, cabe-nos perguntar, ao pensarmos, finalmente, o lugar das imagens na contemporaneidade: quais seriam, afinal, as possibilidades de mudança e inovação – os espaços de transformação – em um panorama de hibridização e crescente mercantilização da cultura? Onde estariam as passagens – brechas – que, sabemos, são sempre internas aos discursos? Ou teremos, atualmente, apenas uma repetição estéril por meio da replicação incessante de imagens, sem que esta *repetição* implique na articulação de *diferenças* que possam, em seus espaços de atuação, deslocar estigmas?

Em um de seus artigos, Calligaris afirmara ser o cinema um "catálogo da imaginação ocidental", uma espécie de "repertório das tendências e dos modos da imaginação contemporânea" ou, ainda, "uma antologia breve e enérgica das histórias graças às quais viver se torna possível (ou deliciosamente impossível, que é a mesma coisa)" (Calligaris, 1998, s/p). Ao materializar em formas narrativas as maneiras pelas quais gostamos de nos imaginar, o cinema nos torna personagens de uma obra de ficção – nossas próprias narrativas – imaginada a partir da literatura, da televisão e, mais recentemente, da internet. Viver seria, assim, "inventar" um personagem possível para si mesmo, *imaginar* narrativas de si que, longe de serem falsas ou mentirosas, constituem modos de ser, estar e agir no mundo. As imagens que povoam nossa precária realidade atestam, assim, a vida no imaginário, construída a partir de inúmeros retalhos, instituídos por discursos fundantes e por discursos correntes, apontando para o lugar sempre fugidio das interações sociais e das mediações simbólicas nelas engendradas.

As práticas midiáticas analisadas neste livro por meio de *circuitos críticos* operam migrações que partem de lugares híbridos em direção à busca por visibilidade. Se, por um lado, tal percurso nutre a produção cultural, ele também instaura identidades e subjetividades periféricas no centro da cena, possibilitando que outras imagens e vozes sejam vistas e ouvidas. Ao apontar para a urgência de regimes de visibilidade que tornem emergentes novas políticas da representação, torna-se imprescindível interpelar invisibilidades sociais, sejam aquelas performatizadas no cotidiano, sejam aquelas encenadas pelas mídias, transformando a visibilidade propiciada pelas lutas identitárias em disputas efetivas por reconhecimento e reconfiguração do social.

Referências Bibliográficas

"Tento, aqui neste espaço, reconstituir essa trilha tortuosa por onde a verdade respinga migalhas (...). Assim, tenho a esperança de que, ao se moldar uma fala sobre a outra, transpareça uma tênue terceira centelha. Desse modo, cabe ao leitor oscilar entre as margens, e tentar a captura instável do sentido que, intermitentemente, na confrontação dessas falas, emite suas cintilações".

Bernadette Lyra, *A nave extraviada*

AGAMBEN, G. *O que é o contemporâneo? e outros ensaios*. Chapecó: Argos, 2009.

ALTMAN, R. "Que se suele entender por género cinematográfico". In: *Los géneros cinematográficos*. Buenos Aires/México: Paidós, 2000.

______. *Film/Genre*. London: British Film Institute, 2006.

APPADURAI, A. *Après le colonialisme*. Paris: Payot & Rivages, 2005.

ARAÚJO, I. "Eduardo Coutinho inova ao retratar um dia de televisão". *Folha de S. Paulo*, Ilustrada, 30/10/2010.

AUFDERHEIDE, P. *Documentary film. A very short introduction*. New York: Oxford University Press, 2007.

AUMONT, J. *A imagem*. Campinas: Papirus, 1993.

______. *O olho interminável. Cinema e pintura*. São Paulo: Cosac Naify, 2004.

______. et al. *A estética do filme*. Campinas: Papirus, 1995.

______.; MARIE, M. *Dicionário teórico e crítico de cinema*. Campinas: Papirus, 2003.

BADIOU, A. *Pequeno manual de inestética*. São Paulo: Estação Liberdade, 2002.

BAKHTIN, M. *A cultura popular na Idade Média e no Renascimento*. São Paulo: Hucitec, 1987.

______. *Problemas da poética de Dostoiévski*. 4ª. ed. Rio de Janeiro: Forense Universitária, 2008.

BAPTISTA, T. A. *A narrativa simbólica do cinema e a representação do "real" na história* (bacharelado em História). São Paulo: FAI, 2009.

______. "Clark Kent do Harlem". *Cine Madalena. Online*, 2011. Disponível em: https://cinemadalena.wordpress.com/. Acesso em: 16/01/2019.

BARTHES, R. "Introdução à análise estrutural da narrativa". In: *Análise estrutural da narrativa*. Petrópolis: Vozes, 1976.

______. *O rumor da língua*. São Paulo: Brasiliense, 1988.

______. *Crítica e verdade*. 3ª. ed. São Paulo: Perspectiva, 1999.

BAUDRILLARD, J. *Simulacros e simulação*. Lisboa: Relógio d'Água, 1991 (col. Antropos).

BAZIN, A. *O que é o cinema*. São Paulo: Cosac Naify, 2014.

BENJAMIN, W. "O narrador". In: *Magia e técnica, arte e política*. São Paulo: Brasiliense, 1989.

BENVENISTE, E. *Problemas de lingüística geral I*. Campinas: Pontes, 1989a.

______. *Problemas de lingüística geral II*. Campinas: Pontes, 1989b.

BERNARDO, G. "A teoria do amor". *Matraga. Estudos Lingüísticos e Literários*. Volume 16, jan.-dez. 2004. Disponível em: https://www.e-publicacoes.uerj.br/index.php/matraga. Acesso em: 31/01/2019.

BERRY-FLINT, S. "Genre". In: MILLER, T.; STAM, R. (eds.). *A companion to film theory*. Oxford: Blackwell, 1999.

BHABHA, H. K. *O local da cultura*. 2ª. reimp. Belo Horizonte: Editora da UFMG, 2003.

BOLTER, J. D.; GRUSIN, R. *Remediation: understanding new media*. Cambridge: The MIT Press, 1999.

BORDWELL, D.; CARROLL, N. (eds.). *Post theory. Reconstructing Film Studies*. Madison: University of Wisconsin Press, 1996.

BORELLI, S. H. S. *Ação, suspense, emoção. Literatura e cultura de massa no Brasil*. São Paulo: Educ/Estação Liberdade, 1996.

BORGES, J. L. "Del rigor en la ciencia". *El hacedor*. 2ª reimp. Buenos Aires: Emecé, 1961.

______. "Funes el memorioso". In: *Ficciones*. Buenos Aires: Emecé, 1998.

BORGES, W.; ENNE, A. L. S. "Sensacionalismo e modernidade: como uma relação intrinsecamente ambígua se transformou em estratégia de distinção cultural?". *Revista Rumores*. Ano 1, n. 1, jul.-dez. de 2007.

BOURDIEU, P. *A distinção. Crítica social do julgamento*. São Paulo: Edusp; Porto Alegre: Zouk, 2008.

BRAIT, B. *Bakhtin: dialogismo e construção de sentido*. Campinas: Editora da Unicamp, 2005.

BROOKS, P. *The melodramatic imagination*. New Haven: Yale University Press, 1995.

BUBER, M. *Eu e tu*. São Paulo: Centauro, 2001.

BURKE, P. *Testemunha ocular*. Bauru: Edusc, 2004.

BUSCOMBE, E. "A idéia de gênero no cinema americano". In: RAMOS, F. P. (org.). *Teoria contemporânea do cinema. Pós-estruturalismo e filosofia analítica*. São Paulo: Senac, 2005.

CALLIGARIS, C. "Cinema é catálogo da imaginação ocidental". *Folha de S. Paulo*, Ilustrada, 09/01/1998.

______. "Crise do mercado ou crise do sujeito?". *Folha de S. Paulo*, Ilustrada, 02/08/2002.

______. "Para que servem as ficções". *Folha de S. Paulo*, Ilustrada, 18/01/2007.

CANGUILHEM, G. *O normal e o patológico*. Rio de Janeiro: Forense Universitária, 1990.

CASTRO, G. "(In)Comunicação, consumo e sociabilidade na cena urbana: breve reflexão a partir do cinema". *Revista Rumores*. Volume 7, n. 14, jul.-dez. de 2013.

CHARAUDEAU, P. *O discurso das mídias*. São Paulo: Contexto, 2006.

CHAUÍ, M. *Conformismo e resistência – aspectos da cultura popular no Brasil*. São Paulo: Brasiliense, 1986.

______. "Kant: vida e obra". In: *Os pensadores. Kant*. São Paulo: Nova Cultural, 1987.

______. "Janela da alma, espelho do mundo". In: NOVAES, A. (org.). *O olhar*. São Paulo: Companhia das Letras, 1988.

CLÉMENT, C. B. "Continuidade mítica e construção histórica". In: *Le pouvoir des mots. Symbolique et idéologique*. Paris: Maison Mame, 1973 (*mimeo*.).

COMOLLI, J.-L. *Ver e poder. A inocência perdida: cinema, televisão, ficção, documentário.* Belo Horizonte: Editora da UFMG, 2008.

COSTA, A. *Compreender o cinema.* 2ª. ed. São Paulo: Globo, 1989.

COUTINHO, E.; XAVIER, I.; FURTADO, J. "O sujeito (extra)ordinário". In: MOURÃO, M. D.; LABAKI, A. (orgs.). *O cinema do real.* São Paulo: Cosac Naify, 2005.

CUBITT, S. *The cinema effect.* Cambridge; London: The MIT Press, 2004.

CURRAN, J.; STATON, J. *Power without responsibility: the press and broadcasting in Britain.* 3ª. ed. London/New York: Routledge, 1988.

DE CERTEAU, M. *A cultura no plural.* Campinas: Papirus, 1995.

______. *A invenção do cotidiano. Artes de fazer.* Volume 1. Petrópolis: Vozes, 1996.

______. *História e psicanálise: entre ciência e ficção.* Belo Horizonte: Autêntica, 2011.

DEBORD, G. *A sociedade do espetáculo.* Rio de Janeiro: Contraponto, 1997.

DELEUZE, G. *Diferença e repetição.* Rio de Janeiro: Graal, 1988.

______. *Conversações.* São Paulo: Editora 34, 1992.

______.; GUATTARI, F. *Mil platôs.* Volume 2. São Paulo: Editora 34, 1997.

DERRIDA, J. *A escritura e a diferença.* São Paulo: Perspectiva, 1995.

DIDI-HUBERMAN, G. *O que vemos, o que nos olha.* São Paulo: Editora 34, 1998.

DIDIER-WEILL, A. *Os três tempos da lei.* Rio de Janeiro: Jorge Zahar, 1997.

DOSSE, F. *História do estruturalismo. O campo do signo.* Volume 1. Campinas: Editora da Unicamp, 1993.

DUBOIS, P. *O ato fotográfico e outros ensaios.* 6ª. ed. Campinas: Papirus, 2003.

DUBY, G.; LARDREAU, G. *Diálogos sobre a Nova História.* Lisboa: Dom Quixote, 1989.

DUCROT, O. *O dizer e o dito.* Campinas: Pontes, 1987.

DURAND, G. *O imaginário. Ensaio acerca das ciências e da filosofia da imagem.* Rio de Janeiro: Difel, 2001.

ECO, U. *Viagem na irrealidade cotidiana.* Rio de Janeiro, Nova Fronteira, 1984.

______. *Interpretação e superinterpretação.* São Paulo: Martins Fontes, 1993a.

______. "Da impossibilidade de construir a carta do império em escala um por um". *O segundo diário mínimo.* Rio de Janeiro: Record, 1993b.

______. *Seis passeios pelos bosques da ficção.* São Paulo: Companhia das Letras, 1994.

______. *Lector in fabula.* 2ª. ed. São Paulo: Perspectiva, 2002.

ELIAS, N.; SCOTSON, J. L. *Os estabelecidos e os outsiders.* Rio de Janeiro: Jorge Zahar, 2000.

FAIRCLOUGH, N. *Discourse and social change.* London: Blackwell, 1993.

FERREIRA, J. C. P. *Cultura das bordas. Edição, comunicação, leitura.* Cotia: Ateliê, 2010.

FIGUEIREDO, V. L. F. *Narrativas migrantes*: literatura, roteiro e cinema. Rio de Janeiro: 7 Letras; Editora PUC Rio, 2010.

______. "A partilha do espaço urbano e a questão do outro próximo: repercussões no discurso teórico e na ficção cinematográfica". *Revista Galáxia.* Volume 24, 2012.

______. "Crise da crítica e declínio do paradigma estético da modernidade". In: *Anais.* XXV Encontro Anual da Compós, Goiânia, junho de 2016.

FOSTER, H. *The return of the real.* Cambridge: The MIT Press, 1999.

FOUCAULT, M. *Vigiar e punir.* 6ª. ed. Petrópolis: Vozes, 1988a.

______. *Microfísica do poder.* 7ª. ed. Rio de Janeiro: Graal, 1988b.

______. *A ordem do discurso.* São Paulo: Loyola, 1996.

______. *Arqueologia do saber.* Rio de Janeiro: Forense Universitária, 1997.

______. *História da loucura.* 6ª. ed. São Paulo: Perspectiva, 2002.

______. "Sobre a arqueologia das ciências". In: *Ditos e Escritos II.* Rio de Janeiro: Forense Universitária, 2008.

FRANÇA, A. "Sobre 'O feiticeiro e sua magia': um olhar lacaniano sobre o estruturalismo em Lévi-Strauss". *Aprendizes de feiticeiro (blog).* Universidade Federal do Alagoas, 2009. Disponível em: http://estagiodeclinica.blogspot.com/. Acesso em: 16/01/2019.

FRASER, N. "Rethinking the public sphere". In: CALHOUN, C. (ed.). *Habermas and the public sphere.* Massachusetts: The MIT Press, 1992.

______. "Rethinking recognition". *New Left Review.* Volume 3, 2000.

______. "Da redistribuição ao reconhecimento? Dilemas da justiça na era pós-socialista". In: SOUZA, J. (org). *Democracia hoje.* Brasília: Editora da UnB, 2001.

FREITAS, J. M. M. *Comunicação e psicanálise.* São Paulo: Escuta, 1992 (col. ensaio).

______. *Mídia e mitologia do escandaloso.* Disciplina ministrada no Programa de Pós-Graduação em Comunicação. São Paulo: ECA-USP, 2002 (*mimeo.*).

FREUD, S. "O mal estar na civilização". In: *Obras psicológicas completas de Sigmund Freud.* Volume XXI. Rio de Janeiro: Imago, 1974a.

______. "Além do princípio do prazer, psicologia de grupo e outros trabalhos". In: *Obras psicológicas completas de Sigmund Freud.* Volume XVIII. Rio de Janeiro: Imago, 1974b.

______. *A interpretação dos sonhos.* 2ª. ed. Volumes I e II. Rio de Janeiro: Imago, 1987.

______. "Psicologia de grupo e a análise do ego". In: *Edição Eletrônica das Obras psicológicas completas de Sigmund Freud.* Volume XVIII. Rio de Janeiro: Imago, 1997.

FUCHS. C. "Alternative Media as Critical Media". *European Journal of Social Theory.* Volume 13, n. 2, 2010. Disponível em: http://fuchs.uti.at/. Acesso em: 16/01/2019.

GANS, H. *Deciding what's news*. New York: Vintage Books, 1980.

GAUDREAULT, A.; JOST, F. (éds.). "La croisée des médias". *Revue Sociétés & Représentations*. Paris: Credhess/Université Paris I, n. 9, avril 2000.

GAY, P. *Represálias selvagens*. São Paulo: Companhia das Letras, 2010.

GEERTZ, C. *Obras e vidas. O antropólogo como autor.* 2ª. ed. Rio de Janeiro: URFJ, 2005.

GINZBURG, C. *Mitos, emblemas, sinais.* 2ª. ed. São Paulo: Companhia das Letras, 2007.

GOFFMAN, E. *Estigma.* 2ª. ed. Rio de Janeiro: Jorge Zahar, 1978.

GOMES, M. R. *Jornalismo e ciências da linguagem.* São Paulo: Hacker/Edusp, 2000.

______. Ética e jornalismo. São Paulo: Escrituras, 2002.

______. *Poder no jornalismo: discorrer, disciplinar, controlar.* São Paulo: Hacker/Edusp, 2003.

______. *Comunicação e identificação. Ressonâncias no jornalismo.* Cotia: Ateliê, 2008.

______. "Ao abrigo dos discursos circulantes". *Revista Rumores*. Volume 6, n. 2, jul.-dez. de 2012.

GRAMSCI, A. *Cadernos do cárcere.* Volume 1. Rio de Janeiro: Civilização Brasileira, 1999.

GREGORI, M. F. *Viração - experiências de meninos nas ruas*. São Paulo: Companhia das Letras, 2000.

GUATTARI, F. *Revolução molecular*. São Paulo: Brasiliense, 1987.

HALL, S. *A identidade cultural na pós-modernidade.* 5ª. ed. Rio de Janeiro: DP&A, 2001.

______. *Da diáspora: identidades e mediações culturais.* Organização Liv Sovik. Belo Horizonte: Editora da UFMG, 2003.

HAMBURGER, E. *O Brasil antenado. A sociedade da novela.* Rio de Janeiro: Jorge Zahar, 2005.

HAMBURGER, C. "A outra civilização. Xingu, maio de 2008". *Folha de S. Paulo,* Ilustríssima, 22/04/2012.

HOBSBAWM, E.; RANGER, T. (orgs.). *A invenção das tradições.* Rio de Janeiro: Paz e Terra, 1984.

HONNETH, A. *Luta por reconhecimento – A gramática moral dos conflitos sociais.* Rio de Janeiro: Editora 34, 2003.

ISER, W. *O fictício e o imaginário: perspectivas de uma antropologia literária.* 2ª. ed. Rio de Janeiro: Eduerj, 2013.

JAGUARIBE, B. *O choque do real.* Rio de Janeiro: Rocco, 2007.

JAKOBSON, R. *Lingüística e comunicação.* São Paulo: Cultrix, s/d.

JENKINS, H. *Cultura da convergência.* São Paulo: Aleph, 2008.

JOST, F. *Seis lições sobre televisão.* Porto Alegre: Sulina, 2004.

______. *Compreender a televisão.* Porto Alegre: Sulina, 2007.

______. *De quoi les séries américaines sont-elles le symptôme?* Paris: CNRS, 2011.

KAVKA, M. *Reality TV – Television genres.* Edinburgh: Edinburgh University Press, 2012.

KEHL, M. R. "As máquinas falantes". In: NOVAES, A. (org.). *O homem-máquina. A ciência manipula o corpo.* São Paulo: Companhia das Letras, 2003.

______. "A fratria órfã. O esforço civilizatório do rap na periferia de São Paulo". In: *A fratria órfã: conversas sobre a juventude.* São Paulo: Olho d'Água, 2008.

KELLNER, D. *A cultura da mídia – Estudos culturais.* Bauru: Edusc, 2001.

KOPENAWA, D. *A queda do céu, palavras de um xamã yanomami.* São Paulo: Companhia das Letras, 2015.

KOSSOY, B. *Realidades e ficções na trama fotográfica.* 4ª. ed. Cotia: Ateliê, 2009.

KRISTEVA, J. *História da linguagem.* Lisboa: Edições 70, 1974 (col. Signos).

LACAN, J. "Os quatro conceitos fundamentais da psicanálise". *O Seminário. Livro 11*. 4ª. ed. Rio de Janeiro: Jorge Zahar, 1990.

______. *Escritos*. Rio de Janeiro: Jorge Zahar, 1998.

______. "As formações do inconsciente". *O Seminário. Livro 5*. Rio de Janeiro: Jorge Zahar, 1999.

______. "De um discurso que não fosse semblante". *O Seminário. Livro 18*. Rio de Janeiro: Jorge Zahar, 2009.

LATOUR, B. *Jamais fomos modernos*. São Paulo: Editora 34, 1994.

LEENHARDT, J. "Crítica de arte e cultura no mundo contemporâneo". In: MARTINS, M. H. (org.). *Rumos da crítica*. 2ª. ed. São Paulo: Senac/ Itaú Cultural, 2007.

LEÓN, B. (ed.). *Telerrealidad. El mundo tras el cristal*. Sevilha: Comunicación, 2009.

LE GOFF, J.; NORA, P. *História: novos problemas*. Rio de Janeiro: Francisco Alves, 1976.

LÉVI-STRAUSS, C. "Introdução à obra de Marcel Mauss". In: MAUSS, M. *Sociologia e antropologia*. Volume I. São Paulo: EPU/Edusp, 1974.

LOPES, M. I. V.; BORELLI, S. H. S.; RESENDE, V. *Vivendo com a telenovela*. São Paulo: Summus, 2002.

LYOTARD, J. F. *A condição pós-moderna*. 2ª. ed. Lisboa: Gradiva, 1989.

______. *O inumano: considerações sobre o tempo*. Lisboa: Estampa, 1990.

LYRA, B. *A nave extraviada*. São Paulo: Annablume; ECA-USP, 1995.

______. "Singularidades dos gêneros cinematográficos em filmes brasileiros". In: *Anais. XVII Encontro Anual da Compós*, São Paulo, junho de 2008.

______.; SANTANA, G. *A experiência do cinema e os filmes triviais no Brasil*. XV Encontro da Compós. Bauru: Unesp, 2006.

MACHADO, A. "Anarquia do audiovisual". *Pré-cinemas & Pós-cinemas*. Campinas: Papirus, 1997.

______. *A televisão levada a sério*. São Paulo: Senac, 2000.

______. "Televisão: a questão do repertório". In: BORGES, G.; REIA-BAPTISTA, V. (orgs.) *Discursos e práticas de qualidade na televisão.* Lisboa: Livros Horizonte/UAL-Ciac, 2008.

MACHADO, A.; VÉLEZ, M. L. "Persistência da *reality tv*". *Revista Significação.* Volume 32, 2009.

MAINGUENEAU, D. *Novas tendências em análise do discurso.* Campinas: Pontes/Editora da Unicamp, 1997.

______. *Termos-chave da análise do discurso.* Belo Horizonte: Editora da UFMG, 2000.

MALCOLM, J. "Mergulho na obra de Gertrude Stein". Entrevista. *Agência Estado*, 11/05/2008.

MANNONI, M. *La théorie comme fiction.* Paris: Seuil, 1979.

MANOVICH, L. *The language of new media.* Cambridge: The MIT Press, 2001.

MARTÍN-BARBERO, J. *Dos meios às mediações. Comunicação, cultura e hegemonia.* Rio de Janeiro: UFRJ, 1997.

MAZZARA, B. M. *Estereotipos e prejuicios.* Madri: Acento Editorial, 1999.

MAZZIOTTI, N. "Os gêneros televisivos na televisão pública". In: RINCON, O. *Televisão pública: do consumido ao cidadão.* São Paulo: SSRG, 2002.

MENDONÇA, K. *A punição pela audiência – um estudo do Linha Direta.* Rio de Janeiro: Quartet/Faperj, 2002.

______. "Em *Linha Direta* com os novos padrões para o telejornalismo". In: RIBEIRO, A. P. G.; SACRAMENTO, I.; ROXO, M. (orgs.). *História da televisão no Brasil: do início aos dias de hoje.* São Paulo: Contexto, 2010.

METZ, C. *A significação no cinema.* São Paulo: Perspectiva, 1972.

MILLER, T.; STAM, R. *A companion to film theory.* Oxford: Blackwell, 1999.

MITCHELL, W. J. T. "O que as imagens realmente querem?". In: ALLOA, E. *Pensar a imagem.* Belo Horizonte: Autêntica, 2015, pp. 165-189.

MITTEL, J. "A cultural approach to television genre theory". *Cinema Journal.* SCMS, 40, n. 3, 2001.

______. *Genre and television.* New York: Routledge, 2004.

MOSCOVICI, S. *Representações sociais. Investigações em psicologia social.* Petrópolis: Vozes, 2003.

MOURÃO, M. D.; LABAKI, A. (orgs.). *O cinema do real.* São Paulo: Cosac Naify, 2005.

NAGIB, L.; MELLO, C. (eds.). *Realism and the audiovisual media.* London: Palgrave Macmillan, 2009.

NEALE, S. *Genre.* Londres: British Film Institute, 1980.

NICHOLS, B. *Representing reality.* Bloomington: Indiana University Press, 1991.

______. "A voz do documentário". In: RAMOS, F. P. (org.). *Teoria contemporânea do cinema.* Volume II. São Paulo: Senac, 2005.

NUNES, B. "Crítica literária no Brasil, ontem e hoje". In: MARTINS, M. H. *Rumos da crítica.* 2ª. ed. São Paulo: Senac/Itaú Cultural, 2007.

ODIN, R. *De la fiction.* De Boeck Université: Bruxelles, 2000.

______. "Filme documentário, leitura documentarizante". *Revista Significação.* Ano 39, n. 37, jan.-jun. 2012.

ORLANDI, E. *As formas do silêncio.* 4ª. ed. Campinas: Editora da Unicamp, 1997.

ORTIZ, R. *Cultura brasileira e identidade nacional.* São Paulo: Brasiliense, 1985.

______. *Mundialização e cultura.* São Paulo: Brasiliense, 1994.

______. *Trajetos e memórias.* São Paulo: Brasiliense, 2010

PAGANOTTI, I.; SOARES, R. L. "Metacrítica midiática: reflexos e reflexões das imagens em *Black mirror*". In: SOARES, R. L.; GOMES, M. R. (orgs.). *Por uma crítica do visível.* São Paulo: ECA-USP, 2015 (selo Kritikos).

PEÑUELA CAÑIZAL, E. "Emblema e símbolo no texto fílmico". Texto apresentado no XIX Congresso da Intercom, Universidade Estadual de Londrina (PR), setembro de 1996.

______. "Manifestação de recursos poéticos em dois filmes do Cinema Novo". *Revista Rumores.* Ano 1, n. 1, jul.-dez. de 2007.

______. "Uma foto familiar: aprisco de emoções e pensamentos". In: SAMAIN, E. *Como pensam as imagens.* Campinas: Editora da Unicamp, 2012.

PONTE, C. *Leituras das notícias. Contributos para uma análise do discurso jornalístico.* Lisboa: Horizonte: 2004.

PRADO, J. L. A. *A invenção do Mesmo e do Outro na mídia semanal.* Hipermídia. Grupo de Pesquisas em Mídia Impressa, PUC-SP, 2008.

______. *Regimes de visibilidade em revistas. Análise multifocal dos contratos de comunicação.* Hipermídia. Grupo de Pesquisas em Mídia Impressa, PUC-SP, 2011.

______. "Política da imagem na era da convocação". *Revista Significação.* Ano 39, n. 37, jan.-jun. 2012.

______. *Convocações biopolíticas dos dispositivos comunicacionais.* São Paulo: Educ/Fapesp, 2013.

PROPP, W. *Morfologia do conto maravilhoso.* Rio de Janeiro: Forense Universitária, 1984.

QUÉRÉ, L. *Des miroirs équivoques.* Paris: A.-M., 1982.

RAMOS, F. P. *Mas afinal... o que é mesmo documentário?* São Paulo: Senac, 2008.

RAMOS, F. P. (org.). *Teoria contemporânea do cinema. Pós-estruturalismo e filosofia analítica.* Volume I. São Paulo: Senac, 2005a.

______. (org.). *Teoria contemporânea do cinema. Documentários e narratividade ficcional.* Volume II. São Paulo: Senac, 2005b.

RAMOS, S. (org.). *Mídia e racismo.* Rio de Janeiro: Pallas, 2002.

RANCIÈRE, J. *O desentendimento: política e filosofia*. São Paulo: Editora 34, 1996.

______. "Are some things unrepresentable?". In: *The future of the image*. London; New York: Verso, 2007.

______. *A partilha do sensível*. 2ª. ed. São Paulo: Exo/Editora 34, 2009.

______. *O espectador emancipado*. São Paulo: Martins Fontes, 2012.

______. *O destino das imagens*. Rio de Janeiro: Contraponto, 2013.

______. "As imagens querem realmente viver?". In: ALLOA, E. *Pensar a imagem*. Belo Horizonte: Autêntica, 2015, pp. 191-201.

RENOV, M. *Theorizing documentary*. New York: Routledge, 1993.

ROUCH, J. "The camera and the man". In: HOCKINGS, P. (ed.). *Principles of visual anthropology*. Berlin/New York: Mouton de Gruyter, 2003.

SAID, E. *Cultura e imperialismo*. São Paulo: Companhia das Letras, 1995.

______. *Orientalismo*. New York: Pantheon Books, 1996.

SAMAIN, E. "As imagens não são bolas de sinuca. Como pensam as imagens". In: *Como pensam as imagens*. Campinas: Editora da Unicamp, 2012.

SANTIAGO, S. "Cadê Zazá? A vida com obra de arte". *Folha de S. Paulo*, Mais!, 09/09/2001.

______. *O cosmopolitismo do pobre*. Belo Horizonte: Editora da UFMG, 2004.

SANTOS, M. "A aceleração contemporânea: tempo mundo e espaço mundo". In: *Fim de século e globalização*. São Paulo: Hucitec/Anpur, 1993.

SARLO, B. *Tempo passado - cultura da memória e guinada subjetiva*. São Paulo: Companhia das Letras; Belo Horizonte: Editora da UFMG, 2007.

SAUSSURE, F. *Curso de lingüística geral*. São Paulo: Cultrix, 1970.

SCHUDSON, M. "Creating public knowledge". *Media Studies Journal. Media and democracy*. Volume 9, n. 3. New York: Columbia University, 1995.

SERELLE, M. V. "Metatevê: a mediação como realidade apreensível". *Revista MATRIZes*. Volume 2, n. 2, junho de 2009.

SERELLE, M. V.; SOARES, R. L. "A crítica de TV no Brasil: valores e repertórios". *Revista InTexto.* Volume 1, 2013.

SHOHAT, E.; STAM, R. *Crítica da imagem eurocêntrica.* São Paulo: Cosac Naify, 2006.

SILVA, M. D. J. "Um imaginário da redenção: sujeito e história no documentário musical". *Revista Doc On-Line.* Número 12, agosto de 2012.

SILVA, T. T. (org.). *Identidade e diferença. A perspectiva dos estudos culturais.* Petrópolis: Vozes, 2000.

SILVA, G.; SOARES, R. L. "Para pensar a crítica de mídias". *Revista Famecos.* Volume 20, 2013.

SOARES, R. L. *Imagens veladas. Aids, imprensa e linguagem.* São Paulo: Annablume, 2001.

______. "Margens do jornalismo: linguagem e discurso". *Revista Galáxia.* Volume 5, 2005.

______. "Na periferia das bordas: ação e romance nos filmes de Simião Martiniano". In: SANTANA, G. (org.). *Cinema de bordas 2.* São Paulo: À lápis, 2008.

______. *Margens da comunicação: discurso e mídias.* São Paulo: Annablume/Fapesp, 2009.

______. "Pequeno inventário de narrativas midiáticas: verdade e ficção em discursos audiovisuais". *Revista Significação.* Volume 34, 2010.

______. "De convergências e hibridismos: remixagens e pilhagens em filmes de bordas". *Revista MATRIZes.* Ano 5, nº 1, jul.-dez. 2011a.

______. "Saneamento básico, o filme, ou como fazer um filme de bordas". In: CARRASCOZA, J. L. A.; ROCHA, R. L. M. (orgs.). *Consumo midiático e culturas da convergência.* São Paulo: Miró Editorial, 2011b.

______.; FREIRE, M. C. S. "História e narrativas audiovisuais: de fato e de ficção". *Revista Comunicação, Mídia e Consumo.* Volume 10, n. 28, 2013.

______.; GOMES, M. R. (orgs.). *Profissão Repórter em diálogo.* São Paulo: Alameda, 2012.

______.; LIESENBERG, C. "Figurações simbólicas da pobreza transposição de estigmas sociais em filmes brasileiros". *Revista Líbero*. Ano X, n. 19, junho de 2007.

______.; LIMBERTO, A. "Tramas do outro nas telas do discurso: circulação audiovisual e consumo cultural". *PragMATIZES – Revista Latino-Americana de Estudos em Cultura*. Ano 4, n. 6, 2011.

______.; PAGANOTTI, I. "Fabulação, reconstrução e mediação (meta) crítica no seriado Newsroom". In: SERELLE, M.; SOARES, R. L. (orgs.). *Mediações críticas: representações na cultura midiática*. São Paulo: ECA-USP, 2017 (selo Kritikos).

______.; PAGANOTTI, I. "Sob o risco da crítica: a busca pela audiência no filme *Tudo por um furo*". In: SOARES, R. L.; SILVA, G. (orgs.). *Emergências periféricas em práticas midiáticas*. São Paulo: ECA-USP, 2018 (selo Kritikos).

______.; SILVA, G. "Lugares da crítica na cultura midiática". *Revista Comunicação, Mídia e Consumo*. Volume 13, número 37, 2016.

SODRÉ, M. *A narrativa do fato*. Petrópolis: Vozes, 2009.

______.; FERRARI, M. H. *Técnica de reportagem. Notas sobre a narrativa jornalística*. São Paulo: Summus, 1986.

SONTAG, S. *Doença como metáfora*. Rio de Janeiro: Graal, 1984 (col. Tendências 6).

______. *A Aids e suas metáforas*. São Paulo: Companhia das Letras, 1989.

SPIVAK, G. C. *Pode o subalterno falar?* Belo Horizonte: Editora da UFMG, 2010.

STAM, R. "Specificities. From hybridity to the aesthetics of garbage". *Social identities*. Volume 3, n. 2, 1997.

______. "Text and intertext. Introduction". In: STAM, R.; MILLER, T. (eds.). *Film and theory. An anthology*. Oxford: Blackwell, 2000.

______. *Introdução à teoria do cinema*. Campinas: Papirus, 2003.

______.; MILLER, T. (eds.). *Film and theory. An anthology*. Oxford: Blackwell, 2000.

TAYLOR, C. *Multiculturalismo – Examinando a política de reconhecimento.* Lisboa: Instituto Piaget, 1994.

TEIXEIRA, F. E. (org.). *Documentário no Brasil. Tradição e transformação.* São Paulo: Summus, 2004.

TELLES, S. "Realismo a serviço da subjetividade". *O Estado de S. Paulo,* Sabático, 10/07/2010.

TELLES, V. S. *Pobreza e cidadania.* São Paulo: Editora 34, 2001.

TOLEDO, M. S. R. "Entre a arte e a terapia: as 'imagens do inconsciente' e o surgimento de novos artistas". *Proa. Revista de Antropologia e Arte.* Número 3, volume 1, 2012.

TRINDADE, T. N. *O documentário chegou à sala de cinema. E agora? O lugar do documentário no mercado cinematográfico brasileiro a partir de seus agentes: da produção à exibição (2000-2009).* Campinas: Editora da Unicamp, 2011 (dissertação de mestrado).

VENANCIO, R. D. O. *Massificação e jornalismo: retórica e linguagem no escopo da comunicação social.* São Paulo: ECA-USP, 2010 (dissertação de mestrado).

VERÓN, E. "Lingüística e sociologia: para uma 'lógica natural' dos mundos sociais". In: *A produção de sentido.* São Paulo: Cultrix, 1980.

VIANA, S. *Rituais de sofrimento.* São Paulo: Boitempo, 2012.

VICENTE, E.; SOARES, R. L. "O folhetim e a canção: a representação do negro e das identidades periféricas na televisão brasileira". *Revista Novos Olhares.* São Paulo. Volume 2, n. 2, 2013.

VITORELLO, D. M. "A outra cena em 'A vida como ela é'". IV Encontro Latino-Americano dos Estados Gerais da Psicanálise. Instituto Sedes Sapientiae, 04-06/11/2005.

WALL, A. "On the edges of words and pictures". Texto apresentado no seminário avançado *La parole comme image. L'image comme parole.* ECA-USP, maio de 1998.

WATT, I. *A ascensão do romance.* São Paulo: Companhia das Letras, 1990.

WHITE, H. *Trópicos do discurso: ensaios sobre a crítica da cultura.* São Paulo: Edusp, 1994.

WILLIAMS, R. *Marxismo y literatura.* Barcelona: Península, 1997.

WINSTON, B. "A maldição do 'jornalístico' na era digital". In: MOURÃO, M. D.; LABAKI, A. (orgs.). *O cinema do real.* São Paulo: Cosac Naify, 2005.

XAVIER, I. *O discurso cinematográfico. A opacidade e a transparência.* Rio de Janeiro: Paz e Terra, 1984.

______. *O olhar e a cena – Melodrama, Hollywood, Cinema Novo, Nelson Rodrigues.* São Paulo: Cosac Naify, 2003.

______. "A alegoria histórica". In: RAMOS, F. P. (org.). *Teoria contemporânea do cinema.* Volume I. São Paulo: Senac, 2005.

______. (org.). *A experiência do cinema: antologia.* Rio de Janeiro: Graal, 1983.

YOUNG, I. M. *Justice and the politics of difference.* New Jersey: Princeton University Press, 1990.

YOUNGBLOOD, G. *Expanded cinema.* New York: Dutton, 1970.

ZIZEK, S. "The truth arises from misrecognition". In: *Lacan and the subject of language.* New York: Routledge, 1991.

______. *Bem vindo ao deserto do real!* São Paulo: Boitempo, 2003.

Agradecimentos

Este livro foi originalmente apresentado em forma de tese de livre-docência, defendida em 2015 na Escola de Comunicações e Artes da Universidade de São Paulo, na área de Jornalismo e Linguagem. Compuseram a banca examinadora os professores Mayra Rodrigues Gomes (ECA-USP), Ricardo Alexino Ferreira (ECA-USP), Paulo Rogério Gallo (FSP-USP), Rogério de Almeida (FE-USP) e Silvia Helena Simões Borelli (PUC-SP). O texto foi revisto e editado para publicação em livro e a versão integral encontra-se disponível na tese apresentada. Ao longo de mais de uma década (2003-2015) me dediquei à temática abordada, apresentando nesse período resultados parciais e versões preliminares da pesquisa em forma de comunicações em eventos científicos e publicações em livros ou revistas acadêmicas. Alguns dos textos foram reescritos e reordenados (tanto em termos de conteúdo como de formato) para compor o presente livro, que se torna, assim, original na configuração ora apresentada, bem como na indicação de amadurecimento e representatividade em nossa trajetória. A todas e todos que colaboraram em diferentes momentos para a realização do trabalho, meus sinceros agradecimentos, especialmente aos alunos e colegas com quem tenho tido a alegria de conviver ao longo desses anos. Agradeço, finalmente, à Fapesp pelo apoio financeiro recebido para esta edição.

Alameda nas redes sociais:

Site: www.alamedaeditorial.com.br
Facebook.com/alamedaeditorial/
Twitter.com/editoraalameda
Instagram.com/editora_alameda/

Esta obra foi impressa em São Paulo no outono de 2020. No texto foi utilizada a fonte Minion Pro em corpo 10 e entrelinha de 15,25 pontos.